Martin Benz • Wenn der Geist fällt

Martin Benz

Wenn der Geist fällt

Das ungewöhnliche Wirken
des Heiligen Geistes – einst und jetzt

Mit einem Anhang von Martin Bühlmann

Ernst Franz Verlag Metzingen / Württ.

CIP-Titelaufnahme der Deutschen Bibliothek

Benz, Martin :
Wenn der Geist fällt : Das ungewöhnliche Wirken des Heiligen Geistes – einst und jetzt, Metzingen : Franz, 1995
ISBN 3-7722-0297-7

Umschlaggestaltung: Grafisches Atelier, Dettingen / Erms
Herstellung: Heinzelmann Druck-Service, Metzingen
Printed in Germany

Inhalt

Einleitung 9

1. Kapitel
Übernatürliche und geistgewirkte Phänomene in der Bibel 15

A) Zu den Phänomenen im einzelnen 17
1. Wunderheilungen 17
2. Dämonenaustreibungen 23
3. Geistgewirktes Umfallen (Ruhen im Geist) 25
4. Zittern, Beben und Schütteln 33
5. Verzückung, Ekstase, Trunkenheit 36
6. Geistgewirktes Lachen 40
7. Spontaner Empfang des Sprachengebetes 44
8. Spontaner, geistgewirkter Lobpreis 46
9. Entrückungen, Elevation, Schwebezustände 47

B) Übernatürliche Phänomene lösen oft Befremden und Ängste aus 51

C) Der Sinn der Phänomene 58
1. Wunder 58
2. Körperliche Phänomene 61

2. Kapitel
Übernatürliche und geistgewirkte Phänomene in Erweckungszeiten 71

I. John Wesley und die Erweckung in England 73
1. Kurze biographische Angaben 73
2. Übernatürliche und geistgewirkte Phänomene während der Erweckungszeit 74
3. Phänomene bei Einzelpersonen während der Erweckung 78
4. Konfrontationen mit der Macht der Finsternis 80
5. Heilungen 82
6. Verzückung 83

II. George Whitefield (1715-1770) 88
1. Kurze biographische Angaben 88
2. Übernatürliche und geistgewirkte Phänomene während George Whitefields Dienst 89

III. George Fox und die Quäker (Gesellschaft der Freunde) 94
1. Kurze biographische Angaben 94
2. Übernatürliche und geistgewirkte Phänomene bei den Quäkern 95

IV. Charles Grandison Finney (1792-1875) 103
1. Kurze biographische Angaben 103
2. Übernatürliche und geistgewirkte Phänomene in Charles Finneys Dienst und Leben 104

V. Johann Christoph Blumhardt (1805-1880) 108
1. Kurze biographische Angaben 108
2. Übernatürliche Phänomene in Blumhardts Dienst und während der Erweckungszeit 109
a) Übernatürliche Phänomene im Verlauf der Krankheitsgeschichte von Gottliebin Dittus 109
b) Wunder 112

VI. Evan Roberts und die Erweckung in Wales 118
1. Kurze biographische und historische Angaben 118
2. Übernatürliche und geistgewirkte Phänomene während der Erweckung 119

VII. Theresa von Avila (1515-1582) 126
1. Kurze biographische Angaben 127
2. Übernatürliche und geistgewirkte Phänomene im Leben der hl. Theresa 129
3. Theresas Nüchternheit und gesunder Menschenverstand 147

VIII. William Booth und die Heilsarmee 152
1. Kurze biographische Angaben 152
2. Übernatürliche und geistgewirkte Phänomene 153

IX. Nikolaus Ludwig Graf v. Zinzendorf und die Herrnhuter 161

X. Smith Wigglesworth (1859-1946) 164

3. Kapitel
Umgang mit übernatürlichen Phänomenen 167

A) Gefahren 167

B) Schlußfolgerungen 180

C) Übernatürliche Phänomene heute
Anhang von Martin Bühlmann 184

I. Unsere Geschichte 185

II. Erweckung für die Kirche – Ernte in der Welt 193

III. Gemeindeleitung im Aufbruch 194

Literaturverzeichnis 202

Meiner Frau

There's no place like home!

Einleitung

Es ist 16.00 Uhr am 9. August 1994. Soeben bin ich mit zwei befreundeten Pastoren auf Torontos Flugplatz gelandet. Nach der Zollkontrolle begeben wir uns zur Autovermietung. Wir wollen mobil sein, während wir in Kanada sind. Schließlich sind die Niagara-Fälle nur einen Katzensprung entfernt. Als wir gegen 17.15 Uhr loskommen, brauchen wir doch eine ganze Weile, um »die kleine Gemeinde am Ende des Rollfeldes« zu finden. Doch dann ist es geschafft. Gegen 17.45 Uhr kommen wir in unsrem Motel an, das direkt neben der Toronto Airport Vineyard Gemeinde liegt. Da der Gottesdienst erst um 19.30 Uhr beginnt, meinen wir genügend Zeit zu haben, um in Ruhe auszupacken und die Gegend zu beschnuppern. Doch bereits um 18.00 Uhr können wir durch unser Fenster eine lange Schlange vor der Eingangstür der Gemeinde sehen.

Nichts mit Ausruhen! Kaum angekommen, stehen wir schon mitten in einer bunt durcheinandergewürfelten Menschenschlange. Männer und Frauen, Ältere, Jugendliche und Kinder, Kanadier, Amerikaner, Engländer, Deutsche, Chinesen, Schweizer usw. Alle warten darauf, daß sich die Türen öffnen und man wenigstens noch einen Sitzplatz erhält. Ich bin sehr gespannt und betrete das Gebäude mit gemischten Gefühlen. Viel hatte ich schon gehört von den ungewöhnlichen Vorkommnissen in dieser Gemeinde.

Schon von Beginn des Gottesdienstes an, im Lobpreis, während der Predigt, aber ganz besonders im anschließenden Segnungsteil, ereignen sich die seltsamsten Phänomene: Menschen zittern und schütteln am ganzen Leib, eine große Zahl fällt zu Boden, andere lachen lauthals, einige weinen, schreien oder brüllen, und ein paar scheinen wie betrunken zu sein. Als ich nach dem Ende des Gottesdienstes gegen 2.00 Uhr morgens ins Bett komme, fällt es mir schwer, einzuschlafen. Das Erlebte muß erst verdaut werden!

Toronto war aber nicht meine erste Konfrontation mit derartigen Phänomenen. Bereits 1987 erlebte ich auf einer großen Konferenz in Deutschland, wie sich ähnliche Dinge ereigneten. Damals war das der Auslöser für mich, diesem Thema einmal gründlicher nachzugehen. Ich wollte wissen, ob solche Phänomene tatsächlich biblisch sind, ob derartige ungewöhnliche Manifestationen vom Heiligen Geist ausgelöst werden können und ob bekannte geistliche Männer und Frauen vor uns ähnliche Dinge erlebt hatten.

Während der nächsten Jahre, besonders während meines Theologiestudiums, untersuchte ich das Alte und Neue Testament und eine Vielzahl von anerkannten Erweckungen nach solchen übernatürlichen Phänomenen. Kamen sie vor? Wie wurden sie beurteilt? Was lösten sie aus?

Herausgekommen ist dieses Buch, das ein deutliches Bild von Gottes übernatürlichem Wirken während der letzten 2000 Jahre zeichnen soll.

Wo Gottes Geist wirkt, begegnen wir zwei unterschiedlichen Arten von Phänomenen: Zum einen übernatürlichen Phänomenen im engeren Sinne. Sie werden vom Heiligen Geist ausgelöst und vollbracht; ihr Verlauf ist durchweg übernatürlich. Hierzu kann man Dinge wie Wunder, Heilungen, Dämonenaustreibungen, Entrükkungen und Visionen rechnen. Der aktive Anteil des Menschen ist bei übernatürlichen Phänomenen gering. Zum anderen geistgewirkte Phänomene. Sie sind körperlich-seelische Reaktionen und Begleiterscheinungen beim Menschen auf das Wirken des Heiligen Geistes. Hierzu kann man Dinge wie Ruhen im Geist, Zittern, Lachen, spontanen Lobpreis und Ekstase rechnen. Diese Unterscheidung soll keine Wertung sein, sondern den Anteil des Menschen am eigentlichen Phänomen berücksichtigen.

Natürlich gibt es Fälle, in denen eine genaue Unterscheidung nicht möglich ist. Was genau von Gott kommt und was Reaktion des Menschen ist, läßt sich nicht immer klären. So kann z. B. eine Vision tatsächlich übernatürliche Offenbarungen Gottes zum Inhalt haben, gleichzeitig aber auch von eigenen Gedanken und Wunschvorstellungen durchmischt sein. Ähnliches kann man beim Umfallen, beim Zittern oder Lachen feststellen. Im weiteren Verlauf des Buches werde ich noch genauer darauf eingehen, was die Chancen dieser Phänomene auf der einen Seite und die Gefahren auf der anderen Seite sind.

Je größer die Kluft zwischen Mensch und Gott ist, desto fremder sind dem Menschen die Werke des Reiches Gottes und desto skeptischer ist er gegenüber übernatürlichen und geistgewirkten Phänomenen.

Im Alten Testament erweist sich Gott besonders an seinem Volk Israel als Wunder vollbringender Gott. So jubelt König David in Psalm 40,6: *»Herr, mein Gott, groß sind deine Wunder und deine Gedanken, die du an uns beweisest; dir ist nichts gleich! Ich will sie verkündigen und davon sagen, wiewohl sie nicht zu zählen sind.«*
Israel erlebt die zehn Plagen in Ägypten (Ex.7-12), die Teilung des Schilfmeeres (Ex.14), die Speisung mit Manna (Ex.16), das Erscheinen Gottes im Feuer auf dem Horeb (Ex.19), das Versinken von Aufrührern direkt in die Hölle (Num.16), das plötzliche Aussätzigwerden einer Mirjam (Num.12), das Geheiltwerden des Volkes durch Blick auf die eherne Schlange (Num.21) und vieles andere mehr. Es lernt dadurch einen wunderbaren Gott kennen, mit dem es viele übernatürliche Erfahrungen macht.
Auch im Neuen Testament machen die Nachfolger Jesu Bekanntschaft mit einer Fülle übernatürlicher Ereignisse: So sehen sie, wie
- Aussätzige rein werden (Mt.8,1-5)
- die Naturgewalten bezwungen werden (Mt.8,23-27)
- Dämonen ausfahren (Mt.8,28-34)
- Blinde und Stumme wieder sehen und reden können (Mt.9,27-34)
- weit über 5000 Menschen mit 5 Broten und 2 Fischen gesättigt werden (Lk.9,10-17)
- Mose und Elia erscheinen (Lk.9,28-36)
- Jesus auf dem Wasser geht (Mt.14,22-33)

und vieles mehr, so daß Johannes schreiben muß (Joh.21,25): *»Es sind auch viele andere Dinge, die Jesus getan hat. Wenn sie aber sollten eins nach dem anderen geschrieben werden, achte ich, die Welt würde die Bücher nicht fassen, die zu schreiben wären.«*
In apostolischer Zeit erlebten die Christen dann die Erfüllung des Wortes aus Markus 16,17-20 von den nachfolgenden Zeichen und Wundern, und davon, daß der Herr diese gebrauchen würde, um sein Wort zu bekräftigen. Mit Kühnheit beteten sie in Apostelgeschichte 4,29f: *»Gib deinen Knechten, mit allem Freimut zu reden dein Wort, und strecke deine Hand aus, daß Heilungen und Zeichen und Wunder geschehen durch den Namen deines heiligen Knechtes Jesus.«*
Bei all dem ist es nicht schwer festzustellen, daß für das Volk Gottes im Alten wie auch im Neuen Testament übernatürliche Phänomene fester Bestandteil ihres Gotteserlebens waren. Aber auch später, bis

in unsere heutige Zeit, wurde Gottes übernatürliches Eingreifen überall dort erlebt, wo Menschen zurückkehrten zu biblischen Maßstäben und sich für das Wirken des Heiligen Geistes öffneten (wie in Kapitel 2 anhand der dargestellten Erweckungen deutlich wird).
Gerade in diesen Tagen werden viele Christen ganz neu mit den Phänomenen konfrontiert, die ich in diesem Buch behandeln möchte. Seit dem Aufbruch der Toronto Airport Vineyard, zu der bisher über 75 000 Menschen aus den unterschiedlichsten Ländern gereist sind, ist diese Thematik so aktuell wie selten zuvor.
In dieser Situation scheint es mir besonders wichtig zu sein, die Dinge, die momentan geschehen, in einen biblischen und kirchengeschichtlichen Kontext zu stellen. Viele fragen sich, ob diese Phänomene biblisch sind und von Gott kommen. Manch einer ist verunsichert oder erschrocken. Es kann für viele eine große Hilfe sein, zu entdecken, daß gleiche und ähnliche Phänomene, wie sie heute geschehen, bereits in der Bibel vorkamen und sich in der Kirchengeschichte wiederholten. Dieses Wissen kann uns Sicherheit verleihen, uns beruhigen, uns öffnen für ein neues Wirken Gottes. Es kann Diskussionsgrundlage in Gesprächen und Anfragen bezüglich der gegenwärtigen Aufbrüche sein. Es hilft aber auch Echtes von Unechtem, Göttliches von Dämonischem und Geistliches von allzu Menschlichem zu unterscheiden. Keinesfalls entbindet uns die historische Forschung jedoch davon, die heutigen Geschehnisse kritisch zu prüfen und auf ihre Früchte zu achten. Auch wenn viele der heutigen Phänomene sehr parallel zu dem sind, was die Bibel und die Kirchengeschichte berichten, so sind sie dadurch nicht automatisch »biblisch«. Die Zauberer des ägyptischen Pharao, die Mose widerstanden, vollbrachten zum Teil äußerlich dieselben Wunder wie er. Trotzdem waren sie deshalb nicht von Gott gewirkt.
Wichtiger als das äußere Erscheinungsbild eines Phänomens ist der Geist, in dem es geschieht. Dieser Geist wirkt nicht nur körperliche Reaktionen, sondern er verändert Leben. Neben der Bibel und dem Achten auf historische Parallelen sollten wir nach diesem Kennzeichen Ausschau halten.
Zur Frage, inwiefern beim gegenwärtigen Aufbruch in Toronto oder anderswo Leben verändert wird und Früchte des Geistes wachsen, wie sich ein derartiges Wirken Gottes in der Gemeinde auswirkt und

wie man damit umgeht, erfahren wir hilfreiche Antworten im Anhang von Martin Bühlmann, dem Leiter der Basileia Bern VCF (Vineyard Christian Fellowship).

Für die Zukunft unseres Landes wünsche ich mir eine aufrichtige Suche und ein neues Verlangen der Christen nach dem Wirken und der Kraft des Heiligen Geistes, nach einer neuen Erweckung.

1. KAPITEL

Übernatürliche und geistgewirkte Phänomene in der Bibel

Es ist sicherlich nicht möglich, im Rahmen dieses Buches jedes in der Bibel vorkommende übernatürliche und geistgewirkte Phänomen zu behandeln. Ich möchte mich deshalb mit am Menschen auftretenden Phänomenen beschäftigen, d. h. mit Wundern und bestimmten vom Geist Gottes ausgelösten körperlichen, seelischen und geistigen Reaktionen und Begleiterscheinungen bei verschiedenen Personen in der Bibel. Dazu zählen:

- Wunderheilungen
- das Austreiben und Ausfahren von Dämonen
- das geistgewirkte Umfallen von Personen (auch Ruhen im Geist genannt)
- Zittern, Beben und Schütteln des Körpers
- Verzückung, Ekstase, geistliche Trunkenheit
- geistgewirktes Lachen
- spontaner Empfang des Sprachengebetes
- spontaner, geistgewirkter Lobpreis
- plötzliche tiefe Sündenerkenntnis, begleitet von Weinen, Schreien und anderen physischen Empfindungen
- Entrückungen, Elevation, Schwebezustände.

Es soll im Folgenden nicht darum gehen, zu beweisen, daß jedes heute auftretende Phänomen genau so schon einmal in der Bibel vorgekommen ist. Kontext, Stil und Intensität vieler heutiger Phänomene unterscheiden sich zum Teil stark von ähnlichen Phänomenen in der Bibel. Einiges läßt sich nur indirekt vergleichen. Aber was man auf alle Fälle erkennen kann ist, daß Gott bei Menschen der Bibel viele übernatürliche Phänomene auslöste und sein Wirken oft von außergewöhnlichen Manifestationen begleitet war, die den heutigen sehr ähneln. Die angeführten Bibelstellen tragen exemplarischen Charakter; oftmals gäbe es eine Vielzahl von Stellen zu den einzelnen Punkten, wobei einige bereits ausreichen, um uns eine Vorstellung vom Wirken Gottes und seinen Begleiterscheinungen zu vermitteln.

A) Zu den Phänomenen im einzelnen

1. Wunderheilungen

Die Heilung eines körperlichen Gebrechens ohne Medikamente oder die Mithilfe eines Arztes, sondern durch Gottes eigenes Eingreifen, ist ein übernatürliches Phänomen. Natürlich kann Gott auch durch gezielte medizinische und ärztliche Hilfe, eine Genesungszeit und der körpereigenen Abwehr zur Gesundheit verhelfen. Diese Art von Heilung wäre aber weniger ein übernatürliches Phänomen als vielmehr ein Segnen Gottes innerhalb der natürlichen Abläufe.

Die Heilungen in der Bibel stellen allerdings fast ausnahmslos übernatürliche Geschehnisse dar. Allein in den Evangelien und der Apostelgeschichte werden über 60 verschiedene Heilungsberichte erwähnt.[1] Dies macht deutlich, wie ausgeprägt dieses Wirken Gottes im Neuen Testament ist. Jesus selbst kündigt seinen Dienst unter anderem ausdrücklich als Heilungsdienst an: (Lk.4,18) *»...er hat mich gesandt, zu predigen den Gefangenen, daß sie los sein sollen, und den Blinden, daß sie sehend werden, und den Zerschlagenen, daß sie frei und ledig sein sollen.«* Bereits in Jesaja 53 Vers 4f wird Bezug genommen auf Jesu Werk der Krankenheilung, was von Matthäus aufgegriffen wird, indem er schreibt: (Mt.8,17) *»Er hat unsre Schwachheit auf sich genommen und unsre Krankheit hat er getragen.«*

Mancher Heilungsbericht in der Bibel erscheint kaum außergewöhnlich; Jesus oder die Jünger beten für einen Menschen und dieser wird ohne besondere Begleiterscheinungen oder Reaktionen gesund; andere dagegen stellen sich wesentlich ungewöhnlicher dar, und alleine deren Vorstellung löst starkes Befremden aus. Doch in beiden Fällen wirkt Gott und hinterläßt er uns ein Beispiel, denn Jesus sagt: (Joh.14,12) *»Wahrlich, wahrlich, ich sage euch: Wer an mich glaubt, der wird die Werke auch tun, die ich tue, und wird größere als diese tun, denn ich gehe zum Vater.«*

---

1 vgl. John Wimber + Kevin Springer, *Heilung in der Kraft des Geistes*, S. 231-233.

Heilungen wurden durch verschiedene Auslöser bewirkt. Einmal richtet der Heilende ein Gebet an Gott, ein andermal äußert er einen Befehl an eine dämonische Macht, daß sie weiche (»fahre aus...«), er befiehlt dem Kranken eine bestimmte Handlung zu vollbringen (»steh auf«, »nimm dein Bett« usw.) oder vollbrachte selbst eine bestimmte Handlung (»er tat Speichel auf seine Augen...«). Manchmal genügte die Gegenwart eines Menschen, um eine Heilung zu bewirken, ein andermal ist überhaupt kein Auslöser für eine übernatürliche Heilung zu erkennen.[2]
Die jeweiligen Heilungswunder in der Bibel waren also sehr verschieden und es läßt sich keinerlei Vorgehensschema aufstellen, wie an den nachfolgenden Beispielen ebenfalls deutlich wird. Wichtig bleibt dabei, daß Gott die Ehre für jede Heilung bekommt, ganz gleichgültig, durch welche Vorgehensweise sie zustande kam. (Es sei denn, man gebrauchte okkulte Methoden wie weiße oder schwarze Magie usw., um eine Heilung zu bewirken. Diese sind von Gott ausdrücklich verboten, und jede sich dadurch ereignende Heilung ist nur Lockmittel Satans, um fester in seinen Bann gezogen zu werden.)

Zu den Wunderheilungen im einzelnen:

a) Sofortige Heilungen

Jesus heilt:

- Mk.1,40-42: *»Und es kommt ein Aussätziger zu ihm, bittet ihn und kniet nieder und spricht zu ihm: Wenn du willst, kannst du mich reinigen. Und er war innerlich bewegt und streckte seine Hand aus, rührte ihn an und sprach zu ihm: Ich will. Sei gereinigt! Und sogleich wich der Aussatz von ihm, und er war gereinigt.«*
  Ohne Genesungszeit und ärztliche Behandlung ist dieser Aussätzige durch ein Wunder von einem Augenblick auf den anderen geheilt.

---

2 ebd., S. 196-202.

– Mk.6,54-56: »*Und da sie aus dem Schiff traten, erkannten die Leute ihn alsbald und liefen im ganzen Land umher und hoben an, die Kranken umherzutragen auf Betten, wo sie hörten, daß er war. Und wo er in Dörfer, Städte und Höfe hineinging, da legten sie die Kranken auf den Markt und baten ihn, daß sie auch nur den Saum seines Gewandes anrühren durften; und alle, die ihn anrührten, wurden gesund.*«
Hier begegnet uns das übernatürliche Phänomen, daß Menschen alleine schon dadurch geheilt wurden, daß sie Jesu Kleidung berührten. (Vgl. Mk.5,27ff: Hier berührt die blutflüssige Frau von hinten das Kleid Jesu und ist sofort geheilt.)[3]

b) Stufenweise Heilung

– Mk.8,22-25: »*Und sie brachten zu ihm einen Blinden und baten ihn, daß er ihn anrührte. Und er nahm den Blinden bei der Hand und führte ihn hinaus vor das Dorf und tat Speichel auf seine Augen und legte seine Hände auf ihn und fragte ihn: Siehst du etwas? Und er sah auf und sprach: Ich sehe die Menschen umhergehen, als sähe ich Bäume. Danach legte er abermals die Hände auf seine Augen. Da sah er deutlich und ward wieder zurechtgebracht und konnte alles scharf sehen.*«
Interessanterweise findet bei diesem blinden Mann nicht sofort nach Jesu Händeauflegen eine völlige Heilung statt (»ich sehe die Menschen, als sähe ich Bäume«). Erst nach erneuter Handauflegung kann der Mann alles scharf sehen. Jene Geschichte nimmt meiner Meinung nach dieser Heilung jede mystische Färbung, welche solchen Phänomenen oft beigelegt wird. Dadurch, daß Jesus nach seinem Händeauflegen beim Blinden nachfragt, wie sein Zustand sei, erhält diese Geschichte ein persönliches Element: der Blinde ist nicht Objekt einer mystisch-sakralen Hand-

---

3 Ich möchte hierbei nur die Phänomenologie der Geschehnisse aufzeigen, nicht jedoch bei jedem Beispiel auf die Glaubensvoraussetzungen und eventuellen Fürbittleistungen der Beteiligten, die zu den Heilungen führten, ausdrücklich eingehen. Der Glaube und das Vertrauen der Menschen, die zu Jesus oder zu seinen Jüngern kamen, sei hier vorausgesetzt.

lung Jesu (gleichsam eines Zaubertricks, bei dem nichts schiefgehen darf), sondern ernstzunehmendes Gegenüber, dessen Empfindungen und dessen Erleben beim Vollzug von Gottes Wirken wichtig sind. Ein übernatürliches Phänomen muß keinerlei mystischen Charakter tragen, so daß für die Beteiligten kaum nachvollziehbar ist, was gerade geschieht, sondern es darf ganz eingebettet sein in unsre Fähigkeit, mitzuempfinden und zu verstehen, auch wenn uns so manches Phänomen überrascht oder anfänglich befremdet.

c) Außergewöhnliche Wunderheilungen

- Apg.5,12-16: »*Es geschahen aber viele Zeichen und Wunder im Volk durch der Apostel Hände, ... so daß sie die Kranken sogar auf die Gassen hinaustrugen und sie auf Betten und Bahren legten, damit, wenn Petrus käme, zum wenigsten sein Schatten einige von ihnen überschattete. Es kamen auch herzu viele aus den Städten um Jerusalem und brachten die Kranken und die von unsauberen Geistern gepeinigt waren; und alle wurden gesund.*«
  Anscheinend besaß Petrus eine solche Vollmacht und Salbung, daß sogar sein Schatten ausreichte, um Heilungen und Dämonenaustreibungen auszulösen.

- Apg.19,11+12: »*Und Gott wirkte nicht geringe Taten durch die Hand des Paulus, so daß sie auch von seiner Haut die Schweißtüchlein oder Binden über die Kranken hielten und die Krankheiten von ihnen wichen und die bösen Geister von ihnen ausfuhren.*«
  Auch auf Paulus ruhte solch eine mächtige Salbung des Geistes, daß selbst seine Schweißtüchlein Krankenheilungen und Dämonenaustreibungen bewirkten.
  Die Zeitform, die Lukas in der Apostelgeschichte an dieser Stelle wählt, läßt es nicht zu, beim Tun des Paulus nur an eine vorübergehende Salbung zu denken. Die beiden häufigsten Vergangenheitsformen im Griechischen sind der Aorist und der Imperfekt. Lukas gebraucht in der Apostelgeschichte durchweg den Aorist. Dieser bezeichnet punktuelle, in der Vergangenheit liegende Ereignisse. Beim Aorist ist es nicht interessant, ob das in der

Vergangenheit liegende Ereignis »in der Wirklichkeit andauerte oder nicht«. Das Ereignis wird einfach nur genannt und »als Punkt dargestellt«.[4]

Der Imperfekt dagegen ist eine durative Zeitform. Wenn er gebraucht wird, will man bezüglich des in der Vergangenheit liegenden Ereignisses zweierlei zum Ausdruck bringen:

1. der Verlauf und das Andauern des Ereignisses wird betont,
2. die Wiederholung des Vorgangs kommt zum Ausdruck.[5]

Interessanterweise wechselt Lukas gerade an dieser Stelle in Apg.19,11+12 vom Aorist in den Imperfekt. Er will damit zum Ausdruck bringen, daß die Heilungswunder des Paulus nicht nur punktuelle Ereignisse waren, sondern andauerten und sich regelmäßig wiederholten. Dasselbe macht Lukas in der zuvor zitierten Bibelstelle aus Apg.5,12-16. Auch hier möchte er durch die Wahl der Zeitform ausdrücken: die Heilungswunder der Apostel waren andauernde, sich wiederholende Geschehnisse und keine Einzelfälle oder Ausnahmen.

– Ein weiteres interessantes Heilungsphänomen (eig. Totenauferstehung) findet sich im Alten Testament:

2. Kön.13,20-21: *»Als aber Elisa gestorben war und man ihn begraben hatte, fielen streifende Rotten der Moabiter ins Land Jahr um Jahr. Und es begab sich, daß man einen Mann zu Grabe trug. Als man aber einige Leute von ihnen sah, warf man den Mann in Elisas Grab. Und als er die Gebeine Elisas berührte, wurde er lebendig und trat auf seine Füße.«*

Zu den außergewöhnlichsten Geschichten der Bibel gehört sicherlich dieser Bericht. Hier kommt ein Toter wieder zum Leben, indem er die sterblichen Überreste des Propheten Elisa berührt. Der Bericht erwähnt nichts von Gebeten für diese Totenauferweckung, nicht einmal etwas von irgendwelchen Beteiligten bei diesem Wunder (die Totengräber waren ja aus Angst vor den Moabitern geflohen). Die Geschichte erweckt den Anschein, als

---

4 vgl. E.G. Hoffmann / H.v. Siebenthal, *Griechische Grammatik zum Neuen Testament*, aaO., S. 308.

5 vgl. ebd., S. 306f.

läge in den Gebeinen Elisas die Kraft zu dieser Totenauferstehung.

(Dieser Bericht soll wohl zum Ausdruck bringen, daß Elisas Kraft und Vollmacht so groß waren, daß er nicht nur zu Lebzeiten die allergrößten Wunder vollbrachte, sondern diese Kraft auch über seinen Tod hinaus anhielt.)[6]

Bestimmt gehören diese Heilungsberichte zu den Besonderheiten der Bibel. Trotzdem zeigen sie uns, daß ungewöhnliche oder befremdende Phänomene nicht unbiblisch oder dämonisch sein müssen, sondern durchaus dem Wirken Gottes entspringen können. Meiner Meinung nach muß man sich sogar davor hüten, jedes ungewöhnliche, aus der Reihe fallende Ereignis gleich dem Teufel zuzuschreiben, nur weil man von Gott vielleicht sanftere oder unauffälligere Wirkungsweisen erwartet. Damit schreibt man letztlich dem Teufel größere Vollmacht, Phantasie und Courage zu als Gott. Doch Gott ist und bleibt der Allmächtige, der wirken kann, wie er will, ohne sich dies vom Menschen und dessen ästhetischem Empfinden vorschreiben zu lassen. Gerade im Bereich der Heilungen sagt Paulus in 1.Kor.12,9, daß Gott einem Menschen Gaben (plur. Charismata) der Heilung geben kann. Es gibt also mehrere, verschiedene Arten, wie Gott einen Kranken heilen kann. Wenn wir dabei auf eine etwas ungewöhnliche stoßen, sollte uns das nicht sofort mißtrauisch machen, sondern Gott in seiner Souveränität solche Wirkungen zugestehen. Natürlich wird die Frucht dieser Wirkungen entscheidendes Kriterium für die Göttlichkeit des Geschehens bleiben.

---

6 Eine besondere Herausforderung stellt diese Stelle dar, da hier anscheinend heilende bzw. totenauferweckende Kraft »in Knochen steckt«. Auch an anderen Stellen lesen wir von Kraftwirkungen, die von Gegenständen ausgingen (Schweißtüchlein des Paulus, die Kleider Jesu). Wie sich dies erklären läßt, bleibt mir ein Rätsel. Leider haben ähnliche Vorkommnisse in der Kirchengeschichte des öfteren zu einer unguten Reliquienverehrung geführt, die von Gott ablenkt. Schon im AT wurde aus der ehernen Schlange, durch die die Israeliten anfänglich geheilt wurden, bald ein Götze namens Nehuschtan, mit dem Israel Abgötterei trieb (Num.21,8f; 2.Kön.18,4). Mir persönlich zeigt diese Stelle mit den Gebeinen Elisas jedoch, daß Gott auf mehr Arten wirkt und segnet, als man es sich gewöhnlich vorstellt.

2. *Dämonenaustreibungen*

Eine weitere Kategorie übernatürlicher Phänomene stellen Dämonenaustreibungen, bzw. im Vorfeld der Austreibung die dämonischen Manifestationen dar. Auch hiervon berichtet die Bibel mannigfaltig. Allerdings muß an dieser Stelle beachtet werden, daß man es beim Austreiben von Dämonen mit dämonischen Phänomenen zu tun hat und nicht mit göttlichen. Es besteht insofern ein großer Unterschied zu den sonst in diesem Buch erwähnten übernatürlichen Phänomenen. Die Manifestationen im Unterpunkt »Dämonenaustreibungen« sind nur indirekt von Gott ausgelöst, indem er die Dämonen entlarvt und vertreibt. Es ist also ein Unterschied, ob ein Mensch durch Gottes Geist zu Boden fällt und erzittert, oder von einem Dämon zu Boden gerissen bzw. geschüttelt wird.

Dämonenaustreibungen waren ein wichtiger Dienst Jesu und seiner Jünger. Johannes schreibt von Jesus in seinem ersten Brief: (1.Joh.3,8) *»Dazu ist erschienen der Sohn Gottes, daß er die Werke des Teufels zerstöre.«*

Zu den Jüngern spricht Jesus: (Luk.10,19) *»Sehet, ich habe euch Vollmacht gegeben, zu treten auf Schlangen und Skorpione, und über alle Gewalt des Feindes; und nichts wird euch schaden.«*

Schließlich gilt jedem Gläubigen die Verheißung aus Mk.16,17: *»Die Zeichen aber, die folgen werden denen, die da glauben, sind die: in meinem Namen werden sie böse Geister austreiben...«*

Da Dämonen keine irdischen oder natürlichen Geschöpfe sind, ist jeder Umgang mit ihnen von vornherein etwas, das sich auf der übernatürlichen Ebene abspielt. Jede echte Dämonenaustreibung ist kein medizinisch-psychischer Vorgang, sondern ein Werk Gottes – ein Wunder.[7]

---

[7] Natürlich können dämonische Belastungen begleitet sein von körperlichen und psychischen Problemen, die sich auch nach einem Exorzismus nicht legen und echte medizinisch-psychologische Hilfe erfordern. Oftmals sind solche psychischen Probleme auch Einfallstore für dämonische Belastungen.
So können z. B. Angstzustände, ausgelöst durch irgendwelche traumatischen Erlebnisse, zu regelrechten dämonischen Bindungen auf diesem Gebiet führen. Mehr dazu z. B. bei W.C. van Dam, *Dämonen und Besessene*, Aschaffenburg 1975; oder Kurt Koch, *Seelsorge und Okkultismus*, Berghausen 1957.

Übernatürlich an einem Exorzismus ist zum einen das Binden und Vertreiben eines bösen Geistes durch einen Stärkeren, Jesus Christus, zum anderen das sich Manifestieren eines Dämons durch verschiedene Phänomene, besonders körperliche Anzeichen beim Besessenen. Zum besseren Verständnis und zur Illustration sollen wiederum einige exemplarische Bibelstellen angeführt werden.

- Lk.4,33-35: *»Und es war ein Mensch in der Synagoge, besessen von einem unsauberen Geist; der schrie laut: Halt, was willst du von uns, Jesus von Nazareth? Du bist gekommen, uns zu verderben. Ich weiß wer du bist: der Heilige Gottes. Und Jesus bedrohte ihn und sprach: Verstumme und fahre aus von ihm! Und der böse Geist warf ihn mitten unter sie und fuhr von ihm aus und tat ihm keinen Schaden.«*

  Übernatürliche Phänomene sind in diesem Besessenheitsfall:
  – das Sprechen der Dämonen
  – deren übernatürliches Wissen
  – sowie das Umhergeworfenwerden des Besessenen.
  In Markus 9,26 wird berichtet, daß dieses Gerissen- und zu Boden-geworfen-Werden durch den Dämon so heftig war, daß die Umherstehenden meinten, der Besessene wäre tot.

- Gleichermaßen konnten Dämonen Blindheit und Stummheit hervorrufen, die nach dem Exorzismus sofort verschwanden (so z. B. Mt.12,22). Auch andere Krankheiten waren des öfteren von einem Geist der Krankheit verursacht (z. B. Lk.13,11+12; Lk.4,40+41).[8]

- Mk. 5,4-6 berichtet von anderen Phänomenen der Besessenheit, nämlich übermenschlicher Kräfte und dem Trieb zur Selbstver-

---

[8] Interessanterweise helfen gerade diese beiden Stellen bei der Frage, ob man Besessenen zum Gebet die Hände auflegen darf. Was von manchen Exorzisten entschieden abgelehnt wird, findet man in diesen Texten praktiziert. Jesus legt in Lk.4 vielen Kranken die Hände auf, wodurch die Geister ausfahren; auch bei der Geschichte der seit 18 Jahren kranken Frau in Lk.13 legt Jesus die Hände auf, um den Geist der Krankheit zu vertreiben. Es bleibt allerdings im Einzelfall zu entscheiden, was zu tun ist.

stümmelung: *»Und niemand konnte ihn mehr binden, auch nicht mit Ketten; denn er war oft mit Fesseln und Ketten gebunden gewesen und hatte die Ketten zerrissen und die Fesseln zerrieben; und niemand konnte ihn bändigen; ... und er schrie und schlug sich mit Steinen.«* Ähnliches kennt die Apostelgeschichte bei dem Bericht über die umherziehenden Beschwörer, den sieben Söhnen des Hohenpriesters Skevas: hier gelingt es einem einzigen Besessenen durch übermenschliche Kräfte alle sieben Exorzisten in seine Gewalt zu bekommen, so daß sie nackt und verwundet fliehen müssen (Apg.19,16).

– Offb.16,13+14: *»Und ich sah aus dem Mund des Drachen und aus dem Mund des Tieres und aus dem Mund des falschen Propheten drei unreine Geister gehen, gleich Fröschen; diese sind Teufelsgeister.«* Nimmt man diese Stelle wörtlich, so zeigt sie das übernatürliche Phänomen des Herausfahrens eines Dämons aus dem Körper einer Person in Tiergestalt. Dies ist wohl sehr ungewöhnlich, aber in der Kirchengeschichte finden sich Beispiele für dieses übernatürliche Phänomen (so z. B. bei der Behandlung der Gottliebin Dittus durch J.Chr. Blumhardt, s.Kap.2; oder der Behandlung Magdas durch Adolf Rodewyk, s. bei A. Rodewyk, Dämonische Besessenheit, S. 171, Pattloch Verlag 1988).
Anhand dieser Stellen wird deutlich, daß der Christ des Neuen Testaments bei seinem Umgang mit dämonisch belasteten Menschen daran gewöhnt war, übernatürlichen Phänomenen zu begegnen, die einerseits das Vorhandensein eines Dämons anzeigten, andererseits das befreiende Eingreifen Gottes verdeutlichten.

Auch wir sollten diesen Dienst mutig in der Autorität Gottes angehen, ohne uns von ungewöhnlichen Phänomenen abschrecken zu lassen, da diese nicht nur im Neuen Testament, sondern wie wir noch sehen werden, immer wieder in der Kirchengeschichte auftraten.

3. Geistgewirktes Umfallen (Ruhen im Geist)

Ein weiteres geistgewirktes Phänomen stellt das sogenannte »Ruhen im Geist« dar. Damit bezeichnet man das zu Boden fallen einer

Person aufgrund des Wirkens Gottes. Dieses Umfallen kann die Folge der Gegenwart Gottes sein, die Auswirkung einer Salbung mit Heiligem Geist, das Resultat einer geistgewirkten Sündenerkenntnis oder einfach ein »himmlisches Hineingetauchtwerden« in Gottes Liebe. Welchen speziellen Zweck das eigentliche Umfallen dabei erfüllt, ist schwer zu klären; man hat versucht, es mit dem »auf den Arm nehmen« des Kindes durch seinen Vater zu vergleichen, andererseits aber auch mit dem Hilflossein, dem »in Ohnmacht fallen«, dem staunend Niederfallen vor Gott und seiner Allmacht.
Christoph von Abendroth beschreibt das Phänomen, das sich heute an vielen Orten abspielt, folgendermaßen: »Menschen fallen plötzlich beim Stehen während eines Gottesdienstes um: beim Singen, beim Gebet, bei einer Segnung oder in einer Phase der Stille. ...Man kann auf eine solche Möglichkeit vorbereitet sein oder auch ganz unerwartet damit konfrontiert werden. Man kann es ›wollen‹ und doch nicht erleben oder sich vehement dagegen sperren und doch davon erfaßt werden. Auch die Zeitdauer ist ganz unterschiedlich: Einige ruhen nur Sekunden, andere Stunden. ...Das Erscheinungsbild des ›Ruhenden‹ zeigt meistens eine völlige körperliche Entspannung. ...Manchmal kann auch eine tiefe Erschütterung eintreten, die sich in leisem Weinen oder lautem Schluchzen ausdrückt oder im Gegensatz dazu in anhaltendem Lachen. Die Augen sind geschlossen, die Muskeln fast völlig entspannt, so daß hier ein Ohnmächtiger zu liegen scheint. Doch ist er geistig meistens hellwach und nimmt Geräusche wahr wie Lieder, Gebete, persönlichen Zuspruch.«[9]

Als langzeitige Auswirkungen des Ruhens im Geist nennt von Abendroth u.a.

- ein neues Offensein für Gott
- eine neue Intensität des Glaubens
- eine wachsende Freude zum Gebet und zur Lektüre der Bibel
- eine zunehmende Erkenntnis der Sünde

---

9 Christoph von Abendroth, »Ruhen im Geist« und »Lachen im Geist«, in Theologische Texte der GGE Heft 1 – Klärungen-Wege-Positionen, aaO., S. 39.

– Bewußtwerden und Heilung seelischer Wunden
– Berufungen und Wegweisungen für das Leben
– größere Bevollmächtigung zum Dienst.[10]

Gleichgültig, welchen Zweck das Umfallen letztlich erfüllt, es bleibt ein in der Bibel berichtetes Phänomen, das zahlreiche Wiederholungen in der Kirchengeschichte bis heute findet.
Einige Beispiele:

– 1.Sam. 19,20-24: *»Da sandte Saul Boten, um David zu holen. Und sie sahen die Schar der Propheten in Verzückung und Samuel an ihrer Spitze. Da kam der Geist Gottes auf die Boten Sauls, so daß auch sie in Verzückung gerieten. ...Da ging er (Saul) selbst nach Rama ... und der Geist Gottes kam auch auf ihn, und er ging einher in Verzückung. ...Da zog auch er seine Kleider aus und war in Verzückung vor Samuel und fiel hin und lag nackt den ganzen Tag und die ganze Nacht. Daher sagt man: Ist Saul auch unter den Propheten?«*

  Diesem Bericht zufolge kommt der Geist Gottes auf Saul, wodurch er in Verzückung gerät, niederfällt und etwa 24 Stunden darniederliegt. (Vgl. auch 1.Sam.10,9-13.)

– Hes.1,28-2,2: *»Das war das Aussehen des Abbildes der Herrlichkeit des Herrn. Und als ich es sah, fiel ich auf mein Gesicht nieder; und ich hörte die Stimme eines Redenden. ...Und als er so mit mir redete, kam Leben in mich und stellte mich auf meine Füße...«*
  Hes.3,23: *»Und siehe, dort stand die Herrlichkeit des Herrn, wie die Herrlichkeit, die ich am Fluß Kebar gesehen hatte; und ich fiel nieder auf mein Gesicht. Da kam der Geist in mich hinein und stellte mich auf meine Füße.«*
  Auch Hesekiel erlebt, wie er beim Anblick der Herrlichkeit Gottes zu Boden fällt und ganz kraftlos wird. Später wird er vom Geist Gottes wieder aufgerichtet und auf seine Füße gestellt.

---

10 ebd., S. 40.

- Dan. 8,17f: *»Und Gabriel trat nahe zu mir. Ich erschrak aber, als er kam, und fiel auf mein Angesicht... Und als er mit mir redete, sank ich in Ohnmacht zur Erde auf mein Angesicht. Er aber rührte mich an und richtete mich auf, so daß ich wieder stand.«*
  Dan. 10,8f: *»Ich blieb allein und sah dies große Gesicht. Es blieb aber keine Kraft in mir; jede Farbe wich aus meinem Antlitz. Und ich hatte keine Kraft mehr. Und ich hörte seine Rede; und während ich sie hörte, sank ich ohnmächtig auf mein Angesicht zur Erde. Und siehe, eine Hand rührte mich an und half mir auf die Knie und auf die Hände.«*
  Überdeutlich zeigen diese Stellen die physischen Reaktionen Daniels auf die Gegenwart Gottes, repräsentiert durch den Engel Gabriel. Der Text geht sogar so weit, daß er berichtet, wie Daniel nach den Engelsbegegnungen so erschöpft war, daß er einige Tage krank zu Bett lag (8,27) bzw. vor Schwäche nicht mehr reden und kaum noch atmen konnte (10,17). Die Begegnung Daniels mit Gott hatte also konkrete körperliche Auswirkungen.

- Gen.15,12: (Abraham beim Bundesschluß mit Gott) *»Als nun die Sonne am Untergehen war, fiel ein tiefer Schlaf auf Abram, und siehe, Schrecken und große Finsternis überfiel ihn. Da sprach der Herr zu Abram:...«*

  Nachdem Abraham Gott geopfert hatte, so wie es ihm befohlen worden war, überfiel ihn ein tiefer Schlaf. Da es jedoch noch nicht einmal Nacht war, lag dies bestimmt nicht an Abrahams Müdigkeit, sondern Gott ließ diesen Schlaf auf Abraham kommen, um dann zu ihm zu sprechen. Bei einem tiefen Schlaf ist davon auszugehen, daß Abraham nicht länger auf seinen Beinen stehen konnte, sondern zu Boden sank. Warum Gott nicht einfach so zu Abraham sprach, bleibt allerdings ein Rätsel.

- Apg.9,3ff: (Paulus auf dem Weg nach Damaskus) *»Als er aber hinzog, geschah es, daß er Damaskus nahte. Und plötzlich umstrahlte ihn ein Licht aus dem Himmel; und er fiel auf die Erde und hörte eine Stimme, die zu ihm sprach: Saul, Saul, was verfolgst du mich? ...Saulus aber richtete sich von der Erde auf. Als sich aber seine Augen* *öffneten, sah er nichts. Und sie leiteten ihn bei der Hand und führten ihn nach Damaskus. Und er konnte drei Tage nicht sehen und aß nicht und trank nicht.«*

Die Begegnung des Paulus mit Jesus hatte die Auswirkung, daß er zu Boden stürzte und für drei Tage erblindete. Warum sich neben dem Niederfallen auch das Phänomen des Erblindens ereignete, ist schwer zu sagen.
Interessant daran ist nur, daß das Erblinden an anderen Stellen ein Gericht Gottes war. So erblindeten die Bürger Sodoms, als sie Lot und die Engel belästigten (Gen.19,11), und der Zauberer Elymas wird von Gott mit Blindheit gestraft, weil er dem Missionsdienst des Paulus Widerstand leistete (Apg.13,11). Am oben erwähnten Beispiel des Paulus wird aber sichtbar, daß sich dieses Phänomen nicht über einen Kamm scheren läßt. Wer aus den beiden anderen Bibelstellen schließt, Blindheit sei ein Gericht und ein Urteil Gottes über einen Menschen, der ist spätestens bei Paulus am Ende seines Lateins, da dieser hier von Gott nicht verurteilt, sondern berufen und errettet wurde!
Es ist insofern nicht legitim, ein Phänomen, das in der Bibel einmal negativ erwähnt wird, an jeder Stelle negativ zu deuten. Mit dieser Methode müßte man ansonsten viele wertvolle und göttliche Dinge ablehnen. So wird an einigen Bibelstellen Klatschen als Ausdruck des Spottes erwähnt (z. B. Klag.2,15). An anderen Stellen jedoch ist Klatschen ein Mittel, um Gott zu preisen und zu erheben (z. B. Jes.55,12; Ps.47,2). Wer aufgrund der ersten Stelle in Klagelieder das Klatschen ablehnt, wird den Aufforderungen zum Klatschen an anderen Stellen nicht gerecht. Das Gleiche ließe sich über Singen, Tanzen oder Umfallen sagen.

- Offb.1,17: (Ein Engel Gottes erscheint dem Apostel Johannes auf der Insel Patmos) *»Und als ich ihn sah, fiel ich zu seinen Füßen wie ein Toter.«* Johannes körperliche Reaktion auf die Begegnung mit dem Engel war, daß er zu Boden fiel wie ein Toter.

Der Ausdruck »wie ein Toter« beschreibt etwas von der Schlagartigkeit des Niederfallens.

- Joh.18,6: (Die Kriegsknechte kommen in den Garten Gethsemane, um Jesus zu verhaften) *»Als nun Jesus zu ihnen sprach: Ich bin's! wichen sie zurück und fielen zu Boden.«*

  Mt.28,4: (Die Soldaten bewachen Jesu Grab, als ein Engel erscheint) *»Und seine Erscheinung war wie der Blitz und sein Kleid weiß wie Schnee. Die Hüter aber erschraken vor Furcht und waren, als wären sie tot.«*

  Bei diesem Umfallen ist zu beachten, daß die Personen, an denen sich das Phänomen ereignete, nicht mit einer gläubigen oder positiven Einstellung zu Jesus kamen. Trotzdem war die »Kraft des Moments« (Jesus gibt sich zu erkennen / ein Engel erscheint) zu viel für die körperliche Konstitution der betroffenen Personen.

- In die gleiche Richtung wie die beiden vorigen Stellen geht der Bericht aus 1.Sam.14,12-15. Darin entschließt sich Jonathan, der Sohn König Sauls, mit seinem Waffenträger ins Lager der Philister einzudringen. Jonathan kann dann einen Teil der Feinde überwältigen, da diese durch einen Gottesschrecken außer Gefecht gesetzt wurden: *»Da sprach Jonathan zu seinem Waffenträger: Steig mir nach! Der Herr hat sie in die Hände Israels gegeben. Und Jonathan kletterte mit Händen und Füßen hinauf und sein Waffenträger ihm nach. Da fielen sie (die Philisterwache) zu Boden vor Jonathan, und sein Waffenträger hinter ihm tötete sie. So traf der erste Schlag, den Jonathan und sein Waffenträger taten, ungefähr zwanzig Mann... Und es entstand ein Schrecken im Lager und auf dem freien Felde; und das ganze Kriegsvolk, die Wache und die streifenden Rotten erschraken; und die Erde erbebte. Und so geschah ein Gottesschrecken.«*

  Wie diese Stellen deutlich machen, kam das Phänomen des Umfallens auch bei Ungläubigen vor. Gerade bei ihnen ist die Möglichkeit einer religiösen Hysterie oder Erwartung als Grund der Reaktionen sehr unwahrscheinlich. Ohne Zweifel gehört das Umfallen oder Ruhen im Geist zu den in der Bibel festgehaltenen übernatürlichen Phänomenen. Es darf uns deshalb nicht wundern, wenn wir ihm in der Kirchengeschichte bis heute begegnen. Keineswegs muß es uns beunruhigen. Es kann uns ermutigen, da es uns zeigt, daß Gottes Geist am Wirken ist.

Nach hinten umfallen?

Zum Abschluß dieses Unterpunktes noch eine wichtige Anmerkung zum Thema: Umfallen nach hinten. Manch einer stellt sich die Frage, ob das Fallen nach hinten wirklich von Gott gewirkt sein kann. Wir wollen dieser Frage einmal nachgehen. Verschiedene Ausleger sehen im Umfallen nach hinten ein Zeichen des Gerichts Gottes. Nur wer nach vorne umfällt, wurde ihrer Meinung nach wirklich vom Geist Gottes berührt. Sie kommen zu dieser Meinung, vor allem wegen der Bibelstelle in 1.Samuel 4,18. Bei dieser Stelle geht es um den Priester Eli, der rücklings vom Stuhl fiel und starb (eine andere Stelle wäre z. B. noch Jes.28,7+13).

Die ganze Stelle liest sich folgendermaßen: (ab Vers 11)

»Und die Lade Gottes wurde weggenommen, und die beiden Söhne Elis ... kamen um. Da lief einer von Benjamin aus dem Heerlager und kam am selben Tage nach Silo und hatte seine Kleider zerrissen. ...Und siehe, als er hinkam, saß Eli auf seinem Stuhl und gab acht nach der Straße hin; denn sein Herz bangte um die Lade Gottes. ...Eli aber war achtundneunzig Jahre alt, und seine Augen waren so schwach, daß er nicht mehr sehen konnte. ...Da antwortete der Bote: Israel ist geflohen ... und die Lade Gottes ist weggenommen. Und es geschah, als er die Lade Gottes erwähnte, fiel Eli rücklings vom Stuhl an der Tür und brach seinen Hals und starb, denn er war alt und ein schwerer Mann.«

Einige Ausleger gehen nun davon aus, daß Gott über Eli ein Gericht ergehen ließ und die Folge davon war, daß er nach hinten umfiel. Insofern sei das Umfallen nach hinten ein Zeichen des Gerichts Gottes über einen Menschen.

Aber bei genauer Textbetrachtung wird deutlich, daß diese Auslegung nicht schlüssig ist:

1. An keiner Stelle ist in diesen Versen von einem Gericht Gottes die Rede. Das von Gott zuvor angedrohte Gericht über das Haus Elis ging in Erfüllung, als seine beiden Söhne am selben Tag starben (1.Sam.2,24+25+34). Eli selbst billigte das Verhalten seiner Söhne nicht, war gegen ihre Bosheit aber machtlos.
2. Eli wird nicht von Gott gestraft, sondern sein Umfallen ist die Folge eines Schocks, den er bekam, als er vom Diebstahl der Lade

Gottes erfuhr (...als er die Lade Gottes erwähnte, fiel Eli...). An der Bundeslade hing sein ganzes Herz, und der Verlust war für ihn als kranken, schwachen, achtundneunzigjährigen Mann nicht mehr verkraftbar. Vor Schreck und Entsetzen fiel er um und brach sich dabei das Genick.

3. Eli saß auf einem Stuhl. Er stand also nicht und fiel dann zu Boden, sondern er verlor das Gleichgewicht und stürzte nach hinten von seinem Stuhl, der allem Anschein nach keine Rückenlehne hatte. Die Anmerkung in Vers 18: »denn er war alt und ein schwerer Mann«, nimmt dem Vers jede mystische Färbung. Hier geht es nicht um eine Exekution Gottes, sondern ganz einfach um einen alten, schweren Mann, der sich bei einem Sturz recht schnell den Hals brechen kann. Wer auf einem Stuhl ohne Lehne sitzt, fällt wesentlich leichter nach hinten, als nach vorne. Die Todesursache war also nicht Gottes Wirken, sondern sein Gewicht, das seinen Sturz zum tödlichen Unfall werden ließ.

Aber selbst wenn im Text stehen würde, daß Gott Eli tötete, ist damit noch nicht ausgesagt, daß sein Sturz nach hinten von Gott gewirkt war. Zudem muß das Fallen nach hinten dadurch noch lange nicht zum allgemeingültigen Gerichtskennzeichen Gottes werden. Wie oben bereits erwähnt, kann ein Phänomen an der einen Stelle in einem negativen Kontext erwähnt werden, an der nächsten aber bereits in einem positiven.

Wenn ein Mal ein schwerer Mann in der Bibel nach hinten umfiel, muß das noch lange nicht bedeuten, daß von nun an alle, die nach hinten umfallen, Menschen vom Schlage Elis sind!

Diejenigen, die das Fallen nach hinten ablehnen, sehen im Fallen nach vorne (auf das Angesicht) die einzig legitime Art zu fallen. Allerdings haben sie dabei nicht bedacht, daß es auch Bibelstellen gibt, die das Fallen nach vorne in den Kontext des Gerichts Gottes stellen: So lesen wir in Apg.5,1 ff:

»Ein Mann aber mit Namen Ananias, samt Saphira, seiner Frau, verkaufte ein Gut und schaffte von dem Kaufpreis beiseite, wovon auch die Frau wußte... Es geschah aber nach Verlauf von etwa drei Stunden, daß seine Frau hereinkam, ohne zu wissen, was geschehen war. Petrus aber antwortete ihr: Sag mir, ob ihr für so viel das Feld verkauft habt? Sie aber sprach: Ja, für so viel. ...Sie fiel aber sofort zu seinen Füßen nieder und

verschied. Und als die jungen Männer hereinkamen, fanden sie sie tot; und sie trugen sie hinaus und begruben sie bei ihrem Mann.«
Ananias und Saphira wurden von Gott gerichtet, so daß sie tot zu Boden fielen. Da sich Ananias und Saphira mit Petrus unterhielten, müssen wir davon ausgehen, daß sie ihm gegenüber standen. Wenn Saphira nun sofort zu seinen Füßen niederfiel, dann ist sie in seine Richtung gefallen, also nach vorne und nicht nach hinten. Der Ausdruck »zu seinen Füßen« ist ganz allgemein in der Bibel die Beschreibung des Fallens nach vorne (vgl. Offb.1,17; 19,10; 22,8; 1.Sam.25,24; Est.8,3; Mt.17,14; 18,26; Apg.10,25; 16,29 und viele andere mehr).
Wenn also Ananias und Saphira von Gott gerichtet wurden und dabei nach vorne fielen, wäre bei gleicher Argumentation wie zuvor bei Eli ein Fallen nach vorne ebenfalls ausgeschlossen. Es stellt sich dann aber die Frage, in welche Richtung man überhaupt noch fallen darf! Was wäre dann mit dem Apostel Johannes auf der Insel Patmos (s.o.)? Ihm begegnete Jesus und er fiel dabei nach vorne zu seinen Füßen wie ein Toter. Mit der obigen Argumentation müßte dieses Fallen des Johannes als Gericht Gottes verstanden werden, aber keinesfalls als positives Phänomen.
Daß diese Argumentation ad absurdum führt, wird offensichtlich. Entscheidend ist nicht, ob irgendwann einmal irgend jemand bei einem Gottesgericht nach vorne oder nach hinten fiel. Es geht nicht um die Fallrichtung, sondern um die Frage, in welchem Kontext sich das Fallen ereignet. Geschieht es an einem unbußfertigen Sünder, der von Gott gerichtet wird, oder in einem Gottesdienst an einem Heiligen, dem Gott eine Offenbarung, seine Gegenwart oder seine Herrlichkeit zuteil werden läßt. Wir sollten keinesfalls da von einem Gericht Gottes und damit vom Umfallen als negativem Phänomen sprechen, wo Christen sich glaubend, demütig und vertrauend nach Gott und seiner Gegenwart ausstrecken.

4. Zittern, Beben und Schütteln

Ein anderes körperliches Phänomen ist das Zittern oder Beben. Es gehört wohl zu der gleichen Kategorie wie das Umfallen und hat meist auch die gleichen Ursachen, nämlich Gottes Gegenwart, sein

Erscheinen und sein Reden. Häufig tritt Zittern in Zusammenhang mit der Furcht vor Gott auf.[11]

John Wimber schreibt über das Zittern: »Es kann unterschiedlich stark sein, manchmal ist nur ein Teil des Körpers davon betroffen (zum Beispiel ein Arm oder ein Bein). Es kann von Schwitzen, tiefem Atem oder erhöhtem Pulsschlag begleitet sein. Meistens jedoch tritt ein leichtes Zittern auf, das mit tiefem Frieden und stiller Freude einhergeht. Es unterscheidet sich jedoch von Hyperventilation, z. B. bei Angstzuständen. Dieses Zittern kann auch extreme Formen von Geschütteltwerden annehmen. Ich habe erlebt, wie Menschen zu Boden fielen und stundenlang am ganzen Leib stark zitterten, manchmal überkam sie noch mehrere Tage danach zeitweilig ein Zittern. Die leichtere Art des Zitterns tritt häufig auf, wenn der Heilige Geist Menschen zu einem Dienst oder zur Erneuerung bevollmächtigt. Stärkeres Zittern weist manchmal darauf hin, daß der Heilige Geist auf einen bösen Geist trifft.«[12]

Beispiele aus der Bibel:

– Jer.23,9: *»Mein Herz will mir in meinem Leibe brechen, alle meine Gebeine zittern; mir ist wie einem trunkenen Mann und wie einem, der vom Wein taumelt, vor dem Herrn und vor seinen heiligen Worten.«*

  Jeremias Zittern erfaßt seinen ganzen Körper und scheint so stark zu sein, daß er sich fühlt wie ein Betrunkener, der keine Kontrolle mehr über seine Glieder besitzt. Ursache seines Zitterns ist die Gegenwart Gottes und dessen Wort.

– Dan.10,9/11+16: *»...Während ich sie hörte, sank ich ohnmächtig auf mein Angesicht. ...Und siehe eine Hand rührte mich an und half*

---

11 Natürlich kann ein Zittern und Beben des Körpers durch Frieren oder Angst hervorgerufen werden; in diesem Zusammenhang meine ich aber jenes Zittern, das keines dieser natürlichen Ursachen hat, sondern auf geistlicher Ebene ausgelöst wird.

12 J. Wimber, *Heilung...*, aaO., S. 206/207.

mir auf die Knie und auf die Hände. ... Und als er dies mit mir redete, richtete ich mich zitternd auf.«

»Da tat ich meinen Mund auf und redete und sprach zu dem, der vor mir stand: Mein Herr, meine Glieder bebten, als ich das Gesicht hatte, und es war keine Kraft mehr in mir.«

Die Gegenwart des Engels bewirkte bei Daniel nicht nur das Ruhen im Geist, sondern ebenfalls ein Zittern seiner Glieder.

– Mk.16,6+8: (Die Frauen an Jesu Grab begegnen einem Engel) *»Und als sie in die Gruft eintraten, sahen sie einen Jüngling zur Rechten sitzen, bekleidet mit einem weißen Gewand, und sie entsetzten sich. ...Und sie gingen hinaus und flohen von der Gruft. Denn Zittern und Bestürzung hatte sie ergriffen, und sie sagten niemand etwas, denn sie fürchteten sich.«*

Bei diesen Frauen löste die Begegnung mit einem Engel Entsetzen und Zittern aus. Natürlich handelt diese Stelle nicht vom segnenden Handeln Gottes an einem Menschen, bei dem es zu körperlichen Phänomenen kommen kann, aber es wird dennoch ersichtlich, daß die Konfrontation des Menschen mit Gottes gewaltigem Wirken (die Auferstehung) und seinen Mächten (der Engel, der Gottes Gegenwart repräsentiert) immer wieder zu körperlichen Auswirkungen führt.

– Apg.7,31+32: (Mose erscheint der Engel Gottes im brennenden Dornbusch) *»Als er aber hinzuging, zu schauen, geschah die Stimme des Herrn zu ihm... Mose aber fing an zu zittern und wagte nicht hinzuschauen.«*

Auch Moses Körper überfällt ein Zittern bei der Anwesenheit eines Engels, gepaart mit großer Ehrfurcht vor Gott bzw. dieser Erscheinung.

– Apg.16,29+30: (Paulus und Silas im Gefängnis zu Philippi, nachdem sich die Gefängnistüren öffneten) *»Er* (der Kerkermeister) *forderte aber ein Licht und sprang hinein und fing an zu zittern und fiel Paulus zu Füßen und führte sie heraus und sprach: Liebe Brüder, was soll ich tun, daß ich gerettet werde?«*

Ganz offensichtlich erlebte der Kerkermeister eine Berührung des Heiligen Geistes, da er nicht nur zittert, sondern sich seines Verlorenseins bewußt wird und nach dem Heil verlangt. Hinter solch einer Reaktion steht klar das Wirken des Heiligen Geistes. Das Zittern und Beben unsres Leibes kann ein Anzeichen für das Wirken des Heiligen Geistes sein. Wo er heute Menschen erfüllt, kann auch dieses übernatürliche Phänomen wieder zum Vorschein kommen.

5. *Verzückung, Ekstase, Trunkenheit*

Neben Umfallen und Zittern taucht bei verschiedenen Menschen in der Bibel auch Verzückung als übernatürliches, geistgewirktes Phänomen auf. Grund für diesen ekstatischen Zustand ist im allgemeinen die Erfüllung mit dem Heiligen Geist. Oft gerieten auch Propheten in Verzückung, wenn der Geist des Herrn auf sie kam. Dies wird an einigen exemplarischen Stellen sehr deutlich:

- 4. Mose 11,24-29: (Mose erwählt 70 Männer zu seiner Unterstützung für den Dienst am Volk Israel) *»Und Mose ging heraus und sagte dem Volk die Worte des Herrn und versammelte 70 Männer aus den Ältesten des Volks und stellte sie rings um die Stiftshütte. Da kam der Herr hernieder in der Wolke und redete mit ihm und nahm von dem Geist, der auf ihm war, und legte ihn auf die 70 Ältesten. Und als der Geist auf ihnen ruhte, gerieten sie in Verzückung wie Propheten, und hörten nicht auf. Es waren aber noch zwei Männer im Lager geblieben. ...Und der Geist kam über sie, denn sie waren auch aufgeschrieben ...und sie gerieten in Verzückung im Lager. ...Da antwortete Josua, der Sohn Nuns, der dem Mose diente von seiner Jugend an, und sprach: Mose, mein Herr, wehre ihnen! Aber Mose sprach zu ihm: Eiferst du um meinetwillen? Wollte Gott, daß alle im Volk des Herrn Propheten wären und der Herr seinen Geist über sie kommen ließe.«*
  Hier kommt der Geist Gottes auf 70 Älteste, worauf sie in Verzückung geraten. Die Aussage »und hörten nicht auf« deutet an, daß dieser Zustand nicht nur einige Augenblicke dauerte, sondern beträchtliche Zeit angehalten haben muß.

Auch die Reaktion des Mose zeigt, daß ihm dieses Phänomen bekannt war und keinesfalls unangenehm, da er sich wünschte, daß alle im Volk solches erlebten. Das hebräische Wort an dieser Stelle für »in Verzückung geraten« (נבא = nawah) kann auch bedeuten: prophetisch reden, von prophetischer Begeisterung ergriffen sein, weissagen oder begeistert lobsingen.[13]
Oft besteht ein enger Zusammenhang zwischen Verzückung und prophetischer Rede. Im Alten Testament heißt es immer wieder, daß der Geist des Herrn über einen Propheten kam, er dann in Verzückung oder Ekstase geriet und damit begann, zu weissagen.

– Wie sich Verzückung äußerlich auswirkte, zeigt die Stelle in 1.Sam.19,23f: (Saul begegnet einer Schar Propheten) *»Und der Geist Gottes kam auch über ihn und er ging einher in Verzückung, bis er nach Najot in Rama kam. Da zog auch er seine Kleider aus und war in Verzückung vor Samuel und fiel hin und lag nackt den ganzen Tag und die ganze Nacht. Daher sagt man: Ist Saul auch unter den Propheten?«*

An dieser Stelle wird ebenfalls deutlich, daß die Verzückung lange anhielt (mindestens auf dem ganzen Weg von Secho bis Najot in Rama; die Nachwirkungen dauerten sogar einen ganzen Tag und eine ganze Nacht). Saul und die Propheten waren also während ihrer Verzückung in Bewegung, wahrscheinlich so heftig, daß sie ihre Kleidung ablegten (vgl. David, der in 2.Sam.6 seine Kleider in aller Öffentlichkeit auszog, da er mit aller Macht vor dem Herrn her tanzte!). Verzückung war somit keine sanfte Angelegenheit, sondern ein massives Ergriffensein von der Kraft des Heiligen Geistes.
In den Bereich der Ekstase gehören neben Weissagungen auch Visionen und Erscheinungen. Oftmals erlebten Menschen während einer Verzückung eine geistliche Vision oder eine Offenbarung, sahen Engel oder Jesus und hörten Stimmen. So auch in den folgenden Beispielen:

---

13 vgl. W. Gesenius, *Hebräisches und Aramäisches Wörterbuch*, S. 478.

- Apg.10,10-13: (Petrus auf dem Dach des Gerbers Simon in Joppe) *»Und da er hungrig ward, wollte er essen. Als sie ihm aber zubereiteten, ward er verzückt und sah den Himmel aufgetan und herniederfahren ein Gefäß. ...Und es geschah eine Stimme zu ihm: Stehe auf, Petrus, schlachte und iß.«*

  Das griechische Wort für Verzückung im Neuen Testament und auch an dieser Stelle lautet Ekstasi (έκστασις). Walter Bauer schreibt dazu: Ekstasis ist »die Verzückung als ein von Gott gewirkter Zustand, bei dem das Bewußtsein ganz oder teilweise aufgehoben ist.«[14] Interessant ist, daß diese Verzückung keinen geistlichen Rahmen besitzt (z. B. während eines Gottesdienstes oder einer Evangelisation), sondern sich ereignet, während Petrus voll Hunger auf sein Essen wartet.

- Apg.22,17+18: (Paulus in Jerusalem) *»Es geschah aber, da ich wieder nach Jerusalem kam und betete im Tempel, daß ich verzückt ward und ihn (Jesus) sah. Da sprach er zu mir: Eile und mache dich behende von Jerusalem hinaus.«*

  Auch für Paulus ist seine Ekstase verbunden mit einer direkten Manifestation des Herrn Jesus, gefolgt von einer Offenbarung prophetischer Wahrheiten.
  Berichte wie diese kommen im Neuen Testament häufig vor, auch wenn nicht immer explizit von Ekstase die Rede ist (z. B. Apg.7,55; Offb.1,9+12; 2.Kor.12,2-4).

- Eine bemerkenswerte Stelle finden wir in 2. Korinther 5,13. Paulus schreibt dort: *»Denn, sind wir von Sinnen gewesen, so war es für Gott; sind wir bei Sinnen gewesen, so sind wir's für euch.«*

  Paulus beschreibt seine Gottesbeziehung als »von Sinnen sein«. Nun war er sicherlich nicht ständig von Sinnen, wenn er mit seinem Gott Gemeinschaft hatte, aber sicherlich war es ein Element dieser Beziehung. »Von Sinnen sein« (gr. ἐξίστημι =

---

14 Walter Bauer, *Wörterbuch zum Neuen Testament*, aaO., Sp. 485.

existemi) hängt im Griechischen mit dem Wort »Ekstase« zusammen (s.o.) und meint eigentlich »in Ekstase geraten«. Cremer beschreibt es als »jene Gemütsaffektion, die durch wunderbare, unbegriffene Vorgänge bewirkt wird«.[15]
Gott gegenüber oder »für Gott« war Paulus des öfteren in Ekstase. Er stellt diesen Ausdruck dem Begriff »bei Sinnen sein« gegenüber. »Bei Sinnen« (gr. σωφρονέω = sophroneo) meint »verständig, besonnen sein«, »sich mäßigen«, »züchtig sein«, »vernünftig sein«.[16] Betrachtet man sich diesen Begriff, wird die Bedeutung des »von Sinnen sein« um so deutlicher. Es gibt einen Zustand Gott gegenüber, der nicht als vernünftig oder besonnen bezeichnet werden kann, sondern sehr viel mit Ekstase, mit »außer sich sein« zu tun hat und zu dem sich Paulus bekennt. Die Unterscheidung, die Paulus hier aber trifft, ist von großer Bedeutung: »für Gott von Sinnen« und »für Menschen bei Sinnen«.
Wer meint, weil wir an verschiedenen Bibelstellen aufgefordert werden, vernünftig, besonnen und mäßig zu sein, er dürfe sich nie in einem Zustand der Ekstase, der Verzückung oder der Kontrollosigkeit befinden, übersieht diese Stelle aus 2. Korinther 5,13. Paulus wußte, daß es Menschen gegenüber richtig ist, besonnen und maßvoll zu sein. Aber er wußte auch, daß es Gott gegenüber Phasen gibt, die diesem Bild nicht entsprechen, sondern von geistgewirktem »von Sinnen sein« gekennzeichnet sind!
Wenn Christen heute – wie Paulus damals – in ihrem Erleben Gott gegenüber zeitweise nicht von Besonnenheit und Nüchternheit, sondern von Verzückung und »außer sich sein« gekennzeichnet sind, dann hat dies sein biblisches Vorbild und seine Berechtigung.

– Eine wichtige Stelle findet sich noch in Apostelgeschichte 2,13, wo man den Zustand der Jünger aus dem Urteil der umherstehenden Zuschauer entnehmen kann. Nachdem die Jünger an Pfingsten mit dem Heiligen Geist getauft wurden, lobten und

---

15 Hermann Cremer, *Biblisch-theologisches Wörterbuch*, hrsg. von Julius Kögel, aaO., S. 532.

16 W. Bauer, aaO., Sp. 1587

priesen sie Gott in solch einer enthusiastischen (ekstatischen) Weise, daß einige der Umherstehenden das Urteil fällten: »Sie sind voll süßen Weins« (also betrunken!).

Sicherlich käme niemand auf die Idee, die Nachfolger Jesu bereits am frühen Morgen als betrunken zu bezeichnen, wenn ihr durch den Geist ausgelöstes Verhalten nicht allen Grund dazu gegeben hätte.
Bill Jackson schreibt zu dieser Stelle: »Daß die 120 frisch erfüllten Gläubigen sich wie Betrunkene verhielten, ist das, was man ein argumentum e silentio bezeichnet. Der Text sagt nicht, daß sie es waren, aber es ist ganz offensichtlich angedeutet. Sie wären doch nicht der Trunkenheit beschuldigt worden, nur weil sie in anderen Sprachen redeten. Sie wurden einer solchen Sache beschuldigt, weil sie sich wie Betrunkene verhielten, z. B. lachten, fielen, einige unartikuliert sprachen, kühn waren aus Mangel an Beherrschtheit usw. Die Analogie, daß die Gabe des Geistes als »neuer Wein« bezeichnet wird, ergibt sich in diesem Zusammenhang von selbst.«[17]
Auch Propheten wie Jeremia erlebten solch einen Zustand der Trunkenheit durch das Wirken des Heiligen Geistes:
Jer.23,9: *»Mein Herz will mir in meinem Leibe brechen, alle meine Gebeine zittern; mir ist wie einem trunkenen Mann und wie einem, der vom Wein taumelt, vor dem Herrn und vor seinen heiligen Worten.«*
Wie bereits im Abschnitt »Zittern und Beben« erwähnt, bewirkte die Gegenwart des Herrn und das Hören seines Wortes bei Jeremia neben Zittern auch, daß er sich fühlte wie ein betrunkener, vom Wein taumelnder Mann.

6. Geistgewirktes Lachen

In der Bibel haben wir keine Stellen, die direkt vom Lachen als geistgewirktem Phänomen sprechen. Aber es ist interessant zu beachten, wie positiv Gott zu dem Gemütszustand Lachen steht.

---

[17] Bill Jackson in Patrick Dixon, *Signs of Revival*, S. 305f.

- Gott selbst lacht! In Psalm 2,4; 37,13 und 59,9 lesen wir, daß Gott über das Treiben der Gottlosen lacht und spottet.

- Pred.3,4 erwähnt ausdrücklich, daß Lachen seine Zeit hat.

- Ps.126,1+2: *»Wenn der Herr die Gefangenen Zions erlösen wird, so werden wir sein wie die Träumenden. Dann wird unser Mund voll Lachens und unsre Zunge voll Rühmens sein. Dann wird man sagen unter den Heiden: Der Herr hat Großes an ihnen getan!«*

  Das wunderbare und befreiende Handeln Gottes löst bei seinem Volk nicht nur aus, daß sie sich fühlen wie Träumende, sondern auch, daß ihr Mund voll Lachens ist. Im Hebräischen steht an dieser Stelle bewußt der Ausdruck »voll machen«, »erfüllen« (מָלֵא = male). Es geht hier nicht um ein müdes Lächeln, sondern um einen Mund, der voll von Lachen ist, der überfließt vor Gelächter als Reaktion auf Gottes Hilfe.

- Der Name, den Abrahams Sohn von Gott erhielt, war Isaak, und bedeutet »Lachen« (Gen.17,19; 21,5). Wann immer die Israeliten die Namen ihrer Erzväter Abraham, Isaak und Jakob nannten, fiel das Wort Lachen. Gott kann kein Gegner des Lachens sein, wenn er solch eine Namensgebung anordnete. Paulus spricht im Neuen Testament davon, daß wir als Christen nicht in erster Linie Kinder Abrahams, sondern Nachkommen Isaaks sind (Röm.9, 6-8). Unser geistlicher Vorfahr ist Isaak, der Mann des Lachens. Ich denke, auch dies ist kein Zufall!

- Apg.14,16f: (Paulus predigt in Lystra über Gottes Wirken an den Nationen) *»Er* (Gott) *ließ in den vergangenen Geschlechtern alle Nationen in ihren eigenen Wegen gehen, obwohl er sich doch nicht unbezeugt gelassen hat, indem er Gutes tat und euch vom Himmel Regen und fruchtbare Zeiten gab und eure Herzen mit Speise und Fröhlichkeit erfüllte.«*

  Das Wort »Fröhlichkeit« (gr.: εὐφροσύνη = euphrosyne) bedeutet »der Frohsinn«, »die Heiterkeit«, »die Freude des festlichen

Mahles«, »das Festmahl«.[18] Es ist erstaunlich, was Paulus hier sagt: Gott ist es, der die Heiden nicht nur mit Regen und Speise, sondern auch mit Frohsinn und Heiterkeit segnete. Gott ist der Urheber der Heiterkeit, und Heiterkeit kann man sich schwerlich ohne Lachen vorstellen. Lachen kommt von Gott, und es ist eines seiner wunderbarsten Geschenke an den Menschen! Es ist ein deutlicher Ausdruck von Freude, und diese ist wiederum eine Frucht des Geistes. Auch von Jesus lesen wir im Hebräerbrief ausdrücklich, daß er von Gott mit dem Öl der Freude gesalbt wurde: *»Du hast Gerechtigkeit geliebt und Gesetzlosigkeit gehaßt; darum hat Gott, dein Gott, dich gesalbt mit Freudenöl vor deinen Gefährten.«* (Hebr.1,9.)

Ich persönlich empfinde das geistgewirkte Lachen als eines der schönsten und ermutigendsten Phänomene. Es war oft erstaunlich zu beobachten, wie Menschen, die vielleicht seit Jahren in tiefen Depressionen, Sorgen und Traurigkeiten versunken waren und nur selten ein gequältes Lächeln hervorbrachten, plötzlich wie befreit auflachten und ihre Freude zurückgewannen. Von einem Moment zum anderen fielen Menschen zu Boden und begannen sofort oder nach einigen Minuten so laut zu lachen, daß sie beinahe alles übertönten. Dieser Zustand konnte sich über geraume Zeit erstrecken und erhebliche »Bauchschmerzen« verursachen.
Christoph von Abendroth beschreibt dieses Phänomen, das er unter anderem auch auf Konferenzen antraf, folgendermaßen: »Erfüllt von Freude über das eben Gehörte, über das Erleben der Nähe Gottes oder ohne erkennbaren Grund fing jemand plötzlich an zu lachen – vielleicht ganz leise, unauffällig... – andere brachen in ein schallendes Lachen aus, das unkontrollierbar schien und sich über einen längeren Zeitraum fortsetzte. Andere Teilnehmer registrierten dieses Lachen als Fröhlichkeit, als ein für den Betreffenden beglückendes und heilsames Geschehen. Es wirkte also nicht peinlich, als würde jemand in merkwürdiger Weise »aus der Rolle fallen«.[19]

---

18 R. Bultmann, in *Theologisches Wörterbuch zum Neuen Testament*, Bd. II, aaO., S. 770ff.

19 Christoph von Abendroth, aaO., S. 42.

Trotz dieser Tatsache haben viele Christen mit dem Phänomen des Lachens besondere Schwierigkeiten. Anscheinend paßt es nicht zu der gewohnten Nüchternheit eines Gottesdienstes und unseren Begriffen von Ordnung und Anstand.
Ein oft gehörtes Zitat in diesem Zusammenhang ist die Stelle im ersten Korintherbrief, wo Paulus schreibt: *»Denn Gott ist nicht ein Gott der Unordnung, sondern des Friedens«* und *»Laßt aber alles ehrbar und ordentlich zugehen.«* (1.Kor.14,33+40)
Kaum ein anderes Zitat wird öfters gebraucht, um die persönlich-subjektiven Vorstellungen von Ordnung durchzusetzen. Wenn jemand mit irgendeinem Phänomen oder einem sonstigen Vorkommnis im Gottesdienst nicht einverstanden ist, dann meint er 1. Korinther 14,33 zitieren zu können und damit seine Vorbehalte genügend belegt zu haben.
Aber wer definiert denn, was biblische Ordnung ist? Erfahren wir es aus dem bekannten Knigge oder aus dem Gesamtzeugnis der Heiligen Schrift? Uns muß bewußt sein, daß ein Deutscher oder ein Schweizer etwas ganz anderes unter Ordnung versteht als ein Kenianer, Koreaner oder ein Südamerikaner. Es gibt nicht »die Ordnung«. Sie wird in jedem Kulturraum anders definiert und läßt unterschiedliche Spielräume zu. Mit welchem Recht maßen wir uns an, zu bestimmen, ob Lachen, Verzückung oder Umfallen ordentlich sind oder nicht?
Halten wir es für der Ordnung gemäß, wenn sich König David vor dem Volk auszieht und wie ein Wilder tanzt (2.Sam.6,14+20)? Was ist mit dem Propheten Hosea, der den Befehl von Gott bekommt, eine Hure zu heiraten (Hos.1,2)? Ist es besonders ordentlich, wenn Gott zu Hesekiel sagt, er solle sich Brot auf Menschenkot backen (Hes.4,12)? Hat nicht auch Petrus seine Vorstellung von göttlicher Ordnung korrigieren müssen, als Gott ihm sagte, er solle ins Haus eines Heiden gehen (Apg.10,28)?
Das Empfinden für Ordnung ist äußerst subjektiv. Für den einen ist Tanzen und Lachen im Gottesdienst unordentlich, für den anderen bereits der Gebrauch jeglicher Musikinstrumente zum Singen. Aber wenn Gott sogar den Heiden Heiterkeit schenkt, ist es dann so abwegig, daß er das Herz und den Mund seiner Kinder mit Freude und Lachen füllt, sobald er ihnen mit seiner Liebe begegnet?

Ist es tatsächlich so schlimm, wenn Menschen lauthals lachen? Ist das so gefährlich? Gehört Lachen nicht zum alltäglichen Leben? Ist Lachen nicht das Kennzeichen einer gesunden Persönlichkeit und die Unfähigkeit zu lachen ein Zeichen für ernste Störungen?
Natürlich kann das Phänomen des Lachens Gefahren bergen, wie alle anderen Phänomene auch (vgl. Kapitel 3: »Gefahren von übernatürlichen Phänomenen«), aber zunächst sollte es als etwas verstanden werden, das dazu beiträgt, daß sich Jesu Verheißung der vollkommenen Freude erfüllt (Joh.17,13; 15,11).

7. Spontaner Empfang des Sprachengebetes

Wo der Heilige Geist auf einen Menschen kommt, tritt häufig ein weiteres geistgewirktes Phänomen auf: Der Mensch beginnt plötzlich, ohne dies vorher zu planen, in einer neuen Sprache (Zunge) zu sprechen, die er vorher nie gelernt hat und auch nicht versteht. Jesus selbst kündigte diese Geisteswirkung nach seiner Auferstehung an: (Mk.16,17) *»Die Zeichen aber, die da folgen werden denen, die da glauben, sind die: in meinem Namen werden sie böse Geister austreiben, in neuen Zungen reden.«*

- Das erste Mal trat dieses Zungenreden (besser Sprachenreden) am Pfingsttage auf. Als die Jünger versammelt waren und beteten, erschienen ihnen Zungen, zerteilt und wie aus Feuer, und sie wurden alle mit dem Heiligen Geist erfüllt *»und fingen an, in anderen Sprachen zu reden, wie der Geist ihnen gab auszusprechen.«* (Apg.2,4)

- Ein anderes Mal tritt dieses Phänomen auf, als sich Petrus in das Haus des Hauptmannes Kornelius begibt, um den dort Versammelten das Evangelium zu verkündigen. Lukas beschreibt den Hergang folgendermaßen: (Apg.10,44-46) *»Da Petrus noch diese Worte redete, fiel der Heilige Geist auf alle, die dem Wort zuhörten. Und die Gläubigen aus den Juden, die mit Petrus gekommen waren, entsetzten sich, daß auch auf die Heiden die Gabe des heiligen Geistes ausgegossen ward; denn sie hörten, daß sie in Zungen redeten und Gott hoch priesen.«*

Das Phänomen des Sprachenredens muß ganz unvermittelt aufgetreten sein, da sich die anwesenden Juden entsetzten über diese plötzliche Fähigkeit des Kornelius und seiner Leute, in Sprachen reden zu können. Glücklicherweise endet die Reaktion der Juden mit Freude über das Geschehene, so daß die Geisterfüllten sogleich getauft wurden. Im Gegensatz zu vielen modernen Reaktionen löste dieses Sprachenreden bei Petrus und seinen Gefolgsleuten keine Skepsis oder Verdachtsmomente, geschweige denn Befürchtungen des Dämonischen aus, sondern bestätigte für sie nur die Echtheit von Kornelius' Bekehrung, so daß er sogleich auf Jesu Namen getauft werden konnte.

Daß sich Petrus später in Jerusalem für diese Vorkommnisse verantworten mußte (Apg.11,1-18) hatte nicht die Geisterfüllung oder das Sprachenreden des Kornelius als Grund, sondern die Tatsache, daß Petrus als jüdischer Mann bei Heiden war und mit ihnen gegessen hatte (11,2+3). Das Sprachenreden und der Geistesempfang war für Petrus vielmehr »entlastendes Beweismaterial« bezüglich seines Vorgehens: (Apg.11,15-17) *»Indem aber ich anfing zu reden, fiel der heilige Geist auf sie gleichwie auf uns am ersten Anfang (s. Apg.2,4). Da dachte ich an das Wort des Herrn, als er sagte: Johannes hat mit Wasser getauft; ihr aber sollt mit dem heiligen Geist getauft werden. Wenn nun Gott ihnen die gleiche Gabe gegeben hat wie auch uns, die da gläubig geworden sind an den Herrn Jesus Christus: wer war ich, daß ich konnte Gott wehren?«*

- Ein drittes Beispiel findet sich in Apg.19,1-6. Paulus begegnet bei diesem Ereignis einer Gruppe Jünger, die den Heiligen Geist nicht empfangen hatten, da sie darüber noch nicht belehrt worden waren. Nachdem Paulus ihnen das mangelnde Wissen vermittelt hatte, betete er mit ihnen um den Heiligen Geist. Lukas schreibt: *»Und da Paulus die Hände auf sie legte, kam der heilige Geist auf sie, und sie redeten in Zungen und weissagten.«*

Nicht nur an dieser Stelle, sondern an allen drei Beispielen wird deutlich, daß dieser spontane Empfang des Sprachenredens eng verbunden war mit der Erfüllung durch den Heiligen Geist.

8. Spontaner, geistgewirkter Lobpreis

Lobpreis und Anbetung ist in den meisten Fällen etwas völlig Natürliches, zu dem man sich willentlich entschließt, z. B. während eines Gottesdienstes oder einer persönlichen Anbetungszeit. Daneben gibt es allerdings einen von Gott gewirkten Lobpreis, der vom Heiligen Geist ausgelöst oder inspiriert wird. Oftmals trägt solch ein Lobpreis prophetische Züge, kann sehr lange anhalten und ist äußerst auferbauend. John Wimber schreibt hierzu: »Es gibt viele Fälle, in denen Menschen stundenlang ununterbrochen preisen. Ihr persönliches Gebetsleben wird dadurch sehr gesegnet. Oft empfangen Menschen zur gleichen Zeit auch die Gabe des Sprachengebetes.«[20]

Auch hierzu einige Beispiele:

- 1.Chr.25,1-3: (Erwählung der 24 Abteilungen der Sänger durch David) *»Und David und die Obersten des Heeres sonderten die Söhne Asafs und Hemans und Jedutuns zum Dienst aus, die auf Zithern und auf Harfen und auf Zimbeln geisterfüllt spielten*[21] *... unter der Leitung Asafs, der nach der Anweisung des Königs geisterfüllt spielte, ...und unter der Leitung ihres Vaters Jedutun, der geisterfüllt auf der Zither spielte.«*

  David erwählte sich die Menschen als Leiter seines Lobpreises, die in der Lage waren, geistgewirkt und »geisterfüllt« anzubeten. Sie spielten nicht nur auf ihren Instrumenten, sondern wenn sie anbeteten, kam der Geist Gottes auf sie, so daß sie auf und mit ihren Instrumenten weissagten und prophezeiten.

- Lk.1,46-55: Der Lobgesang der Maria, das sogenannte Magnifikat. Hier beginnt Maria ein Lobgebet, das viele prophetische Wahrheiten enthält, ausgelöst durch die Inspiration des Heiligen Geistes.

---

20 J. Wimber, *Heilung...*, aaO., S. 211.

21 Eigentlich wörtlich: »die auf Zimbeln ... prophezeiten«.

- Ebenso verhält es sich bei Zacharias in Lk.1,64+67-79. Nachdem er zuvor von dem Engel mit Stummheit gestraft worden war, *»ward sein Mund und seine Zunge aufgetan und er redete und lobte Gott.«* Zacharias Lobgesang wurde vom Heiligen Geist ausgelöst, denn in Vers 67 lesen wir: *»Und sein Vater Zacharias ward des heiligen Geistes voll, weissagte und sprach:...«*, worauf sein Lobgebet erscholl.

- Apg.2,11: Als die Jünger an Pfingsten im Heiligen Geist getauft wurden und spontan anfingen, in neuen Sprachen zu reden, verkündeten sie dabei das Lob Gottes: *»Wir hören sie in unseren Zungen die großen Taten Gottes reden.«*

- Apg.10,46: Auch bei Kornelius hatte der Geistempfang neben dem Sprachenreden gleichzeitig die Auswirkung des spontanen, geistgewirkten Lobpreises: *»Sie hörten, daß sie in Zungen redeten und Gott hoch priesen.«*

An den letzten beiden Stellen wird deutlich, was im obigen Zitat J. Wimbers ausgesagt wurde. Menschen empfingen oft zur gleichen Zeit mit dem Lobpreis auch das Sprachengebet. Wenn spontaner Lobpreis ein übernatürliches Phänomen ist, das dort auftritt, wo der Heilige Geist ausgegossen wird, dann kann man es zu Recht als geistgewirktes Phänomen bezeichnen.
Oft hat Gott in der Kirchengeschichte geistgewirkten Lobpreis und Anbetung gebraucht, um Menschen aus ihrer Trägheit und toten Religiosität zu befreien. Auch diese Tatsache wird anhand der Erweckungsberichte im zweiten Kapitel deutlich.

9. Entrückungen, Elevation, Schwebezustände

Ein besonders bemerkenswertes Phänomen im Alten wie im Neuen Testament ist die Entrückung bzw. Elevation (auch Levitation genannt). Der Begriff Elevation kommt vom lateinischen »elevare«, was »emporheben«, »aufheben«, »aufrichten« bedeutet. Somit meint Elevation soviel wie »Erhebung«. Man bezeichnet damit das Phänomen, daß Personen oder Gegenstände auf übernatürliche Weise empor-

gehoben werden und frei über dem Boden schweben. Elevation ist in diesem Sinne das Schweben, bei der Überbrückung von Distanzen auch die Entrückung. Dabei scheinen die Gesetze der Schwerkraft aufgehoben zu sein, so daß ein Körper oder Gegenstand schwebt bzw. ohne eigenes Zutun an einen anderen Ort versetzt wird.
Elevation ist zunächst ein neutraler Begriff und meint nicht automatisch das Erhobenwerden durch Gott oder den Heiligen Geist. Es ist auch als okkultes Phänomen bei Besessenen und dämonisch Belasteten bekannt sowie bei bestimmten Meditationstechniken.
Im Folgenden soll gezeigt werden, daß Entrückung und Elevation bereits in der Bibel seine Erwähnung und verschiedene Beispiele findet. Ich beschreibe die Elevation in diesem Kapitel, da wir ihr später bei den geistlichen Erlebnissen der heiligen Theresa von Avila und auch bei der Heilsarmee begegnen werden. Ansonsten spielten derartige Phänomene in der Kirchengeschichte und auch beim heutigen Aufbruch kaum eine Rolle.
Im Alten Testament lesen wir von Elevationen bei Hesekiel (Hes.3,12-15; Hes.1,11), bei Elia (2.Kön.2,11+12) und bei Henoch (Gen.5,24).
Im Neuen Testament wird Philippus von Gottes Geist entrückt (Apg.8,39f), und Jesus und Petrus wandeln auf dem See, was einem Schweben über dem Wasser gleichkommt.
Paulus berichtet ebenfalls von einer Elevation (2.Kor.12,2ff): *»Ich weiß von einem Menschen in Christus, daß er vor vierzehn Jahren – ob im Leib, weiß ich nicht, oder außer dem Leib, weiß ich nicht; Gott weiß es –, daß dieser bis in den dritten Himmel entrückt wurde. Und ich weiß von dem betreffenden Menschen – ob im Leib oder außer dem Leib, weiß ich nicht; Gott weiß es –, daß er in das Paradies entrückt wurde und unaussprechliche Worte hörte, die auszusprechen einem Menschen nicht zusteht.«*
Von wem Paulus hier spricht, ist nicht entscheidend. Wichtig jedoch ist die Tatsache, daß diese Person in den dritten Himmel bzw. zu anderer Gelegenheit ins Paradies entrückt wurde. Paulus weiß nun nicht genau, ob diese Entrückung »im Leib« oder »außer dem Leib« stattfand, d. h. ob diese Person samt ihrem Körper oder nur geistlich entrückt wurde. Daß sich Paulus aber überhaupt diese Frage stellt zeigt, daß eine Entrückung im Leib, also in körperlicher Form,

durchaus möglich gewesen wäre. Käme eine Erhebung in dieser körperlichen Form gar nicht in Frage, hätte es keinen Sinn gehabt, sie überhaupt in Erwägung zu ziehen. So erfahren wir indirekt von dem großen Apostel, daß Menschen durchaus für gewisse Zeit körperlich entrückt bzw. an einen anderen Ort erhoben werden konnten.
Es läßt sich also feststellen, daß im Alten wie auch im Neuen Testament Menschen durch Gottes Geist erhoben, an andere Orte versetzt wurden und in der Luft schwebten. Anlaß dieser Elevationen waren Heimholungen durch Gott (vgl. Elia und Henoch im AT), missionarische Hilfe (Philippus), Demonstrationen der Kraft Gottes (Jesus, Petrus) und Visionen (Hesekiel, Paulus).
Auch wenn Gott dieses Phänomen bei einzelnen Personen der Bibel bewirkte, sollte ihm mit Vorsicht und Zurückhaltung begegnet werden, da es gerade in okkulten Kreisen und bei bestimmten fernöstlichen Meditationstechniken eine große Rolle spielt. Nie haben Menschen dieses Phänomen gesucht, sondern es war allein dem souveränen Handeln Gottes vorbehalten, wann und bei wem er so wirken wollte.

Zusammenfassung

Im Alten wie im Neuen Testament ist Gottes Handeln von übernatürlichen Phänomenen und starken menschlichen Reaktionen begleitet. Wo Gott am Menschen wirkt, können solche Phänomene auftreten. Wunder, göttliche Krankenheilungen, Dämonenaustreibungen, Umfallen, Zittern, Lachen, Ekstase, spontaner Empfang des Sprachengebets, übernatürlich ausgelöster Lobpreis – all das sind Phänomene, die sich oft und deutlich in der Bibel finden lassen. **Sie sind biblisch.**
Natürlich kennt die Bibel auch den Teufel oder den Menschen selbst als Urheber dieser Phänomene. Im Alten und Neuen Testament treffen die Schreiber der einzelnen Bücher für uns die Unterscheidung bezüglich der Herkunft der übernatürlichen und geistgewirkten Phänomene. Heute haben wir den Auftrag, solche Phänomene zu prüfen, und wenn sie von Gott sind, nicht zu verachten und den Geist nicht zu löschen. Übernatürliche und geistgewirkte Phänome-

ne sind ein wichtiger Hinweis für uns Menschen auf die Gegenwart Gottes und sein Wirken.
Welchen Zweck diese Phänomene erfüllen und warum man sich vor derartigen Begleiterscheinungen des Wirkens Gottes oft fürchtet, sehen wir in den folgenden Abschnitten.

B) Übernatürliche Phänomene lösen oft Befremden und Ängste aus

Hört oder liest man von übernatürlichen und körperlichen Phänomenen wie Zittern, Umfallen, Schweben, Ekstase, Dämonenaustreibungen usw., dann kann dies für manchen zunächst beklemmend wirken. Diese Phänomene lösen Furcht aus, und es schaudert manchen schon beim Gedanken, er könnte zugegen sein, wenn jemand beginnt zu zittern, wenn Dämonen schreien oder Menschen zu Boden fallen. Diese Furcht, dieser mangelnde innere Frieden und die innere Unruhe, die manche bei solchen übernatürlichen Phänomenen empfinden, werden oft als Zeichen gedeutet, daß das jeweilige Phänomen nicht von Gott kommen kann. Man geht davon aus, daß das Wirken des Heiligen Geistes immer von innerem Frieden, Freude und Nüchternheit begleitet ist. Viele meinen: »niemals würde Gott etwas gegen unseren Willen tun, niemals würde das Wirken des Geistes Ängste verursachen. Ängste bewirkt der Teufel, aber Jesus hat uns von Angst und Furcht befreit.« Der Heilige Geist wird gleichsam als Gentleman angesehen, der in aller Höflichkeit und Sanftheit wirkt und durch sein Tun keinesfalls seine Kinder erschrecken möchte.

Dieses Konzept vom Wirken Gottes halte ich für zu einseitig. Sicher löst Gottes Wirken meist Freude und Glück aus, sicher respektiert Gott unseren Willen und unsre Empfindungen. Aber eben nicht immer. Gott kann auch der ganz andere sein.

Ein gutes Beispiel hierfür ist Johannes der Täufer. Johannes hatte feste Vorstellungen und theologische Erwartungen an den Messias. Der Täufer fastete viel, er lehnte Alkohol ab und verkündigte das Gesetz in seiner vollen Schärfe. Jesus und seine Jünger dagegen fasteten wenig, tranken Wein, besuchten eine angeregte Bauernhochzeit zu Kana, gingen in das Haus von Zöllnern und Sündern und gaben sich mit Frauen oder sogar Prostituierten ab. Der Unterschied der beiden Männer wird deutlich an ihrer Beurteilung durch das Volk. In Lk.7,33f lesen wir: *»Denn Johannes der Täufer ist gekommen, der weder Brot aß noch Wein trank, und ihr sagt: Er hat einen Dämon. Der Sohn des Menschen ist gekommen, der da ißt und trinkt, und ihr sagt: Siehe, ein Fresser und Weinsäufer, ein Freund von Zöllnern und Sündern.«*

Die Frömmigkeit des Johannes wirkte auf das Volk so extrem und asketisch, daß sie meinten, er habe einen Dämon. Jesu Offenheit für die Sünder, seine häufige Gegenwart bei Festen und Feiern, löste dagegen bei manchen das Urteil aus, er sei ein Fresser und Weinsäufer. Krasser hätte die Unterschiedlichkeit der beiden Männer in der Volksmenge nicht sein können.
Dieses Verhalten Jesu paßte nicht in das Konzept des Täufers. Am Höhepunkt ihrer Unterschiedlichkeit begann Johannes sogar an der messianischen Sendung Jesu zu zweifeln. Er, der doch zuvor bei der Taufe Jesu sagte: *»Siehe, das Lamm Gottes«*, der den Geist wie eine Taube auf ihn herabfahren sah (Joh.1,29ff), der abnehmen wollte, damit Christus zunehme – dieser Johannes schickt plötzlich seine Jünger zu Jesus und läßt fragen: *»Bist du, der da kommen soll, oder sollen wir auf einen anderen warten?«*
Jesus war Johannes plötzlich fremd. Jesus hatte sich nicht so entwickelt, wie Johannes es sich vorgestellt hatte. Er war auf einmal der ganz andere, und Johannes fragte sich, ob dieser Jesus wirklich von Gott kam. Zwischen Johannes und Jesus standen zeitweise seine eigenen geistlichen Erwartungen.
Uns kann es oft ähnlich gehen. Wir haben unsre festen Vorstellungen vom Wirken Gottes, vom Wesen und Charakter Gottes, und alles, was nicht dieser Vorstellung entspricht, stellen wir in Frage. Doch hält Gott sich nicht an unsere theologischen Konzepte, sondern ist immer auch der andere, oder wie Luther sagte: »Deus semper major«, Gott ist immer größer! Paulus hat dies erkannt, wenn er davon spricht, daß unser Wissen Stückwerk ist, und in Römer 11 schreibt: *»O Tiefe des Reichtums, sowohl der Weisheit als auch der Erkenntnis Gottes! Wie unausforschlich sind seine Gerichte und unausspürbar seine Wege! Denn wer hat des Herrn Sinn erkannt, oder wer ist sein Mitberater gewesen?«*
Der Reichtum des Wirkens Gottes ist unausforschlich!

Von einem Schrecken zum andern

Auch die Jünger Jesu mußten immer wieder erleben, wie ihre Vorstellungen über den Haufen geworfen wurden. Oft waren sie entsetzt und voller Furcht, wenn sie miterlebten, was Jesus tat. Bei einer

ganzen Reihe von Konfrontationen mit der Macht Jesu wurden die Jünger anfangs nicht mit Freude erfüllt, sondern mit großer Angst und Bestürzung, und das Wirken des Heiligen Geistes jagte ihnen manchen Schrecken ein.
Um dies zu verdeutlichen, möchte ich einige solcher Begebenheiten zitieren:

- Mt.14,25ff: »*Aber in der vierten Nachtwache kam er (Jesus) zu ihnen, indem er auf dem See einherging. Und als die Jünger ihn auf dem See einhergehen sahen, wurden sie bestürzt und sprachen: Es ist ein Gespenst! Und sie schrien vor Furcht. Sogleich aber redete Jesus zu ihnen und sprach: Seid guten Mutes! Ich bin's. Fürchtet euch nicht!*«

  Jesus tut hier etwas Übernatürliches. Er wandelt auf dem Wasser. Die Reaktion der Jünger auf dieses übernatürliche Phänomen war keineswegs Freude oder Frieden, sondern sie wurden so bestürzt, daß sie vor Furcht schrien! Wer sich schon einmal so fürchtete, daß er schrie, der weiß, was für Gefühle man in diesem Moment empfindet. Sicher keine angenehmen! Die Jünger waren gestandene Männer und ein Teil von ihnen war es gewohnt, nachts auf dem See zu fischen. Trotzdem löste das Erscheinen und Verhalten Jesu große Bestürzung unter ihnen aus.

- Mt.17,1ff: »*Und nach sechs Tagen nimmt Jesus den Petrus und Jakobus und Johannes, seinen Bruder, mit und führt sie abseits auf einen hohen Berg. Und er wurde vor ihnen umgestaltet. Und sein Angesicht leuchtete wie die Sonne, seine Kleider aber wurden weiß wie das Licht; und siehe, Mose und Elia erschienen ihnen und unterredeten sich mit ihm. ...Siehe, da überschattete sie eine lichte Wolke, und siehe, eine Stimme kam aus der Wolke, welche sprach: Dieser ist mein geliebter Sohn, an dem ich Wohlgefallen gefunden habe. Ihn hört! Und als die Jünger es hörten, fielen sie auf ihr Angesicht und fürchteten sich sehr. Und Jesus trat herbei, rührte sie an und sprach: Steht auf und fürchtet euch nicht!*«

  Petrus, Jakobus und Johannes erleben hier etwas ganz Besonderes. Jesus wird vor ihren Augen verherrlicht, eine Stimme kommt

vom Himmel und es erscheinen ihnen Mose und Elia. Welch erhabener Moment. Petrus war von diesem Erlebnis so beeindruckt, daß er noch viele Jahrzehnte später in seinem zweiten Brief davon berichtet. Doch im Moment des Erlebnisses selbst war es den Jüngern gar nicht zum Jubeln zumute. Der Text sagt: *»sie fielen auf ihr Angesicht und fürchteten sich sehr.«*
Obwohl es hier auf dem Berg um die Verherrlichung Jesu und große göttliche Offenbarungen ging, waren die Jünger zunächst so befremdet, daß sie sich sehr fürchteten. Geht man davon aus, daß Gottes Gegenwart mit tiefem Frieden und Wohlbefinden einhergehen müssen, konnte die Verherrlichung Jesu in den Augen der Jünger bestimmt nichts Göttliches sein!

– Mk.16,1-8: *»Und als der Sabbat vergangen war, kauften Maria Magdalena und Maria, die Mutter des Jakobus, und Salome wohlriechende Öle, um hinzugehen und ihn zu salben. ...Und als sie in die Gruft eintraten, sahen sie einen Jüngling zur Rechten sitzen, bekleidet mit einem weißen Gewand, und sie entsetzten sich. Er aber spricht zu ihnen: Entsetzt euch nicht! Ihr sucht Jesus, den Nazarener, den Gekreuzigten. Er ist auferstanden, er ist nicht hier. Siehe da die Stätte, wo sie ihn hingelegt hatten. ...Und sie gingen hinaus und flohen von der Gruft. Denn Zittern und Bestürzung hatte sie ergriffen, und sie sagten niemand etwas, denn sie fürchteten sich.«*

Die Reaktion der Frauen ist ganz ähnlich wie zuvor bei den Jüngern. Als erste dürfen sie Zeugen der Auferstehung Jesu werden. Sogar ein Engel selbst berichtet ihnen von dem großen Ereignis. Aber was wir heute an Ostern mit großer Freude feiern, war für die Frauen damals zunächst kaum ein Grund zur Freude. Das Phänomen der Auferstehung, die Wiederbelebung eines Toten, die Erscheinung eines Engels, der weggerollte Stein, all das bewirkte bei den Frauen nicht Freude, sondern große Furcht, Entsetzen, Bestürzung und Zittern.
Hätte man sie gefragt, welche Gefühle sie beim ersten Ostern hatten, wäre die Antwort sicher nicht allzu positiv ausgefallen. Gottes Wirken löste bei diesen Jüngerinnen Befremden und extreme – bis zum Zittern reichende – Furcht aus. Trotzdem hat

Gott Jesus auferweckt, trotzdem hat Gott den Engel gesandt. Und trotz der bestürzten Reaktion der Frauen war dies kein Szenario des Teufels, sondern das Wirken Gottes!

Geht man weiter zur Apostelgeschichte, begegnen wir dem gleichen Phänomen: Gottes Wirken versetzte Menschen bei verschiedenen Gelegenheiten in Angst und Schrecken. Als Ananias und später Saphira durch Gottes Wirken tot zu Boden fielen, war der Gemeinde bestimmt nicht zum Feiern zumute. Freude und Frieden prägten sicher nicht die Atmosphäre, sondern *»es kam eine große Furcht über die ganze Gemeinde«* (Apg.5,11).
Obwohl die Wunder und übernatürlichen Phänomene, die durch die Hände der Apostel geschahen, von großem Nutzen für das Volk waren und die Menschen Großes von ihnen hielten, *»wagte keiner, sich zu ihnen zu tun«* (Apg.5,13). Neben all dem Segen der Wunder, bewirkten sie beim Volk auch Befremden und Ängste.
Zusammenfassend läßt sich sagen, daß Gottes Handeln immer wieder Furcht und unangenehme Gefühle auslöste. Menschen waren oft erschrocken über das Tun Jesu. Gottes Tun kann furchterregend sein. Aber ob bestimmte Phänomene uns befremden und ängstigen, kann nicht das Kriterium dafür sein, ob sie wirklich von Gott sind. Das war es nicht zur Zeit Jesu, und das ist es auch heute nicht.
Entscheidend für die Echtheit eines Phänomens ist nicht mein erstes Gefühl dabei, nicht mein Empfinden von Friede oder Freude, sondern einzig die Frage, ob das Phänomen dem Zeugnis des Alten oder Neuen Testamentes entspricht und ob es langfristig gute Früchte trägt.
Aber auch hier darf man nicht den Geist der Bibel mit dem Buchstaben verwechseln. Wer für die verschiedensten Phänomene in der Kirchengeschichte bis heute nach haargenauen biblischen Parallelen sucht, wird sich schwertun. Oft ist das Phänomen dasselbe wie in der Bibel, aber der Kontext ein anderer. Oft ist das Phänomen etwas anders, aber gleich in Stil und Art.
Alles, was in der Bibel steht, ist biblisch! Aber nicht nur das, was in der Bibel steht, ist biblisch. Wir praktizieren heute in unsrer Frömmigkeit und in unsren Gottesdiensten mit der größten Selbstverständlichkeit Dinge, die die Bibel mit keinem Wort erwähnt. Trotzdem halten wir sie für biblisch.

So wird heute z. B. niemand bezweifeln, daß Kinderarbeit biblisch ist und dem Willen Gottes entspricht. Trotzdem wird sie mit keinem Wort in der Bibel erwähnt.
Niemand hält christliche Traktate für unbiblisch, trotzdem finden wir keinen Hinweis darauf im Neuen Testament.
Auch Anbetung und Lobpreis im Gottesdienst spielt bei den meisten Gemeinden eine wichtige Rolle, aber in der Apostelgeschichte, der Beschreibung der ersten Christen, wird Anbetung in der Gemeinde mit keinem Vers erwähnt.
Christliche Waisenhäuser sind eine wunderbare Einrichtung, für die sicher Gottes Herz schlägt, aber nirgendwo in der Bibel werden wir aufgefordert, Waisenhäuser zu bauen. Genauso verhält es sich mit der Abschaffung der Sklaverei, dem Händefalten beim Beten und manch anderem. Es sind Dinge, die durch und durch biblisch sind, dem Geist des Alten und Neuen Testaments entsprechen, direkt aus Gottes Herzen kommen, aber mit keinem Wort erwähnt werden.
Jesus sagte in Joh.16,12: *»Ich habe euch noch viel zu sagen; aber ihr könnt es jetzt nicht tragen. Wenn aber jener, der Geist der Wahrheit, kommen wird, der wird euch in alle Wahrheit leiten.«* Und in Joh.21,25 steht: *»Es gibt aber auch viele andere Dinge, die Jesus getan hat, und wenn diese alle einzeln niedergeschrieben würden, so würde, scheint mir, selbst die Welt die geschriebenen Bücher nicht fassen.«*
Es ist gar nicht möglich, alles im AT und NT aufzuzeichnen, was durch Gottes Hand geschehen ist und je geschehen wird. Aber das ist auch nicht notwendig. Entscheidend bleibt die Frage, ob es dem generellen Zeugnis der Schrift entspricht.
Jesus verspricht seinen Jüngern in Lk.11,13, ihnen nichts Schlechtes zu geben, wenn sie um seinen Geist bitten. Diesbezüglich Angst zu haben, ist kein Ausdruck von Vorsicht oder Wachsamkeit, sondern von Unglaube. Wenn wir, die wir böse sind, unsren Kindern gute Gaben geben, wieviel mehr wird der Vater im Himmel den Heiligen Geist denen geben, die ihn darum bitten. Auch den Jüngern blieb nichts anderes übrig, als Jesus während der drei Jahre, die sie mit ihm unterwegs waren, immer wieder zu vertrauen, egal wie befremdend die Dinge waren, die er tat und die er predigte.
Nicht vergessen werden darf, daß die Welt der Jünger noch lange nicht so entmystifiziert war, wie es die unsrige heute ist. Die Men-

schen der damaligen Zeit glaubten noch an Geister und Gespenster, an magische Kräfte und Wunder, an Engel und Dämonen. Trotz dieser Disposition des Volkes zur Zeit Jesu waren sie oft entsetzt über das Wirken Jesu. Unsre heutige Zeit will aufgeklärt sein und hat sich von sogenannten »mystischen Vorstellungen« verabschiedet. Daß wir dadurch um so mehr befremdet sind, wenn ein Engel erscheint, ein Dämon schreit oder wundersame Dinge geschehen, ist nur zu verständlich. Aber Gott der Herr ändert sich nicht. Er wirkt Wunder, vollbringt übernatürliche Phänomene und löst heftige körperliche Reaktionen aus, ob wir aufgeklärt sein wollen oder nicht. Insofern ist die Angst vor übernatürlichen Phänomenen auch ein Zeichen der Zeit, nicht ein Zeichen unsres gesunden Menschenverstandes.

C) Der Sinn der Phänomene

Warum wirkt Gott Wunder?
Was für einen Sinn haben übernatürliche Phänomene?
Ist es nicht völlig überflüssig, wenn Menschen in Verzückung geraten, am ganzen Körper schütteln und sich benehmen wie Betrunkene?
Um diese Fragen soll es in diesem Kapitel gehen.

1. Wunder

Wir beginnen mit Wundern. Hierzu müssen wir vor allem Heilungswunder zählen. Heilungen gehören mit Abstand zu den häufigsten Wundern der Bibel. Daneben sind jedoch noch Dämonenaustreibungen zu nennen, Naturwunder, Vervielfältigungswunder und Strafwunder.
Welchen Zweck erfüllen solche Wunder, besonders die Heilungen?

a) Wunder sind Gottes Zuwendung an den Menschen

Wunder sind Liebes- und Gnadenerweise Gottes an den Menschen. Mit jeder Heilung bringt Gott Interesse und Barmherzigkeit für den Menschen zum Ausdruck. Der Schöpfer erbarmt sich über seine Geschöpfe und heilt sie auf vielen Bereichen.
Wunder sind dadurch auch ein Vorgeschmack auf die kommende Erlösung, auf das vollkommene Heil, von dem Johannes schreibt: *»Und ich hörte eine laute Stimme vom Thron her sagen: Siehe, das Zelt Gottes bei den Menschen! Und er wird bei ihnen wohnen, und sie werden sein Volk sein, und Gott selbst wird bei ihnen sein. Und er wird jede Träne von ihren Augen abwischen, und der Tod wird nicht mehr sein, noch Trauer, noch Geschrei, noch Schmerz wird mehr sein: denn das Erste ist vergangen. Und der, welcher auf dem Thron saß, sprach: Siehe, ich mache alles neu.«* (Offb.21,3-5)
Immer wieder war Jesus bewegt vom Schicksal einzelner Menschen, immer wieder jammerte es ihn beim Anblick eines Kranken, ja er mußte sogar weinen, als sein guter Freund Lazarus starb.

Seinem Mitleid folgte die Heilung. Alle Kranken, die zu Jesus kamen, machte er gesund. Petrus faßt den Dienst Jesu zusammen, indem er sagt: *»Jesus von Nazareth, ... der umherging und wohltat und alle heilte, die von dem Teufel überwältigt waren; denn Gott war mit ihm. Und wir sind Zeugen alles dessen, was er sowohl im Lande der Juden als auch in Jerusalem getan hat.«* (Apg.10,38f)

b) Wunder sind Gottes Abrechnung mit dem Teufel

Mit dem letzten Bibelzitat aus Apg.10 sind wir beim zweiten Zweck, den Wunder erfüllen: Sie zerstören die Werke des Teufels. Nicht alle, aber viele Krankheiten im Neuen Testament werden dem Teufel als Urheber zugeschrieben. Er und seine bösen Geister plagen die Menschen mit den verschiedensten Krankheiten und Gebrechen. Auf diese Weise legt der Teufel Hand an das Ebenbild Gottes. Jesus aber ging umher und heilte alle, *»die von dem Teufel überwältigt waren«*.
Jesu gesamtes Kommen hatte den Zweck, *»die Werke des Teufels zu zerstören«* (1.Joh.3,8). Jedes einzelne Heilungswunder macht die bösen Anschläge des Teufels zunichte und stellt das wieder her, was zuvor von ihm zerstört wurde.
In diesen Kampf gegen die Mächte der Finsternis ruft Jesus dann auch seine Jünger. Mit seinem Tod und seiner Auferstehung hatte die Zerstörung der Werke des Teufels kein Ende gefunden. In Mt.10 bevollmächtigte er seine Nachfolger für dieselbe Aufgabe. Matthäus berichtet: *»Und als er seine zwölf Jünger herangerufen hatte, gab er ihnen Vollmacht über unreine Geister, sie auszutreiben und jede Krankheit und jedes Gebrechen zu heilen. ...Diese zwölf sandte Jesus aus und befahl ihnen und sprach: ...Heilt Kranke, weckt Tote auf, reinigt Aussätzige, treibt Dämonen aus! Umsonst habt ihr empfangen, umsonst gebt.«*
Kurz vor seiner Himmelfahrt verhieß Jesus dann sogar allen Gläubigen, siegreich im Kampf gegen die Mächte des Teufels zu sein: *»Diese Zeichen aber werden denen folgen, die glauben: In meinem Namen werden sie Dämonen austreiben; sie werden in neuen Sprachen reden, werden Schlangen aufheben, und wenn sie etwas Tödliches trinken, wird es ihnen nicht schaden; Kranken werden sie die Hände auflegen, und sie werden sich wohl befinden.«* (Mk.16,17f)

John Wimber schreibt hierzu: »Wunder geben eine Vorahnung und sind eine Verheißung der kommenden, alles umfassenden Erlösung und der Fülle des Reiches Gottes. Das Austreiben von Dämonen ist ein Zeichen dafür, daß Gott in das Reich des Satans eindringt und daß die endgültige Zerstörung des Widersachers bevorsteht.«[22]

c) Wunder sind Gottes Beweis für den Messias

Wunder sind Zeichen. Immer wieder wird dieses Begriffspaar im Neuen Testament zusammen verwendet: Zeichen und Wunder. Wunder sollen also auf etwas hinweisen, sie sollen ein Zeichen für etwas sein, auf etwas zeigen. Die griechischen Worte für Zeichen und Wunder (σημεῖα und τέρατα = semeia und terata) bedeuten demnach »das Kennzeichen«, »das Merkmal«, ja sogar »der Stempel«.[23]
Was sollen Wunder nun kennzeichnen? Für was sind sie ein Merkmal?
Wunder weisen auf Gott hin. Sie machen klar, daß etwas durch die übernatürliche Kraft Gottes und nicht durch einen Menschen geschehen ist. Wunder zeigen uns Gott in seiner Größe und Erhabenheit.
Bei Jesus waren die Wunder ein Zeichen seiner Messianität, seiner Gottessohnschaft. Die Wunder legten Zeugnis davon ab, daß Jesus tatsächlich der erwartete Messias war.
So predigt Petrus den Juden in Jerusalem: *»Männer von Israel, hört diese Worte: Jesus von Nazareth, (der) Mann, von Gott unter euch erwiesen mit Machttaten, Wundern und Zeichen, die Gott durch ihn in eurer Mitte tat, wie ihr selbst wißt.«* (Apg.2,22)
Das Wort »erweisen« (αποδείκνυμι = apodeiknümi) bedeutet im Griechischen soviel wie »beglaubigen«, »beweisen«, »ausweisen«.[24]
Gott hat durch die Zeichen und Wunder, die Jesus vollbrachte, bewiesen, daß er wahrhaftig der Sohn Gottes ist.
Ganz Ähnliches sagte Jesus selbst, als er von Johannes dem Täufer gefragt wurde, ob er tatsächlich der erwartete Messias sei. Seine Antwort lautete: *»Geht hin und verkündet Johannes, was ihr hört und*

---

22 John Wimber, *Vollmächtige Evangelisation*, aaO., S. 97.
23 vgl. W. Bauer, aaO., Sp. 1482.
24 ebd., Sp. 177.

seht: Blinde werden sehend und Lahme gehen, Aussätzige werden gereinigt und Taube hören, Tote werden auferweckt und Armen wird gute Botschaft verkündigt. Und glückselig ist, wer sich nicht an mir ärgern wird!« (Mt.11,4ff)
Jesus verweist auf seine Wunder, um Johannes von seiner Messianität zu überzeugen.
Noch deutlicher spricht Jesus über die Beglaubigungsfunktion seiner Wunder in der Auseinandersetzung mit seinen größten Kritikern: den phärisäischen Juden. In Joh.10,36ff lesen wir: *»(Wie sagt ihr) du lästerst, weil ich sagte: Ich bin Gottes Sohn? Wenn ich nicht die Werke meines Vaters tue, so glaubt mir nicht; wenn ich sie aber tue, so glaubt doch den Werken, wenn ihr auch mir nicht glaubt, damit ihr erkennt und glaubt, daß der Vater in mir ist und ich in ihm.«*
Mit »Werke des Vaters« meint das Johannesevangelium durchgehend die Machttaten und Wunder, die Jesus wirkte. Da Jesus wußte, daß er nichts aus sich selbst tun konnte, sondern nur das, was er den Vater tun sah (Joh.5,19), bezeichnete er die Wunder als Werke des Vaters. Radikal sagt Jesus nun: Wenn ich keine Wunder wirken würde, bräuchtet ihr nicht an mich zu glauben (*»Wenn ich nicht die Werke meines Vaters tue, so glaubt mir nicht«;* »glaubt mir nicht« steht im Griechischen im Imperativ, also in der Befehlsform!); wenn ich sie aber wirke, so habt ihr allen Grund, an mich zu glauben. Darum heißt es auch in Joh.15,24 über die Feinde Jesu: *»Hätte ich nicht die Werke getan, die kein anderer getan hat, so hätten sie keine Sünde. Nun aber haben sie es gesehen und hassen doch beide, mich und meinen Vater.«*
Die Wunder beglaubigten Jesus als Erlöser. Sie waren ein eindeutiges Zeichen seiner göttlichen Sendung. Wer sie erlebt hatte, der hatte keine Entschuldigung mehr, nicht an ihn zu glauben.

2. Körperliche Phänomene

Auch bei den zuvor beschriebenen körperlichen Phänomenen wie Zittern, Umfallen, Ekstase, Verzückung, stellt sich die Frage, was das Ganze soll. Ist das alles notwendig? Warum sollte Gottes Geist uns dazu bringen, zu Boden zu sinken, trunken zu werden, lauthals zu lachen usw.?

Die Antwort darauf ist vielfältig. Zudem ist es sicher nicht möglich, die Gedanken und Absichten Gottes bei seinem Wirken voll zu erfassen. Vieles am Wirken Gottes bleibt ein Geheimnis und uns oft unverständlich. Was man aber dazu sagen kann, ist folgendes: Körperliche Phänomene sind

a) Eigenreaktionen des menschlichen Körpers

Viele körperliche Reaktionen auf das Wirken Gottes sind nur indirekt von Gott ausgelöst. Meistens begegnet Gott einem Menschen nicht, um ihn zu Boden zu legen oder seine Glieder erzittern zu lassen. Für Gott ist es wahrscheinlich nicht wichtig, ob wir liegen oder stehen, ob wir zittern oder entspannt sind.
Was aber geschieht ist folgendes: Die Begegnung von Gottes Geist mit einem Menschen kann bei diesem körperliche Phänomene auslösen. Die Kraft, die einem Menschen hierbei begegnet, ist so überwältigend, daß der Körper außer Fassung gerät. Es gibt viele verschiedene Dinge, die bei uns körperliche Reaktionen auslösen. Kommen wir z. B. mit elektrischem Strom unmittelbar in Berührung, ereignen sich aller Wahrscheinlichkeit nach körperliche Phänomene wie Schütteln, Schwindel, Umfallen usw. Die Phänomene sind Reaktionen auf das, was uns begegnet. Werden wir mit einer sehr schockierenden Nachricht konfrontiert, so kann dies zu der körperlichen Reaktion führen, daß wir weinen, schluchzen, ohnmächtig werden usw.
Unser Körper hat die Fähigkeit zu reagieren. Dies tut er bewußt oder unbewußt. Bestimmte Reaktionen lösen wir selbst aus, andere werden von außen ausgelöst. So kann auch das Wirken Gottes an unsrer Seele zu Reaktionen an unsrem Körper führen.
Im Alten Testament wirkte Gott an Daniel mit der Intention, ihm eine Vision über zukünftige Dinge zu schenken. Körperlich löste dieses Wirken Gottes aber aus, daß Daniel zitterte und mehrere Tage geschwächt im Bett lag (Dan.8,26f; Dan.10,16).
Gottes Absicht war es wahrscheinlich nicht, Daniel erzittern zu lassen oder ihn zu schwächen, aber Daniels Körper reagierte eben genau so auf das Reden Gottes.

Oftmals löste allein die Gegenwart Gottes bei Menschen aus, daß sie zu Boden fielen, obwohl Gott nicht mit dieser speziellen Absicht erschienen war. Aber die körperliche Verfassung des Menschen hielt der Begegnung mit Gottes Kraft nicht stand und so fiel er wie ohnmächtig zu Boden.
Die bekannte, 1976 verstorbene Evangelistin Kathryn Kuhlman, die in ihren Versammlungen das Phänomen des Umfallens außerordentlich häufig erlebte, schrieb hierzu: »Wir reden von Gott. Wir reden vom Heiligen Geist. Aber selten haben wir eine Begegnung mit ihm. Wir reden nur davon. Aber wenn jemand tatsächlich von »Angesicht zu Angesicht« mit ihm zusammentrifft, ist dies zuviel für seinen physischen Leib. Sein Nervensystem hat einen momentanen Kurzschluß. Und so fällt er zu Boden. ...Es ist nicht gleich einer Ohnmacht. Eine Person verliert selten ihre Fähigkeiten. Gewöhnlich sind diejenigen, die unter die Kraft kommen, gleich wieder auf den Beinen und bezeugen, daß es so war, als wäre man von starker Elektrizität erfaßt worden.«[25]
David beschreibt in Psalm 29 die Auswirkungen von Gottes Gegenwart und seinem Reden: *»Die Stimme des Herrn ergeht mit Macht, die Stimme des Herrn ergeht herrlich. Die Stimme des Herrn zerbricht die Zedern, der Herr zerbricht die Zedern des Libanon. Er läßt hüpfen wie ein Kalb den Libanon, den Sirjon wie einen jungen Wildstier. Die Stimme des Herrn sprüht Feuerflammen; die Stimme des Herrn läßt die Wüste erbeben; der Herr läßt erbeben die Wüste Kadesch. ...In seinem Tempel ruft alles: ›Ehre‹.«*
Wenn schon die Natur der Erscheinung und dem Reden Gottes kaum standhalten kann, wie wird es erst dem Menschen ergehen, wenn ihm der lebendige Gott begegnet. Daß es hierbei zu körperlichen Phänomenen kommt, ist nicht verwunderlich.

b) Gott weckt die Seele

Wenn Gott an der Seele eines Menschen so wirkt, daß sich körperliche Phänomene einstellen, dann macht er den Menschen damit auf sein Wirken aufmerksam.

---

25 Kathryn Kuhlman, *A Glimpse into Glory*, aaO., S. 91, m.Übs.

Man ist sich der Gegenwart Gottes deutlicher bewußt, wenn der eigene Körper dabei zittert oder schüttelt, als wenn rein innerliche Prozesse ablaufen. Diese innerlichen Prozesse werden oft erst später an den Früchten wahrgenommen. Insofern kann man sagen, daß Gott auf seine Gegenwart durch körperliche Phänomene aufmerksam macht. Er weckt damit gleichsam die Seele und zeigt ihr, daß er am Wirken ist.

Besonders das prophetische Reden Gottes war immer wieder von körperlichen Reaktionen der Propheten begleitet. Diese machten ihn oder das Volk auf den Ernst und die Bedeutung der prophetischen Botschaft aufmerksam.

Alttestamentliche Propheten gerieten offensichtlich beim Prophezeien häufig in Verzückung. In 4. Mose 11,25 kommt der Geist auf die siebzig Ältesten. Zwei von ihnen waren nicht bei der Stiftshütte versammelt, sondern noch im Lager. Auch auf diese kam der Geist und sie gerieten in Verzückung, was vom Volk sogleich erkannt und Mose gemeldet wurde. Daran merkt man, daß die Verzückung äußerlich erkennbar war und Aufsehen erregte.

Im Neuen Testament war z. B. die Begegnung des Paulus mit Jesus auf dem Weg nach Damaskus von körperlichen Phänomenen begleitet (vgl. Apg.9,3+9: Umfallen, zeitweise Erblindung). Anhand dieser Phänomene konnte Paulus sicher sein, daß er sich die Begegnung mit Jesus nicht eingebildet hatte oder sie nur die Auswirkung der stechenden Wüstensonne war. Von dieser aufrüttelnden und aufmerksam machenden Funktion der Manifestationen schreibt auch Theresa von Avila (s.u. 2. Kapitel).

c) Gott berührt uns emotional

Dies scheint mir ein sehr wichtiger Aspekt der körperlichen Phänomene zu sein. Eine gesunde Einstellung zum eigenen Körper und den eigenen Gefühlen ist nicht selbstverständlich, besonders nicht bei Christen. Gott liebt alles an uns; nicht nur unsren Geist, sondern auch unsren Leib und unsre Seele samt ihren Gefühlen.

Jesus fordert uns auf, Gott von ganzem Herzen, von ganzer Seele, von allen Kräften und von ganzem Gemüt zu lieben! (Lk.10,27) Zur

Gottesbeziehung gehört auch die Seele und das Gemüt. Zu oft wird der Glaube an Gott und die Beziehung zu ihm reduziert auf reine Geistlichkeit. Nur das Herz sei wichtig, nur das Leben »im Geist« spiele eine Rolle. Gefühle, Gemütsempfindungen, der Körper, all das hat oft keine oder eine ganz untergeordnete Bedeutung. Und doch sollen wir Gott mit unsrer Seele und unsrem Gemüt lieben. Daß Jesus »Seele« neben »Herz« erwähnt, zeigt, daß er an verschiedene Dinge denkt.

Den Rückzug auf eine sogenannte »Vergeistigung«, bei der man keinesfalls »seelisch« sein möchte, bei der man alles, was nicht »vernünftig« und mit dem Verstand zu handhaben ist, als fleischlich bezeichnet, halte ich für eine schlimme Fehlentwicklung des Christentums, die langfristig zu krankmachenden Mangelerscheinungen führt. Wer Gefühle in seiner Gottesbeziehung ausklammert, wer seinem Körper wenig Bedeutung für das religiöse Leben beimißt, der verliert einen Teil seiner Ganzheitlichkeit und entzieht Gott somit die Möglichkeit einer umfassenden persönlichen Begegnung.

In 1.Kor.6,12-20 geht Paulus sogar so weit, den Korinthern zu schreiben, daß sie ihren Körper nicht durch Hurerei verunreinigen sollen, da der Leib der Tempel – also die Wohnstätte – des Heiligen Geistes ist: *»Oder wißt ihr nicht, daß euer Leib ein Tempel des Heiligen Geistes ist, der in euch ist, welchen ihr habt von Gott, und seid nicht euer eigen? Denn ihr seid teuer erkauft; darum so preiset Gott an eurem Leibe.«*

Gottes Geist wohnt in unserem Leib. Es heißt nicht »in eurem Herz« oder »in eurem Geist«, sondern »in eurem Körper«. Leibfeindlichkeit oder das völlige Außerachtlassen des Körpers in Glaubensdingen würde dieser Tatsache keinesfalls gerecht werden. Körper und Gefühle gehören genauso zur Gottesbeziehung wie der Geist oder das Herz des Menschen.

Besonders das westliche Christentum präsentiert sich heute größtenteils als Verstandesreligion. Der Glaube ist erfaßbar, verstehbar, technisch, logisch geworden. Daß Gott mich liebt, das begreife ich in meinem Kopf, das spielt sich in meinen Hirnwindungen ab und steht in der Theorie außer Frage. Aber Gottes Liebe zu spüren, sie wirklich zu erleben, vor allem so zu erleben, wie man sonst Liebe erlebt, nämlich emotional, das bleibt vielen Christen verschlossen.

Man begnügt sich damit, um die persönliche Liebe Gottes zu wissen, weil es in der Bibel steht und man darum daran glaubt.
Aber betrachte ich die Beziehung zu meiner Frau oder zu meinen Kindern, dann ist die Liebe zwischen uns vor allem eine emotionale Angelegenheit. Ich sage ihnen nicht nur, daß ich sie liebe, sondern ich zeige es ihnen, ich nehme sie in den Arm, ich schmuse mit ihnen, wir haben Spaß zusammen usw. Meine Frau und meine Kinder spüren es, daß ich sie liebe.
Bei Gott begnügen wir uns jedoch so oft mit einer rein platonischen Liebe, rein geistig, nur auf der Erkenntnisebene. Gefühle sind dabei ganz ausgeblendet. Aber meinen wir, dieses verstandesmäßige Wissen um die Liebe Gottes reicht aus, um das in uns auszulösen, was viele Heilige vor uns erlebten. Glauben wir wirklich, daß ein verstandesmäßiges Christentum viele der ersten Christen dazu befähigt hätte, freiwillig als Märtyrer zu sterben? Hat Paulus sich so sehr danach gesehnt, zu sterben und bei Christus zu sein, weil er Gottes Liebe theologisch so gut verstanden hatte?
Diese Menschen waren doch zutiefst in ihrer Seele, in ihrem Gemüt und in ihrer Gefühlswelt von der Liebe Gottes erfaßt. Für sie gab es diesen Moment, wo sie Gottes Liebe nicht nur verstanden, sondern auch erlebten, fühlten und real spürten. Sie waren erfüllt von verzehrender Leidenschaft, von glühender Liebe, die alles Verstehen überstieg.
Gottes Liebe ist die Liebe eines Vaters und einer Mutter: leidenschaftlich, hingebungsvoll, unermüdlich (vgl. 1.Kor.13). Sie mit dem Verstand zu erfassen, ist eine Sache; sie in der Seele zu spüren, etwas ganz anderes.
Im Neuen Testament begegnen wir einer Gruppe von Menschen, die die Gefühlsebene stark aus ihrem Leben ausgeblendet hatte. Paulus trifft diese Menschen in Athen (Apg.17,16-34). Auf seiner zweiten Missionsreise erreicht er diese Stadt und kommt ins Gespräch mit Philosophen. Zum damaligen Zeitpunkt war Athen eine Hochburg der Philosophie. Bis heute gründet sich unser Denken und unsre Geisteshaltung größtenteils auf griechische Philosophen.
Die beiden Gruppen, die sich mit Paulus auseinandersetzten, waren Stoiker und Epikuräer. Wir wollen diese beiden Philosophengruppen einmal näher betrachten:

– *Stoiker:*

Die Stoiker entstammten einer Philosophenschule aus Athen. Wichtige Vertreter waren Seneca, sein Bruder Gallio und Kaiser Marc Aurel. Die Vernunft galt als höchster Wert. Sie stand der Leidenschaft und dem Gefühl gegenüber. Emotionen sollten durch den Verstand beherrscht werden. Das größte Ziel war es, völlig leidenschaftslos leben zu können, in einer Art Affekt- und Gefühllosigkeit. Es gab nichts Schlimmeres, als von Affekten bewegt zu werden. So waren die Stoiker bekannt für ihre stoische Ruhe. Sie blieben von allem unberührt, mit totaler Selbstkontrolle. Leidenschaftlich zu sein (gr. pathos) wurde von ihnen als krankhaft (pathologisch) bezeichnet.
Ein gutes Beispiel für einen Stoiker liefert uns der römische Stadthalter in Korinth, Gallio. Die Juden wollten ihn dazu bringen, Paulus verhaften zu lassen. Da Gallio die jüdischen Rechtsangelegenheiten aber nicht interessierten, war er nicht zu einem Eingreifen zu bewegen. Selbst als sie vor seinen Augen den Vorsteher der Synagoge mißhandelten, um Gallio aus seiner Ruhe zu reißen, ließ er sich nicht dazu bringen, etwas zu unternehmen. Ein echter Stoiker (vgl. Apg.18,12-17).

– *Epikuräer:*

Für sie war der höchste Wert das ruhige Gleichmaß des Lebens. Um in diesem Gleichmaß bleiben zu können, mußte man jeden Schmerz und jede sinnliche Lust vermeiden, also jedes negative oder positive Gefühl. Das größte Ziel war es, immer Herr des Augenblicks zu sein, in völliger Selbstkontrolle zu leben und alles im Lot zu halten.
Genau vor diesen Menschen predigt nun Paulus. Seine Zuhörer waren ganz fixiert auf das, was ihren Verstand beflügelte, etwa eine neue Lehre, fremdartige Gedanken usw. Im Bibeltext lesen wir: (Apg.17,19ff) *»Und sie ergriffen ihn, führten ihn zum Areopag und sagten: Können wir erfahren, was diese neue Lehre ist, von der du redest? Denn du bringst etwas Fremdes vor unsere Ohren. Wir möchten nun wissen, was das sein mag. Alle Athener aber und die Fremden, die sich da aufhielten, brachten ihre Zeit mit nichts anderem zu, als etwas Neues zu sagen und zu hören.«*
Höchst interessant ist nun, was Paulus ihnen predigt. An vielen anderen Orten betont Paulus die Klarheit der Lehre im Gegensatz zu

den magischen Vorstellungen der Zuhörer. Oft spricht Paulus von der Erkenntnis Gottes und davon, ihn zu begreifen (z. B. Eph.3,18+19; 2.Kor.2,14). Aber vor diesen Verstandesmenschen betont Paulus eine ganz andere Wahrheit: die Gottesbegegnung spielt sich nicht auf dem Erkenntnisweg ab, sondern auf der Gefühlsebene! Er sagt: *»Er (Gott) hat gemacht, daß von Einem aller Menschen Geschlechter stammen, ... damit sie Gott suchen sollten, ob sie ihn wohl fühlen und finden möchten; und fürwahr, er ist nicht ferne von einem jeglichen unter uns.«*

Paulus spricht davon, Gott zu *fühlen* und zu finden. *Gott fühlen!* Das griechische Wort an dieser Stelle (ψηλαφάω = psälaphao) meint das Fühlen und Spüren einer Sache, besonders das körperliche Fühlen (wie Berühren und Tasten).[26] Gerade gegenüber denjenigen, die alles Fühlen aus ihrer Erfahrung ausklammern wollten, sagt Paulus, daß sie den unbekannten Gott fühlen müssen, wenn sie ihn wirklich finden wollen. Gott ist nicht ein weiterer Denkstoff, nicht ein philosophisches Grundproblem, nein – er ist real und erlebbar. Er bewegt den Menschen, er rührt sein Innerstes an, er wohnt in seinem Körper. Insofern kann man ihn körperlich und seelisch wahrnehmen.

Unsere westliche Kultur gleicht der des damaligen Athen sehr. Noch für die Generation unserer Großeltern war es tabu, Gefühle in der Öffentlichkeit oder selbst vor Familienangehörigen zu zeigen. Seit vielen Jahrhunderten prägt das philosophische Denken Athens von Plato über Aristoteles, von der mittelalterlichen Scholastik (Thomas von Aquin...) über die Orthodoxie bis hin zur Aufklärung unser Denken.

Eine emotionale Unterkühlung war die logische Folge. Die heutige junge Generation versucht neue Wege zu finden, um aus dieser gesellschaftlichen Gefühllosigkeit und Kälte auszubrechen. So wird der Mangel an Gefühl und Emotionalität oft durch Dinge wie Drogen, Rausch, übersteigerte Sexualität, Musik und neue kultische Religionen (New Age) ausgeglichen.

Aber es ist nicht nur der Mensch, der früher oder später an diesem verstandesorientierten Zustand leidet. Auch Gott leidet daran. Er ist

---

[26] vgl. W. Bauer, aaO., Sp. 1764.

der Schöpfer von Geist, Seele und Leib. Er schuf unsere Gefühle, und er möchte uns in unserem ganzen Sein begegnen. Bei den körperlichen Phänomenen der heutigen Aufbrüche, aber auch bei den körperlichen Phänomenen in früheren Erweckungszeiten sehe ich den Versuch Gottes, den Menschen auch auf emotional-körperlicher Ebene zu erreichen. Gott ist es nicht genug, wenn wir wissen und erkennen, daß er Realität ist und uns liebt. Er will, daß wir es fühlen. Wenn Christen in Gottesdiensten so der Güte Gottes begegnen, daß sie diese vielleicht das erste Mal nicht einfach nur verstandesmäßig glauben, sondern in ihrem Herzen und in ihren Gefühlen erleben, ist es da verwunderlich, wenn sie vor Glück lachen, wenn sie in Verzükkung geraten, wenn ihr Körper zittert? Viele von uns lachen, wenn sie etwas Lustiges hören oder sehen. Ist es da so absurd, wenn wir vor Freude über Gottes Gegenwart lachen? Viele von uns zittern, wenn sie aufgeregt sind oder Angst haben. Ist es da so seltsam, wenn wir aus innerer Erregtheit zittern, weil wir unserem Gott begegnet sind.
Durch Körpersprache deuten wir äußerlich an, was sich innerlich in unserer Seele und unseren Gefühlen abspielt. Dieser Vorgang gehört zum Menschsein. Niemand kann ihn abschalten. Trauer löst Tränen aus, Freude bringt ein Lächeln hervor, Begeisterung läßt den Puls schneller schlagen. In gleicher Weise deuten die geistgewirkten körperlichen Phänomene an, was Gott im Innern eines Menschen tut.
In diesem Sinne sind all diese Manifestationen und körperlichen Phänomene gleichzeitig natürlich und übernatürlich. Natürlich, weil unser Körper in ganz natürlicher Weise auf innere Geschehnisse mit äußeren Manifestationen reagiert. Übernatürlich, weil die Auslöser in der Seele von Gott kommen. Er schenkt die Freude, er gießt seine Liebe aus und er überführt von Sünde. Insofern haben körperliche Phänomene ihren Platz in der Beziehung zu Gott. Sie sind lange vernachlässigt, verachtet und beargwöhnt worden. Gott ist dabei, sie wieder in unser Leben hineinzubringen. Und wie bei allem Neuen, das auf uns zukommt, stehen wir in der Gefahr, es überzubetonen und als zu wichtig zu betrachten. Übernatürliche Phänomene und Gefühle sind nicht das Wichtigste, aber sie sind wichtig genug, nicht länger außer acht gelassen zu werden.
Wir sollten keine Angst davor haben, daß das Christentum durch die aufkommenden übernatürlichen Phänomene an Veräußerlichung

leiden könnte. Zu lange war das Christsein so verinnerlicht, daß man es nach außen kaum bemerkte. Christen freuten sich innerlich, Christen lachten innerlich, Christen waren innerlich begeistert usw. Wenn Gott nun dabei ist, einige dieser Dinge sichtbar zu machen, dann sollten wir ihm dabei nicht im Wege stehen.

2. KAPITEL

Übernatürliche und geistgewirkte Phänomene in Erweckungszeiten

In der Geschichte der Christenheit gab es viele von Gott geschenkte Aufbrüche. Oft erwachten ganze Landstriche zu neuem geistlichem Leben; Tausende wurden errettet. Während dieser Zeiten war das Wirken Gottes an den Menschen besonders intensiv. Neben den Bekehrungen erneuerte Gott oftmals seine Kirche und stellte neutestamentliche Zustände wieder her. Die Menschen waren radikal Gott zugewandt, hingegeben und »begeistert« von ihrem Herrn und dem neuen Leben, das er ihnen schenkte. Die übernatürlichen und geistgewirkten Phänomene, die in Kapitel 1 vorgestellt wurden, fanden im ersten Jahrhundert nach Christus nicht ihr Ende. Besonders in diesen Erweckungszeiten, aber auch überall da, wo Gottes Geist ungedämpft wirken konnte, waren und sind diese übernatürlichen Phänomene als Begleiterscheinungen des Wirkens Gottes anzutreffen. Ein Blick auf verschiedene Erweckungen und Erweckungsgestalten soll dies belegen. Im voraus sei darauf hingewiesen, daß diese Phänomene nie gesucht wurden, nie Anliegen und Ziel der Erweckung waren, sondern von Gott geschenkt wurden. Die Betroffenen konnten und sollten sich derer oft nicht erwehren, um Gottes Werk der Erweckung nicht zu schmälern oder zu bremsen. Wo heute um diese gebetet wird, muß mit solchen übernatürlichen Phänomenen gerechnet werden. Wenn sie in Erscheinung treten, müssen sie geprüft werden, und wenn Gott ihr Urheber ist, darf man sich über sie freuen.

In diesem Kapitel sollen zu jeder Erweckung einleitend geschichtliche Hintergrundinformationen und zu jeder Erweckungsgestalt kurze biographische Angaben gemacht werden. Danach werden die übernatürlichen Phänomene an sich vorgestellt. Wie schon erwähnt, waren diese Phänomene nur Begleiterscheinungen und nicht der eigentliche Inhalt der Erweckungen. Das Entscheidende war die Bekehrung und Veränderung vieler Menschen. Mit den folgenden Berichten sollen daher die einzelnen Erweckungen nicht auf äußere Manifestationen reduziert werden.

I. JOHN WESLEY UND DIE ERWECKUNG IN ENGLAND

1. Kurze biographische Angaben[27]

John Wesley lebte von 1703-1791 und war Begründer sowie Organisator des Methodismus. Geboren wurde er in Epworth (England) als Sohn eines anglikanischen Geistlichen. Nach seinem Studium in Oxford wurde er 1728 zum Priester der Kirche von England geweiht. 1729 trat John Wesley dem »heiligen Club« bei, den sein Bruder Charles zwei Jahre zuvor gegründet hatte und dessen treibende Kraft John wurde. Es war eine Vereinigung junger Männer zum Studium und zu streng geregelter asketischer Lebensführung, daher spottweise »Methodisten« genannt. 1735-1737 gingen die Brüder John und Charles Wesley nach Georgia/Amerika, um Indianermission zu betreiben.
Durch Bekanntschaft mit den Herrnhuter Brüdern und unter Mithilfe eines Seelsorgers erlebte John Wesley am Abend des 24. Mai 1738 beim Anhören von Luthers Vorrede zum Römerbrief seine Bekehrung. Ab da wußte er sich zum Erweckungsprediger berufen.

[27] vgl. Calwer Kirchenlexikon, Band II, aaO., S. 1333.

Er wirkte zuerst hauptsächlich in London und Bristol, wo ihm wegen seiner Aufsehen und Befremden auslösenden Predigten immer mehr Kirchen verschlossen wurden. So predigte er bald überall im Freien und auf den Straßen, was als unerhört und eines anglikanischen Geistlichen nicht würdig beurteilt wurde.
Er soll im Laufe der Jahre gegen 40000 Predigten gehalten haben, in denen er den Zuhörern ihre Verlorenheit schilderte und die bewußte Erfahrung des Gerettetseins forderte, wodurch er eine große Erweckung und Heiligungsbewegung auslöste.
John Wesley fühlte sich als treues Glied der Kirche von England, schuf aber eine eigene Organisation für seine Anhänger und wurde schließlich, gegen seine Absicht, der Gründer einer eigenen Kirche, der Methodisten.

2. Übernatürliche und geistgewirkte Phänomene während der Erweckungszeit

Umfallen, Zittern und Beben

Nachdem John Wesley von einer geistlichen Rüstzeit bei den Herrnhuter Brüdern in Deutschland zurückgekehrt war, wobei er auch den Grafen Zinzendorf kennengelernt hatte, fehlte nur noch eines, um seine Zubereitung für seinen von Gott gegebenen Auftrag zu Ende zu bringen: das Angetanwerden mit Kraft aus der Höhe.[28]
Dieses Ereignis traf folgendermaßen ein: Am Altjahrsabend 1738/39 traf sich die erste Gemeinschaft der Methodisten, um einen Nachtgottesdienst mit Liebesmahl zu halten. Sieben der Oxfordmethodisten, die inzwischen Pastoren der Anglikanischen Kirche geworden waren, und weitere 60 Laien waren versammelt. Inbrünstiger Gebetsgeist hatte sie ergriffen, und sie fuhren fort, einmütig zu beten, wie die Jünger es taten im Obergemach am ersten Pfingsttag. Beinahe drei Uhr morgens war es geworden, als die Antwort kam. Es kam solche Geisteskraft von Gott über sie, daß all ihre Erwartungen übertroffen wurden.

---

28 vgl. Josua Daniel, *John Wesley und die Erweckung in England*, aaO., S. 64.

Wesley beschreibt die historischen Ereignisse jener Nacht mit den Worten: »Ungefähr um 3 Uhr morgens, während wir noch fortfuhren mit inständigem Beten, kam die Kraft Gottes mächtig über uns in der Weise, daß viele außer sich vor Freude weinten, andere fielen zu Boden. Sobald wir uns einigermaßen erholt hatten von dem Wunder und der Bestürzung über die Gegenwart der Majestät Gottes, brachen wir einstimmig in den Jubel aus: ›Wir preisen Dich, Gott, Du allein bist Herr.‹ Whitefield (der Teilnehmer dieses Abends war) äußerte, daß dies das glücklichste Neujahr war, das er je erlebt hatte.«[29]

Colin Whittaker bestätigt diese Phänomene in seinem Buch »Great Revivals«, indem er schreibt: »John Wesley erinnert sich in seinem Tagebuch: Die Kraft Gottes kam mächtig auf uns, so daß viele auf den Boden fielen.«[30]

Solche körperlichen Phänomene auf die Gegenwart Gottes, wie Weinen und Umfallen, sollte Wesley noch des öfteren erleben. Besonders viele solcher Phänomene traten während Wesleys Verkündigung auf. Josua Daniel schreibt: »Die Versammlungen, auf denen Wesley predigte, nachdem er mit der Kraft Gottes angetan war, boten oft ein Bild ähnlich dem einer Armee, die auf dem Schlachtfeld in die Flucht geschlagen wurde. Noch während Wesley predigte, kamen mehrere Männer und Frauen unter den Einfluß der gewaltigen Kraft Gottes. Einer nach dem anderen, manchmal auch gleichzeitig, fielen sie zu Boden wie einst Saulus von Tarsus. Tiefe Sündenerkenntnis erfaßte die Menschen, wohin Wesley auch kam.«[31]

»Der Erfolg der ›methodistischen‹ Verkündigung war unbeschreiblich. Derartiges hatte man selbst in England noch nicht erlebt. Zwanzig-, sechzig-, achzigtausend Menschen fanden sich oft zusammen. Die einen fielen auf die Erde nieder. Unter krampfhaften Zuckungen und lautem Geschrei rangen sie nach Erlösung.«[32]

Bei einer Freiversammlung in Bristol, am 21. Mai 1739, erlebte Wesley eine große Ausgießung des Heiligen Geistes. Wesley schrieb:

---

29 ebd., S. 64/65 (vgl. *Das Tagebuch John Wesleys*, aaO., S. 67).
30 Colin Whittaker, *Great Revivals*, aaO., S. 44, m.Übs.
31 ebd., S. 74.
32 Ernst Ferdinand Klein, *Zeitbilder der Kirchengeschichte*, aaO., S. 573.

»...Eine Zeitlang sprach ich über die Worte: ›Seid stille und erkennt, daß Ich Gott bin.‹ Da begann Er (Gott) seine Rechte auszustrecken – und zwar nicht in einem geschlossenen Raum oder in einer Privatversammlung, sondern unter freiem Himmel vor mehr als 2000 Zeugen. Da und dort wurden Menschen zu Boden geworfen und erzitterten unter der allmächtigen Gegenwart Gottes. Andere schrien: ›Was müssen wir tun, um gerettet zu werden?‹ Schließlich waren innerhalb einer Stunde sieben Personen gerettet, die mir bis dahin gänzlich unbekannt gewesen waren. Sie alle brachten dem Gott ihrer Errettung Freude, Gesang und Danksagung dar.«[33]
Als Wesley nach London zurückgekehrt war, predigte er während einer Abendversammlung in Wapping. Darüber schrieb er am 15. Juni 1739 in sein Tagebuch: »Während des Eingangslieds war mein Geist die ganze Zeit mit einer Stelle beschäftigt, die im Hebräerbrief steht, aber ich wußte nicht wo. Ich flehte Gott an, mich zu leiten – und öffnete das Buch genau an der Stelle: Hebräer 10,19: ›Weil wir denn nun, liebe Brüder, durch das Blut Jesu die Freiheit haben zum Eingang in das Heilige, welchen er uns bereitet hat als neuen und lebendigen Weg...‹ Während ich alle Sünder ernst ermahnte, in das Allerheiligste einzutreten, durch diesen neuen und lebendigen Weg, fingen viele derer, die zuhörten, an, mit Tränen nach Gott zu rufen. Einige fielen kraftlos nieder; andere zitterten und bebten.«[34]
Clare George Weakley, Jr. ergänzt an dieser Stelle ebenfalls aus dem Tagebuch Wesleys: »Einige wurden durch krampfartige Bewegungen jedes ihrer Körperteile hin- und hergerissen. Oftmals sogar so gewaltsam, daß vier bis fünf Personen einen solchen nicht festzuhalten vermochten. Ich (J. Wesley) habe viele hysterische und auch viele epileptische Anfälle gesehen, doch in den meisten Fällen war keiner von diesen mit jenen vergleichbar. Sofort betete ich, Gott möge es nicht zulassen, daß die Schwachen daran Anstoß nehmen. Trotz allem geriet es einer Frau sehr zum Anstoß, da sie überzeugt war, daß die Betroffenen das Schütteln hätten stoppen können, wenn sie es nur wollten. Niemand konnte sie vom Gegenteil überzeugen. Sie war nur einige Meter gegangen, als sie ebenfalls niederfiel und sich in

---

[33] J. Daniel, aaO., S. 83.
[34] ebd., S. 86/87.

demselben gewaltsamen Seelenschmerz befand wie die anderen. Sechsundzwanzig Personen waren auf dieselbe Weise betroffen. Die meisten von ihnen wurden erfüllt mit Frieden und Freude, während für sie gebetet wurde. ...Am Samstag trafen wir uns in der Fetterstraße, um uns vor Gott zu demütigen. Er hatte wegen unserer mannigfaltigen Untreue gerade seinen Geist von uns zurückgezogen. Wiederum erlebten wir Gottes Gegenwart wie beim ersten Mal. Einige fielen unter seiner Kraft ausgestreckt zu Boden. Andere brachen in großer Herzenseinfalt in lauten Lobpreis und in Danksagung aus.«[35]
Colin Whittaker schreibt über eine Freiversammlung Wesleys in London im Juni 1739: »Während er predigte, geschah es recht häufig, daß Männer und Frauen in ihrer Verzweiflung zu Gott schrien, wenn sie durch den Geist Gottes von ihrer Sünde überführt wurden. Manchmal übertönten ihn ihre Schreie und viele fielen ausgestreckt unter der Kraft Gottes zu Boden. Glücklicherweise war Wesley einer der größten Chronisten aller Zeiten, und so berichtet uns sein Tagebuch: ›Sie stürzten auf jeder Seite so schnell zu Boden, als wären sie vom Blitz getroffen worden.‹ Doch als er das heilende Öl des Evangeliums von Gottes Gnade und Liebe gebrauchte, begannen diese verwundeten Seelen zu jubeln. Anfangs erstaunte dies Wesley; es war jenseits aller seiner Erwartungen. Dies war Erwekkung. Es war der Beweis, daß der Geist Gottes ihn gesalbt hatte, um den Armen das Evangelium zu verkündigen. Während die Jahre vergingen, wurden Phänomene wie das Hinfallen und andere noch außergewöhnlichere weniger. Es schien tatsächlich unter der Predigt Wesleys mehr von ihnen gegeben zu haben als unter Whitefields. ...Jede Erweckung scheint eine ganze Anzahl von solch ungewöhnlichen Erscheinungen hervorzubringen. Ein tiefes Überführtsein von Sünde ist das Kennzeichen, daß der Geist Gottes am Wirken ist.«[36]
Die gleichen Phänomene traten zutage, als Wesley im Juni 1742 auf dem Grabstein seines Vaters in Epworth predigte (da ihm nicht gestattet wurde, in der dortigen Kirche zu predigen): »Während Wesley noch sprach, fiel der Geist Gottes auf die Zuhörer. Die

---

35 aus Nehemia Curnock, Hrsg., *The journal of John Wesley*, zitiert bei Clare George Weakley Jr., *The Nature of Revival*, aaO., S. 138/139, m.Übs.

36 Colin Whittaker, aaO., S. 51, m.Übs.

Wirkung war die eines Orkans. Mehrere Menschen fielen wie tot nieder, und unter den anderen war ein solches Rufen nach Gott zu hören, wie es nur bei Sündern möglich ist, die um die Gerechtigkeit des wahren Glaubens ringen und bitten. Wesleys Stimme wurde fast übertönt. Gott wirkte große Dinge an diesem Tag. Viele der Zuhörer erhoben sich mitten aus ihrem Kummer und ihrer gottgewirkten Betrübnis getröstet und in jubelnder Freude über die Befreiung von ihren Sünden, ein neues Lied des Dankes auf ihren Lippen.«[37]

3. Phänomene bei Einzelpersonen während der Erweckung

- Vor John Wesleys Bekehrung, am 24. Mai 1738, erlebte sein Bruder Charles bereits am 21. Mai 1738 seine Wiedergeburt. Charles lag zu jener Zeit krank in London im Hause von Bruder Bray, einem einfachen Kupferschmied. Seine Lektüre in diesen Tagen bestand aus Luthers Kommentar zum Galaterbrief. Die Zeit, die Charles mit Lesen, Betrachtung und Gebet verbrachte, zog ihn immer näher zu Gott. Am Pfingsttage erlebte er eine übernatürliche Heilung und seine Wiedergeburt: »Der Geist drängte und benützte auf wunderbare Weise die Schwester des Kupferschmieds, ein einfaches Mädchen, das selbst erst kurz zuvor bekehrt worden war. Sie redete Charles zitternd an: ›Im Namen Jesu von Nazareth, stehe auf und glaube, und du wirst von all deinen Leiden geheilt sein.‹ Dann floh sie aus dem Zimmer, und Bray las aus der Bibel: ›Selig ist der Mann, dessen Übertretung vergeben ist, dessen Sünde bedeckt ist.‹ Charles glaubte, glaubte von ganzem Herzen – und war gerettet und geheilt.«[38]

- Während John Wesleys Predigten gerieten viele Menschen in tiefe Sündenerkenntnis und spürten an ihrem Leibe den Zustand ihrer Verlorenheit. So auch eine gut gekleidete Dame mittleren Alters, die während einer Schriftauslegung Wesleys vor Bergleuten in Londons Kettengasse am 20. Januar 1739 plötzlich aufschrie wie

---

[37] J. Daniels, aaO., S. 93 (vgl. *Das Tagebuch John Wesleys*, aaO., S. 104).
[38] ebd., S. 58.

in höchster Todesangst. Sie fuhr eine Zeitlang mit Schreien fort mit allen Anzeichen schrecklichster Qual der Seele. Sie empfand eine tiefe Sündenerkenntnis, aber auch Widerstand gegen Gottes Wege. Als John Wesley mit ihr betete, verfiel sie nach kurzer Zeit in einen schrecklichen Seelenkrampf. Bald darauf aber rief sie in größtem Ernst aus: »Jetzt weiß ich, daß mir um Christi Willen vergeben worden ist!«, und sie fand zum lebendigen Glauben an Christus.[39]

– Als Wesley einmal am Ende einer Versammlung Gott mit großer Freiheit bat, das gepredigte Wort zu bestätigen, begann augenblicklich eine Frau laut aufzuschreien und herzerschütternd zu weinen. Die Versammelten fuhren allerdings fort zu beten, bis dieser Dame ein neues Lied in ihren Mund gelegt wurde, ein Dank und Lobpreis für Gott. Zwei andere Personen wurden von großem Sündenschmerz ergriffen, so daß sie in der Unruhe und Betrübnis ihrer Herzen laut zu schreien begannen. Es dauerte aber nicht lange, bis auch sie in Lobpreis ausbrachen für Gott, ihren Retter.[40]

– Ein Arzt hatte einmal den Verdacht, daß bei dieser plötzlichen und machtvollen Sündenerkenntnis, die die Menschen auf den Boden warf, viel Täuscherei und Betrug im Spiel war. Als er einmal einer Predigt Wesleys beiwohnte, wurde eine Dame, die er seit langem kannte, als erste von Gottes Kraft ergriffen. Noch während Wesley predigte, brach sie in Tränen und Rufen nach Gott aus. Jener Arzt vermutete sofort Schwindel und Betrügerei. Er ging darauf zu ihr hin und beobachtete jedes Symptom. Wesley schreibt dazu: »Schließlich liefen ihr große Schweißtropfen übers Gesicht, und sie zitterte am ganzen Leib. Der Arzt wußte nicht mehr, was er von der Sache halten sollte, da er sich jetzt genau überzeugt hatte, daß weder Krankheit noch Betrug im Spiel war. Als die Dame dann in einem Augenblick geheilt wurde, glaubte auch er, daß dies von Gott war.«[41]

---

39 ebd., S. 74/75.
40 ebd., S. 81.
41 ebd., S. 82/83.

Es war erstaunlich, wie Gottes Macht hinter Wesleys Worten stand. Wesley benutzte nie die Künste und Kniffe populärer Redner. Seine Redeweise war feierlich und ernsthaft. Er tat absolut nichts, um die physischen Begleiterscheinungen hervorzurufen, die die Ausgießung von Gottes Geist begleiteten. Obwohl seine ruhige und am Herkömmlichen festhaltende Art vor lauten Ausbrüchen des Seelenschmerzes zurückschreckte, beurteilte er diese auffälligen Begleiterscheinungen seiner Predigt als Wirkungen des Heiligen Geistes und handelte vorsichtig und in ehrerbietiger Furcht, damit er den Heiligen Geist nicht durch Eigenwillen betrübe.[42]

4. Konfrontationen mit der Macht der Finsternis

– John Wesley erlebte auch Dämonenaustreibungen. Wesley schrieb dazu: »Dienstag, 23. Oktober 1739 – ...Als ich abends zurückkam, spürte ich deutlich, daß ich eine junge Frau in Kingswood besuchen sollte... Ich ging also dorthin. Sie war neunzehn oder zwanzig, konnte aber anscheinend weder lesen noch schreiben. Als ich eintrat, lag sie im Bett, zwei oder drei hielten sie fest. Es war ein furchtbarer Anblick. Unbeschreibliche Angst, Schrecken und Verzweiflung standen ihr ins Gesicht geschrieben. Tausenderlei Verzerrungen ihres ganzen Körpers zeigten, wie die Höllenhunde an ihrem Herzen nagten. Das zeitweilige schrille Geschrei konnte man kaum ertragen... Sobald sie einiger Worte mächtig war, schrie sie hinaus: ›Ich bin verdammt, verdammt, für immer verloren! Vor sechs Tagen hättest du mir vielleicht helfen können. Das ist jetzt vorbei. Ich gehöre jetzt dem Teufel. Ich habe mich ihm gegeben. Ich bin sein. Ich muß ihm dienen. Ich werde mit ihm zur Hölle gehen. Ich kann nicht gerettet werden... Ich muß, ich will, ich will verdammt werden!‹ Dann fing sie an, zum Teufel zu beten. Wir fingen an zu beten: ›Arm des Herrn, wach auf, wach auf!‹ Sofort fiel sie in einen Schlaf; aber sobald wir aufhörten, brach es mit unaussprechlicher Heftigkeit aus ihr heraus: ›...Ich bin verdammt, damit ihr gerettet werden könnt... Ihr braucht nicht verdammt

---

42 ebd., S. 82.

werden, aber ich muß.‹ Dann richtete sie ihre Augen auf eine Ecke an der Decke und sagte: ›Dort ist er: seht, dort ist er! Komm, guter Teufel, komm! Nimm mich mit. Du hast gesagt, du würdest mein Gehirn zerschlagen: komm, tu es schnell. Ich gehöre dir. Ich will dein sein. Komm jetzt gleich, nimm mich mit.‹ Wir unterbrachen sie, indem wir wieder Gott anriefen und sie sank nieder wie zuvor; und eine andere junge Frau fing nun an so laut zu schreien, wie jene es zuvor getan hatte. Nun kam mein Bruder herein, es war etwa neun Uhr. Wir fuhren fort zu beten bis nach elf Uhr; dann sprach Gott plötzlich seinen Frieden in die Seelen, erst der einen Gequälten, dann der anderen. Und beide fielen ein in das Lob dessen, der ›den Feind und den Rächer gestillt‹ hatte.«[43]

– Eine andere Dämonenaustreibung spielte sich während einer Versammlung in der Nicholas Street ab, im Jahre 1739. Wesley berichtet: »Eines Abends in der Nicholas Street wurde ich, kurz nachdem ich zu sprechen begonnen hatte, von den Schreien eines Mannes unterbrochen, der in seinem Herzen tief getroffen war. Er stöhnte und schluchzte um Vergebung und Frieden. Ich fuhr fort zu erklären, was Gott bereits getan hatte, um zu beweisen, daß er nicht will, ›daß irgend jemand verlorengehe, sondern daß alle zur Buße kommen.‹ (2. Petr.3,9) Eine andere Person fiel dicht neben jemandem nieder, der meiner Lehre sehr ablehnend gegenüberstand. Während er erstaunt über diesen Anblick dastand, wurde ein kleiner Junge in seiner Nähe in gleicher Weise zu Boden gerissen. Ein junger Mann, der hinter ihm stand, blickte wie gebannt auf ihn und sank zu Boden wie tot. Bald darauf begann er (der skeptische Mann) zu schreien und schlug sich selbst so heftig gegen den Boden, daß sechs Männer ihn kaum zu halten vermochten. Sein Name war Thomas Maxfield. Ich habe nur einen anderen Menschen so sehr vom Bösen hin und herge-

---

43 Nehemiah Curnock, Hrsg. *The Journal of John Wesley* Bd.1, S. 297-298, zitiert bei J. Wimber *Evangelisation in der Kraft des Geistes*, Lehrmaterial, aaO., S. 141. (vgl. *Das Tagebuch J. Wesleys*, aaO., S. 84/85).

rissen gesehen. Inzwischen begannen viele andere zum Retter um Hilfe zu schreien, denn inzwischen war das gesamte Haus und die gesamte Straße in Aufruhr. Wir blieben weiterhin im Gebet. Noch vor zehn Uhr fand der größte Teil der Versammelten Ruhe in ihrer Seele.«[44]

– Ein letztes Beispiel soll hier angefügt werden:
In einer Versammlung, die Wesley abhielt, befand sich auch ein Weber namens John Haydon, der sich große Mühe gab, den Leuten klarzumachen, daß all diese Vorkommnisse in Wesleys Versammlungen nur Teufelsbetrug seien. Als dieser Haydon am anderen Tag bei sich zu Hause eine Predigt las, wechselte er die Farbe, sank vom Stuhl und fing furchtbar an zu schreien. Die Nachricht gelangte zu Wesley und er kam. »Sobald Wesley eintrat, schaute er (Haydon) zu ihm auf, streckte die Hand aus und rief: ›Ah, das ist der, von dem ich sagte, er sei ein Betrüger. Aber Gott hat mich erfaßt. Ich sagte, alles sei Betrug, aber es ist kein Betrug!‹ Dann schrie er: ›O Teufel, du verfluchter Teufel, du Legion von Teufeln! Du kannst nicht hierbleiben. Christus wird dich austreiben. Ich weiß, er hat sein Werk angefangen. Reiß mich in Stücke, wenn du willst, aber du kannst mich nicht verletzen.‹ Kaum hatte er das gesagt, so schlug er sich selbst auf den Boden; seine Brust dehnte sich, und große Schweißtropfen standen ihm auf der Stirn. Wesley und seine Freunde beteten ernstlich, bis die Leiden des Mannes aufhörten und Leib und Seele frei waren. Am Abend war Wesley noch einmal bei ihm. Er hatte seine Stimme verloren und war schwach wie ein Kind, aber voll Frieden und Freude.«[45]

5. Heilungen

– John Wesley berichtet in seinem Tagebuch: »Freitag, 8. Mai 1741 – Ich fühlte mich sehr schlecht. Doch ich machte mich auf, um abends zu predigen. Aber am Samstag wurde ich körperlich so

---

44 N. Curnock, in C.G. Weakley, aaO., S. 87/88, m.Übs.
45 Robert H. Möller, *John Wesley*, aaO., S. 40.

schwach, daß ich mehrere Stunden lang meinen Kopf fast nicht erheben konnte. Am Sonntag, 10. Mai, mußte ich mich den größten Teil des Tages niederlegen, weil ich mich nur in dieser Lage halten konnte. Doch abends verließ mich meine Schwäche, als ich Sünder zur Buße rief. Bei unserer anschließenden Agape-Feier wurde ich von solch einem Husten gepackt, daß ich kaum sprechen konnte. Außerdem hatte ich Rücken- und Kopfschmerzen und ein Fieber. Zur gleichen Zeit kam mir deutlich der Gedanke: ›Diese Zeichen sollen denen folgen, die glauben.‹ Ich rief laut zu Jesus: ›Vermehre meinen Glauben‹ und ›Bestätige diese Worte der Gnade.‹ Während ich noch redete, verschwand mein Schmerz völlig; das Fieber verließ mich; meine körperliche Kraft kehrte zurück; und viele Wochen lang spürte ich weder Schwachheit noch Schmerz.«[46]

– Als John Wesley am 17. März 1746 mit zwei Freunden zu Pferd die Stadt Smeton verließ, begann sein Pferd so sehr zu lahmen, daß er befürchtete, es zurücklassen zu müssen. Er konnte auch nicht erkennen, was ihm fehlte. Wesley selbst bekam solch starke Kopfschmerzen, wie er sie seit Monaten nicht mehr gehabt hatte. Er schreibt: »Dann dachte ich: ›Kann Gott nicht Tiere wie Menschen heilen, mit oder ohne Mittel?‹ Augenblicklich waren meine Müdigkeit und Kopfschmerzen weg und die Lahmheit meines Pferdes ebenfalls. Es hielt auch nicht mehr an, weder an diesem noch am nächsten Tag. Jedenfalls ein sehr seltsames Ereignis!«[47]

6. Verzückung

Bei einigen Glaubensgeschwistern erlebte John Wesley auch Verzückungen. Er berichtet: »Everton, Montag, den 6. – Ich sprach ausführlich mit Ann Thorn und zwei anderen, die mehrmals in Verzückung geraten waren. Sie alle sagten übereinstimmend, daß sie in Verzückung gerieten, wenn sie besonders mit der Liebe Gottes

---

46 J. Wimber, *Lehrmaterial*, aaO., S. 142.
47 ebd., S. 142 (vgl. *Das Tagebuch John Wesleys*, aaO., S. 157).

erfüllt waren; daß sie innerhalb eines Augenblicks geschah, ohne daß sie es vorher wußten; daß sie ihre ganze Geistes- und Körperkraft beanspruchte; daß sie jedoch im allgemeinen, sobald sie entrückt waren, weder etwas um sich herum hörten noch sahen.
Gegen 5.00 Uhr nachmittags hörte ich sie geistliche Lieder singen. Kurz danach erschien Herr B. und sagte mir, daß Alice Miller – sie war 15 Jahre alt – in Verzückung geraten ist. Ich ging sofort hinunter und sah sie auf einem Stuhl sitzen. Sie lehnte sich mit offenen Augen, die aufwärts schauten, an die Wand. Ich machte eine Bewegung mit der Hand, so als ob ich sie schlagen wollte, aber ihre Augen blieben unbeweglich. Obwohl ihr die Tränen die Wangen herunterliefen, drückte ihr Gesicht viel Ehrfurcht und Liebe aus. Ihr Mund war geöffnet und bewegte sich ab und zu, aber kein Laut entschlüpfte ihren Lippen. Niemals zuvor hatte ich ein menschliches Antlitz so voll von Schönheit gesehen. Manchmal schien es, als würde das ganze Gesicht von einem Lächeln beherrscht, dann wiederum von Freude, Liebe und Ehrfurcht... Gegen 7.00 Uhr erwachte sie aus ihrer Verzückung. Ich fragte: ›Wo sind Sie gewesen?‹ Sie antwortete: ›Ich war bei meinem Heiland.‹ ›Im Himmel oder auf der Erde‹, fragte ich. ›Das weiß ich nicht‹, war ihre Antwort, ›aber ich war in der Herrlichkeit.‹ ›Aber warum weinten sie dann?‹ fragte ich sie. ›Ich weinte nicht um mich, sondern um die Welt; denn ich sah sie am Rande der Hölle.‹ ›Wen baten sie, Gott die Ehre zu geben?‹ ›Die Pfarrer, die das Wort in die Welt hinausschreien. Sie würden sonst stolz werden, und Gott müßte sie dann verlassen, so daß sie selbst ihre Seele verlieren würden.«[48]
Es gäbe bei John Wesley und die durch ihn ausgelöste Erweckung in England noch manch interessante Wunder und Phänomene zu berichten, doch die bereits angeführten belegen eindeutig deren Existenz während der Erweckungszeit. Auch die positive Einstellung Wesleys zu diesen Phänomenen wird deutlich, womit er sich von manchem Denker und Theologen seiner Zeit unterschied!
Am 15. August 1750 schreibt er in sein Tagebuch: »Als ich über ein merkwürdiges Buch nachdachte, das ich auf dieser Reise gelesen hatte, nämlich ›The General Delusion of Christians with Regard to

---

[48] Das *Tagebuch John Wesleys*, aaO., S. 247/248.

Prophecy‹ (Die allgemeine Täuschung der Christen in bezug auf Weissagung), festigte sich in mir eine lange gehegte Überzeugung:
1. daß die Montanisten des zweiten und dritten Jahrhunderts echte, bibelgläubige Christen waren; und
2. daß die Gabe, Wunder zu wirken, nicht nur deshalb zurückgezogen wurde, weil Glaube und Heiligkeit nachließen, sondern hauptsächlich deshalb, weil erstarrte, orthodoxe Männer in leitenden Funktionen die Gaben verspotteten, die sie selbst nicht hatten, und sie als Wahnsinn oder Betrug bezeichneten.«[49]
Weiter schrieb Wesley einen Brief an Thomas Church im Juni 1746, in dem er erklärte: »Ich kann auch nicht erkennen, daß Gott sich irgendwie zurückgezogen hätte und nun keine souveränen Wunder mehr wirken sollte. Ich kenne keine Schriftstelle, die uns lehrt, daß Wunder auf das apostolische oder zyprianische Zeitalter beschränkt sind oder auf irgendeine Zeit, kurz oder lang, bis zur Wiederherstellung aller Dinge. Ich habe weder im Alten noch im Neuen Testament irgendeinen Hinweis dieser Art gefunden. Paulus sagt jedenfalls einmal in bezug auf zwei der wunderbaren Gaben des Geistes (so, glaube ich, ist die Prüfung meistens verstanden worden): ›Gibt es Weissagungen, werden sie vergehen; gibt es Zungen, werden sie vergehen.‹ Aber er sagt nicht, daß diese oder irgendwelche andere Wunder vergehen sollen, bis Glaube und Hoffnung auch vergehen, bis sie in der Anschauung Gottes enden und die Liebe alles in allem sein wird.«[50]
Abschließend noch ein Zitat John Wesleys, das seine differenzierte Einstellung gegenüber diesen übernatürlichen Phänomenen gut zusammenfaßt:
»Die Gefahr bestand, daß außergewöhnliche Umstände zu viel Beachtung fanden, wie zum Beispiel lautes Schreien, Zuckungen, Visionen, Verzückung, als ob diese Dinge für die Arbeit des Herrn notwendig gewesen wären. Vielleicht läuft man auch Gefahr, so etwas gar nicht oder zu wenig zu beachten, sogar all das zu verdammen oder die Menschen zu verurteilen, daß nichts vom Geist Gottes

49 Wimber, *Lehrmaterial*, aaO., S. 142. Wesleys Tagebuch, Bd.3, S. 495/496.
50 ebd., S. 142.

in ihnen wohnte und sie ein Hindernis in der Arbeit des Herrn seien. Die Wahrheit sieht so aus:

1. Gott überzeugte viele Menschen plötzlich und so sehr von ihren Sünden, daß die natürliche Folge davon Schreie und starke körperliche Zuckungen waren.

2. Um die Gläubigen zu stärken und zu ermutigen und sein Wirken öffentlich kundzutun, hatten viele dieser Menschen Träume, die sich dann bewahrheiteten. Andere wiederum fielen in Verzückung oder hatten Visionen.

3. In einigen Fällen wurde später die Gnade Gottes mit dem menschlichen Geist vermischt.

4. Um das ganze Werk in Mißkredit zu bringen, hat Satan auch dieses Gotteswerk nachgeäfft. Und doch wäre es töricht, diese Erscheinungen abzulehnen, wie es töricht ist, das Ganze abzulehnen. Zuerst war alles zweifellos von Gott. So ist es teilweise auch heute noch. Er wird uns befähigen zu erkennen, inwieweit diese Erscheinungen rein und wo sie vermischt sind oder entartet.«[51]

Wesleys Haltung den übernatürlichen Phänomenen gegenüber war nie negativ. Wenn behauptet wird, Wesley hätte sich irgendwann generell gegen die Vorkommnisse in seinen Versammlungen gewandt, dann ist dies schlichtweg falsch. Nur in wenigen Einzelfällen vermutete er einen Betrug des Satans (s.o.).

Nicht nur in der Anfangszeit seines Wirkens, sondern selbst noch in den siebziger und achtziger Jahren des 18. Jahrhunderts, erlebte Wesley viele der erstaunlichsten Phänomene. Ronald Knox, der die Haltung Wesleys in seinen Tagebüchern zu all diesen Vorkommnissen genauestens untersucht hat, schreibt: »Aber wer behauptet, Wesley habe zu irgendeiner Zeit seines Lebens solche Vorkommnisse bedauert oder zu verhindern versucht, der setzt sich in offenen Widerspruch zu den Zeugnissen.«[52] Entschieden lehnt Knox die von einigen Biographen geäußerte Meinung ab, derartige Phänomene seien nur vorübergehende Erscheinungen gewesen, die Wesley später weder erwartet noch gutgeheißen hat. Ganz im Gegenteil: Wesley

---

51 Das *Tagebuch John Wesleys*, aaO., S. 252/253 und Ronald Knox, *Christliches Schwärmertum*, aaO., S. 477.

52 R. Knox, aaO., S. 478.

hat nie aufgehört, Gott für die Ereignisse und übernatürlichen Phänomene zu danken.

John Wesley und die Erweckung in England sind ein gutes Beispiel dafür, daß Gottes übernatürliches Wirken auch über die Zeit des Neuen Testaments hinaus anhielt und ein Instrument war, durch das Gott Buße und Heil über weite Teile eines ganzen Landes brachte.

II. GEORGE WHITEFIELD
(1715-1770)

1. Kurze biographische Angaben[53]

Er wurde 1715 als Sohn eines Wirts in Gloucester, England, geboren und mußte nach dem frühen Tod des Vaters Kellner werden. Später studierte er am Pembroke-College in Oxford, wo er mit dem »Heiligen Klub« Charles Wesleys in Verbindung kam. In schwerem, durch Krankheit gesteigertem Ringen drang er zur Glaubensgewißheit durch und begann seine Tätigkeit als eindrucksvoller Erwekkungsprediger nach seiner Ordination 1736 bzw. seiner Priesterweihe 1739. Sein Leben verlief fortan in Predigtreisen durch die nordamerikanischen Kolonien, wo seine Arbeit mit der großen Erwekkungsbewegung (Great Awakening, Jonathan Edwards) zusammenwuchs. Er wirkte allerdings auch in England, Irland und Schottland. Anfänglich stand Whitefield in guter und enger Beziehung zu John Wesley, die beiden trennten sich allerdings 1749 wegen unterschiedlicher Auffassungen bezüglich der Prädestinationslehre. Whitefield

53 vgl. Calwer Kirchenlexikon, Bd.II, aaO., S. 1344; *Dictionary of Christianity in Amerika*, aaO., S. 1251.

predigte von Anfang an im Freien, wo er unerhört große Zuhörerschaften erreichte. Als er 1770 in Newbury/Amerika starb, hielt ihm John Wesley in Whitefields Tabernakel die Grabrede.[54]

2. *Übernatürliche und geistgewirkte Phänomene während George Whitefields Dienst*

(Die angeführten Berichte tragen wegen ihrer Fülle wiederum nur exemplarischen Charakter)

Otto Riecker schreibt in seinem Buch »Ruf an alle«: »Whitefield erlebte seltsame Dinge: Am 15. Mai (wahrscheinlich 1740) predigte Whitefield in der Pfarrei Blairs, in Fog's Manor, vor einer großen Versammlung und unter noch größerer Bewegung der Herzen.« Er zitiert Whitefield: »Ich konnte hinsehen, wo ich wollte, die meisten waren in Tränen getaucht. Das Wort war schärfer als ein zweischneidiges Schwert, und ihr bitteres Seufzen und Stöhnen konnte einem das Herz zerreißen. Oh, was konnte man da alles sehen! Die einen waren totenbleich, die anderen rangen die Hände, andere lagen auf der Erde, wieder andere waren in die Arme ihrer Freunde gesunken, die meisten hatten ihre Blicke zum Himmel erhoben und flehten zu Gott um Gnade.«
Otto Riecker kommentiert dazu: »Es wurde hier deutlich: Gott läßt es unter der Wirkung des Wortes zu starken Erschütterungen und wirklicher Tiefenbewegung kommen, ohne daß dies ungesund sein müßte.«[55]

---

[54] Trotz der theologischen Differenz zwischen George Whitefield und John Wesley achteten sie sich gegenseitig sehr! Nicht nur hielt J. Wesley die Grabrede bei Whitefields Beerdigung; auch George Whitefield antwortete einmal einem engherzigen Anhänger des Prädestinationsdogmas, das Wesley ablehnte, ob er wohl glaube, diesen im Himmel zu sehen. Whitefield antwortete: »Ich fürchte nein. Denn er wird dem Thron Gottes so nahe sein und wir werden so ferne stehen, daß wir ihn schwerlich zu Gesicht bekommen werden.« (Aus Martin Rang, *Die Kirche Christi im Wandel der Zeiten*, aaO., S. 215.)

[55] Otto Riecker, *George Whitefield, Ruf an alle*, aaO., S. 72

Gottlob Schumann berichtet in seiner Kirchengeschichte über den Dienst George Whitefields: »Der Methodismus betont besonders das Sündengefühl, den Bußkampf, so daß er in seinen Tabernakeln eine eigene Angstbank eingerichtet hat... Jede Seele soll persönlich das tiefe Sündenelend fühlen als furchtbare Sündenangst, die auch den leiblichen Organismus erschüttert, so daß dieser äußere Kampf als wesentliches Merkmal der Bekehrung gilt... In den Wachnächten... wird vom Abend bis zum Morgen gebetet, gesungen und gepredigt und... die religiöse Inbrunst entzündet, so daß durch erschütternde Schilderung der Höllenqualen und die entzückenden Hinweise auf die himmlischen Freuden manche in allerlei Krämpfe verfallen und zuweilen die ganze Versammlung angesteckt wird, was als eine Wiederbelebung (Revival) durch den Geist der Pfingsten zum urchristlichen Gnadenstande angesehen wird. Daß dabei auch Heuchelei und geistlicher Hochmut mit unterläuft, ist nicht zu leugnen, aber der Methodismus hat doch die verwilderten Massen vielfach in wohltätige Zucht genommen.«[56]

Charles Clarke schreibt über George Whitefield:
»Wo auch immer er hinging, predigte er, und der Herr bestätigte das Wort durch mitfolgende Zeichen. ...Bei einem seiner Besuche in Schottland ging er nach Cambuslang. Ein Pastor der Presbyterianischen Kirche Schottlands, William McCollock, hatte Berichte über den erwecklichen Dienst Whitefields in seiner Gemeinde an einem Sonntagabend vorgelesen, was seine Mitglieder aufgerüttelt und erquickt hatte. Mit Whitefield hatte er korrespondiert und ihn dazu überredet, seine Gemeinde zu besuchen. Schließlich kam er und dann folgten die bemerkenswertesten zwei Wochen seines Lebens. Er (Whitefield) predigte vom ersten Tag an auf freiem Feld zu Tausenden von Menschen, und die Auswirkungen waren sofort erkennbar. Leute begannen überall zu Boden zu fallen und die Versammlung konnte nicht beendet werden. Er sagt: ›Ungefähr eineinhalb Stunden lang hörte man solch ein Weinen. Viele gerieten in große Verzweiflung und manifestierten diese auf sehr unterschiedliche Weise, so daß

---

56 Gottlob Schumann, *Die Kirchengeschichte in Lebensbildern,* aaO., S. 306/307

eine Beschreibung dessen unmöglich ist. Sie wurden weggetragen und in ihre Häuser gebracht, wie verwundete Soldaten, die vom Schlachtfeld geholt werden.«[57]

Solche Phänomene wie Schreien und Umfallen wurden viel von Whitefield berichtet. Winkie Pratney schreibt:

»Aufzuschreien und Niederzufallen unter der Kraft des Geistes waren in den Wesley-Whitefield-Erweckungen üblich. Lady Huntingdon schrieb Whitefield und riet ihm, diejenigen, die unter der Kraft Gottes waren, nicht wegzutragen wie bisher, weil dies der Versammlung schadete. Dies (das Umfallen) scheint eine natürliche Reaktion der Menschen in der Schrift gewesen zu sein, die eine göttliche ›direkte Begegnung der vierten Dimension‹ hatten, nämlich dem plötzlich auftretenden Bewußtsein der überführenden Macht Gottes.«

Wesley berichtet in seinem Tagebuch vom 7. Juli 1739: »Er (Whitefield) hatte die Gelegenheit, sich besser zu informieren; kaum hatte er begonnen, ...alle Sünder einzuladen an Christus zu glauben, da sanken vier Personen beinah im selben Moment neben ihm zu Boden. Einer von ihnen lag besinnungs- und bewegungslos da. Ein Zweiter zitterte aufs äußerste. Der dritte hatte starke Schüttelkrämpfe an seinem ganzen Körper, gab aber außer einem Stöhnen keine Laute von sich. Der vierte, ebenso durchgeschüttelt, rief unter starkem Weinen und vielen Tränen zu Gott. Von diesem Moment an hoffte ich, daß wir Gott erlauben, sein eigenes Werk in der Weise auszuführen, wie es ihm gefällt.«[58]

Von einer der Reisen Whitefields durch Amerika wird berichtet: »Während dieser ausgedehnten Reise durch die Kolonien predigte er zu riesigen Mengen von vielen Tausenden in Philadelphia, New York und dem berühmten Boston Common. Die Versammlung auf einer Lichtung in der Nähe von Nottingham, Delaware, am 14. Mai 1740, war eine Zeit besonderer Kraft. Nach Schätzungen versammelten sich zwölftausend Menschen. Tausende schrien und übertönten beinahe seine Stimme, als sie vom Geist Gottes ergriffen wurden und Sündenerkenntnis empfingen. George fühlte und wußte, daß hier der

---

57 Charles Clarke, *Pioneers of Revival*, aaO., S. 60, m.Übs.
58 Winkie Pratney, *Revival*, aaO., S. 277/278, m.Übs.

Geist Gottes durch Feuer und Liebe am Werk war. Männer und Frauen fielen um wie tot, erwachten und sanken erneut hin, während George weiterpredigte.«[59]

Oft war Whitefield während seiner Predigten selbst bis zu den Tränen gerührt und seine Zuhörer wurden derart ergriffen, daß diese ebenfalls in Tränen, ja sogar in Zuckungen ausbrachen.[60]

G. Schumann schreibt: »Öfter wirkten Whitefields Predigten so angreifend, daß man viele vor Angst und Schrecken umgefallene Leute wegtragen mußte.«[61]

Whitefield erlebte auch am eigenen Leibe eine Glaubensheilung. Folgendes wird berichtet: Kaum hatte er das Ziel seiner Reise, Amerika, erreicht, so verfiel er in eine schwere Krankheit. Man zweifelte an seinem Aufkommen. Whitefield bedauerte die langsame Genesung, und sein Herz glühte vor Verlangen, den Leuten, die gekommen waren, ihn zu hören, das Evangelium zu verkündigen. – In dieser Krankheit durfte Whitefield eine merkwürdige Gebetserhörung erfahren. Nach dem Einnehmen eines zuvor bereiteten Medikaments rief Whitefield plötzlich aus: »Herr Doktor, meine Schmerzen haben nachgelassen! Mit Gottes Hilfe will ich hingehen und predigen und alsdann sterben!« Er raffte seine Kräfte zusammen und predigte mit einer ungewöhnlichen Salbung zu einer großen Versammlung. Als Whitefield in sein Haus zurückkehrte, verfiel er sogleich in eine große Schwäche, in eine Art Ohnmacht, so daß seine Freunde glaubten, er werde jetzt sterben. Wie sie nun so um sein Bett standen und auf sein Ende warteten, drängte sich eine fromme Negerin herzu und rief mit bewegtem Herzen: »O, Massa, du willst jetzt schon in den Himmel? Du darfst noch nicht sterben! Der Herr Jesus Christus sagt: ›Bleibe noch unten! Du mußt noch einige arme Neger rufen!« Diese kindlich gesprochenen Glaubensworte machten einen tiefen Eindruck auf die Versammelten. Auch auf den todkranken Whitefield schienen diese Worte der frommen Negerin einen gewaltigen Eindruck gemacht zu haben. Er erwachte bald darauf aus

---

59 C. Whittaker, aaO., S. 52, m.Übs.

60 vgl. M. Rang, aaO., S. 215.

61 G. Schumann, aaO., S. 306.

seiner tiefen Ohnmacht und genas allmählich wieder zu neuer Kraft und Hingabe im Dienst des Evangeliums.[62]

Auch anhand des Beispiels George Whitefields wird deutlich, daß Gottes Wirken in dieser Erweckung von mancherlei übernatürlichen und geistgewirkten Phänomenen begleitet war.

Der berühmte englische Prediger Spurgeon schreibt unter anderem bezüglich der übernatürlichen Phänomene während dieser Erwekkung: »Wenn man die Geschichte der Reformation oder der späteren Geschichte ... von Whitefield und Wesley liest, dann ist man begeistert von dem einzigartigen Geist, der auf den Predigern war. Die Welt sagte, sie seien verrückt; in Karikaturen zeichnete man sie als solche, die extrem fanatisch waren; doch trotz alledem lag in ihrem Eifer ihre Kraft. Natürlich spottete die Welt über das, was sie fürchtete. Die Welt fürchtet Enthusiasmus, einen heiligen Enthusiasmus, der entzündet wird durch den Gedanken an die Verderbtheit des Menschen und den Wunsch, die Brennenden aus dem Feuer zu retten; ein Enthusiasmus, der an den Heiligen Geist glaubt, der glaubt, daß Gott immer noch in seiner Gemeinde gegenwärtig ist, um Wunder zu tun (Spurgeon, Sermons On Revival, p. 15).«[63]

Wenn auch die Welt diesen Enthusiasmus fürchtet, der an den Heiligen Geist glaubt und daran, daß Gott immer noch in seiner Kirche gegenwärtig ist, um Wunder zu vollbringen, so sollten wir als Gemeinde Jesu von diesen Erweckungsberichten angesteckt werden, um offen zu werden für das Wirken Gottes in unsrer Mitte.

---

62 vgl. Jacob Vetter, *George Whitefield, der seraphische Evangelist,* aaO., S. 72-75.

63 W. Pratney, aaO., S. 277, m.Übs.

III. GEORGE FOX UND DIE QUÄKER
(Gesellschaft der Freunde)

1. Kurze biographische Angaben[64]

George Fox lebte von 1624-1691 in England und war Sohn eines Webers. Schon von Jugend auf war er ein fleißiger Bibelleser. 1643 kam es zum Bruch mit Elternhaus und Staatskirche, und Fox führte ein unstetes Wanderleben. Während dieser Zeit erlebte er die innere Gegenwart Jesu in seinem Leben. Ab 1647 trat er als Wanderprediger auf, der mit seiner Rede oft große Massen hinriß. Er verkündigte in neuer Weise die unmittelbare göttliche Erleuchtung und Leitung des Menschen durch den Heiligen Geist.
Seine Predigt wandte sich u.a. gegen sittliche Laster, Prozeß- und Kriegsdienst, und er verkündigte den Anbruch eines neuen Reiches des Geistes. Die Quäker riefen die Welt und die in toten Formen erstarrte Kirche ihrer Zeit unter das Gericht Gottes. Fox wurde oftmals verhaftet und ins Gefängnis gesetzt. Einige Quäker starben sogar als Märtyrer. Fox wurde auch einmal vor Cromwell gebracht, der von ihm tief beeindruckt war.

---

64 vgl. Calwer Kirchenlexikon, Bd.I, S. 593f und Bd.II, S. 640ff. Dictionary of Christianity in Amerika, aaO., S. 454ff.

Daneben unternahm er viele Reisen, die ihn nach Nordamerika, Westindien, Holland und Norddeutschland führten, wodurch sich seine Bewegung weit ausbreitete. Mit missionarischem Eifer versuchten die Quäker von ihrem Mittelpunkt Swarthmore (Nordamerika) aus durch ihre Sendboten die ganze Welt für die neue Wahrheit zu gewinnen.

Auf die erste stürmische Zeit des Quäkertums folgte ab 1660 eine Zeit der inneren Ernüchterung und Beruhigung und eine wachsende Duldung durch die Staatsbehörden. 1681 gründete der Quäker William Penn in Nordamerika Pennsylvanien, was den Quäkern freie Entfaltung in Amerika gewährte. Beim Tode Fox' 1691 zählten die Quäker ca. 60000 Anhänger. In Nordamerika traten sie für die unterdrückten Indianer ein und führten den Kampf für die Aufhebung der Sklaverei.

Trotz einiger heiklen Punkte in ihrer Lehre (z. B. spielte Taufe und Abendmahl bei ihnen keine Rolle) gingen von den Quäkern viele geistliche Impulse und eine Erneuerung des Glaubenslebens aus. 1940 betrug ihre Zahl weltweit ca. 150000, wobei der Großteil in Nordamerika lebt (1992 ca. 120000).

Martin Rang würdigt die Quäker, indem er schreibt: »Eine recht kleine Gruppe blieb die ›Gesellschaft der Freunde‹, auch ›Quäker‹ genannt. Aber ihre Bedeutung ist weder in der Vergangenheit noch in der Gegenwart nach ihrer Zahl zu bemessen; durch ihr vorbildliches christliches Handeln hat sie sich vielmehr einen überall angesehenen Namen gemacht. Besonders wir Deutsche haben Anlaß, der Quäker stets mit Dankbarkeit zu gedenken, da sie nach dem vorigen Weltkrieg wie nach diesem durch Liebesgaben (Quäkerspeisungen usw.) uns sofort geholfen haben, wie sie jedem zu helfen suchen, der in Not ist.«[65]

2. Übernatürliche und geistgewirkte Phänomene bei den Quäkern

a) Zittern

Schon allein der Name dieser Bewegung weist auf eine bei ihnen häufig auftretende physische Reaktion hin, dem Zittern (engl. to

---

65 M. Rang, aaO., S. 219.

quake). Oft wurden die Quäker vom Heiligen Geist ergriffen, was ein Zittern ihres ganzen Leibes auslöste. Das Calwer Kirchenlexikon schreibt hierzu: »Die Quäker ... forderten die persönliche Erfahrung des Wirksamwerdens des Geistes im Menschen. Dieses Wirken des Geistes erlebten sie nicht selten in krampfhaftem Zittern, so daß sie bald den Spottnamen Quäker (Zitterer) erhielten.«[66]

Die Quäker erlebten also eine direkte körperliche Reaktion auf das Wirken des Heiligen Geistes. Auch die Predigt der Quäker löste bei den Zuhörern Zittern aus:

»Neu ist aber die Erkenntnis der Quäker, daß man nur durch ein Gottesgericht in dieses Reich eingeht. Dieses Gericht wurde mit einer solchen Intensität erlebt und mit so eindrucksvoller Wucht gepredigt, daß häufig die Propheten des neuen Glaubens und ihre Zuhörer von stundenlangem Zittern ergriffen wurden.«[67]

- Von George Fox selbst heißt es: »Wenn die ›Kraft Gottes‹ mit mächtigem Schlage in wildem Sturm der Seele ihn durchzuckte und hinriß, fiel in natürlicher Folge ein plötzliches, heftiges Zittern über seinen ganzen Körper, ›daß seine Gelenke zusammenschlugen und sein Leib so sehr zitterte, daß er nicht genügend Kraft hatte, um aufzustehen‹ (Journ. 242); dann fühlte er, daß der Geist über ihm war.«[68]

- Folgender Bericht beschreibt George Fox' eigenes Empfinden gegenüber dem Phänomen des Zitterns: »Ebenso berichtete George Fox selbst von einer Versammlung, an der auch Theologen teilgenommen hatten, daß einer von diesen Fox und seine ›Freunde‹ spottweise ›Quäker‹ genannt hatte. Dann aber sei ›die Macht Gottes mit solcher Wucht über sie hereingebrochen und das Wort des Lebens so tief in sie eingedrungen, daß sogar der höhnende Pfarrer zu zittern begann.‹ Einer unter den Anwesenden habe dies gesehen und darauf aufmerksam gemacht: ›Seht doch, wie der Pfarrer zittert und bebt. Auch er ist zum Quäker geworden.‹ Für

---

66 Calwer Kirchenlexikon, Bd.II, aaO., S. 640.
67 RGG, Bd.IV, aaO., S. 1662.
68 RE, Bd.16, aaO., S. 359, Z. 7-11.

George Fox blieb ein solches Erfaßtwerden vom Geist Gottes, der wie ein mächtiger Schlag seinen ganzen Körper durchzuckte und ihn erbeben ließ, als würde sein ganzer Leib auseinandergerissen, ein Erlebnis, das ihn nicht bloß erschreckte, sondern auch beseligte.«[69] »George Fox erblickte keineswegs eine Beeinträchtigung seiner Botschaft darin, wenn diese bei anderen Menschen Beben und Zittern hervorrief und die Zuckungen durch den ganzen Leib tagelang andauerten.«[70]

– So wie Daniel im Alten Testament krank wurde, nachdem er eine Begegnung mit dem Engel des Herrn gehabt hatte, so legte sich auch Gottes Hand schwer auf George Fox: »Wie gewaltsam Gottes Geist ihn während seiner Werdejahre mit Beschlag belegte, zeigt am eindrucksvollsten wohl jener Vorfall, der sich kurz nach dem ersten großen Sieg über die Finsternismächte ereignete. Ein Mann, namens Brown, hatte große Weissagungen und Visionen über George Fox, da er auf dem Sterbebett lag. Er sprach von nichts anderem, als was dieser (Fox) schaffen werde als ein Werkzeug Gottes. Nachdem dieser Mann begraben worden war, legte sich die Hand Gottes schwer auf Fox, zum Erstaunen vieler Menschen, die ihn als einen Toten vor sich zu haben glaubten. Während 14 Tagen kamen von allen Seiten die Menschen, um ihn in seinem totenähnlichen Zustand zu sehen. Er war so verändert in seinem Aussehen und in seiner Gestalt, wie wenn sein Körper in dieser Zeit umgewandelt und neu gebildet worden wäre.«[71]

b) Heilungen und Dämonenaustreibungen

Fox konnte auch Heilungen während seines Dienstes erleben. Eine besonders eindrückliche geschah direkt in einer Verfolgungssituation:

---

69 Paul Held, *Der Quäker George Fox*, aaO., S. 74.
70 ebd., S. 77.
71 ebd., S. 70.

- »So hat er (George Fox) es in Ulverson kennengelernt, als eine rohe Volksmenge ihn aus der Stadt ins Moor hinausschleppte, dort mit Stöcken, Heckpfählen, Stechpalmenzweigen und Eichenruten ihn mißhandelte, damit auf seinen Kopf und seine Arme schlug, bis ihm die Sinne schwanden und er bewußtlos auf den nassen Moorboden hinsank. Als er wieder zu sich kam und merkte, wo er sich befand und was für Leute ihn umgaben, blieb er für einige Zeit unbeweglich. Er wartete auf die Kraft des Herrn, die ihn plötzlich durchzuckte und erfrischte, so daß er wieder aufzustehen vermochte. Dann streckte er seine Arme aus und rief mit lauter Stimme: »Schlag nur zu! Hier sind meine Arme, hier mein Kopf, da meine Wangen!« Einer aus der Schar, der sich zu den Erweckten hielt, aber ein roher Kerl war, schlug ihm mit seinem Stock gerade auf die hingehaltene Hand, die dadurch so gequetscht wurde, daß sein Arm wie gelähmt war und er seine Hand nicht mehr zurückziehen konnte. Einige aus der Menge riefen: »Seine Hand ist für immer verstümmelt. Er wird sie nie wieder gebrauchen können.« Aber in der Kraft Gottes, die ihn nun erfüllte, schaute Fox sie alle an mit einer Liebe, die auch seinen Verfolgern galt. Nach einer Weile durchzuckte ihn von neuem Gottes Macht, durchdrang seinen Arm, strömte in seine Hand, so daß er fühlte, wie diese heilte und gesund wurde. Dies geschah vor aller Augen. Nach diesem Empfangen von Gottes lebendiger Kraft wußte er sich auch beauftragt und bevollmächtigt, seinen Peinigern das Wort des Lebens zu verkündigen. Sie mußten ja nun innegeworden sein, daß er damit mehr als Redensarten gab. Sein Wort war gerechtfertigt vor ihnen als eine Botschaft des Geistes und der Kraft.«[72]

- Auch gegenüber anderen war George Fox als Heiler tätig: »Diese geheimnisvollen, nach außen aber doch so wirksamen Kräfte des Geistes, von denen George Fox in reichem Maße erfüllt war, führten auch in zahlreichen Fällen wunderbare Heilungen von Krankheiten herbei. ...Wie George Fox sich bewußt geworden

[72] ebd., S. 74/75.

ist, die Gabe des Heilens empfangen zu haben, ist unsicher. Gewiß ist nur, daß er sie in hohem Grade besaß.«[73]

– Einmal begegnete er in Mansfield-Woodhouse einer besessenen Frau mit verwirrtem Geist, die wegen ihrer Gewalttätigkeit festgebunden werden mußte. Dem gerade anwesenden Arzt war es unmöglich, sie zu behandeln. Als George Fox die Frau erblickte, verlangte er, daß man sie losbinde. Dann trieb es ihn, zu ihr zu sprechen, und er befahl ihr, still und ruhig zu bleiben. Sein Wort übte sichtlich eine Macht auf sie aus, denn das aufgeregte Wesen wich von ihr. Fox erlebte, daß seinen im Namen Gottes ausgesprochenen Worten Kraft innewohnte, wodurch die Frau genas. Zudem bekehrte sie sich und blieb bis zu ihrem Tode fest am Glauben.[74]
  George Fox selbst sagte bezüglich dieses Erlebnisses: »Viele und wundervolle Dinge geschahen durch die himmlische Kraft in jenen Tagen; denn der Herr machte seinen allmächtigen Arm offenbar und bezeugte seine Macht zum Verwundern vieler Menschen. Durch seine heilende Kraft sind manche von großer Schwachheit befreit worden, und Teufel wurden durch seinen Namen bezwungen, wofür verschiedene Beweise geleistet werden können, welche über das hinausgehen, was einem ungläubigen Geschlecht möglich ist.«[75]

– Im Zusammenhang mit Dämonenaustreibungen ist auch George Fox Gabe der Geisterunterscheidung zu erwähnen. »In besonderer Weise zeigte sich die von Gottes Geist geschaffene Erleuchtung bei George Fox in seiner Gabe der Unterscheidung. ...Er merkte ihnen (den Menschen) an, ob Gott und Christus durch sie wirkte oder ob die Schlange in ihnen spreche. ...So etwa bei einer Versammlung, in der er während seiner Ansprache eine Frau erblickte, die einen unreinen Geist in sich trug. Er fühlte sich von Gott getrieben, in scharfen Worten mit ihr zu reden und ihr

[73] ebd., S. 83/84.
[74] ebd., S. 84/85.
[75] ebd., S. 85.

zu sagen, er halte sie für eine Hexe. Darauf verließ jene Person den Versammlungssaal. Er war an jenem Ort fremd und kannte auch die Verhältnisse dieser Frau ganz und gar nicht. Die Leute wunderten sich darum sehr, wie genau er die Frau in ihrem Wesen erfaßt habe; denn sie sei in der ganzen Gegend wegen ihres unsauberen Charakters berüchtigt.«[76]

»Nach seiner Überzeugung gehörten solche Wunder und Taten zu den sichersten Zeichen, daß die gleichen Geistesgaben wie in der Apostelzeit verliehen werden, sobald damit gerechnet werde im Glauben an Gottes Zusage.«[77]

c) Prophetie

Neben Zittern und Heilungen erlebten die Quäker auch prophetische Eingebungen und Erleuchtungen, oft unter einer Art ekstatischem Zustand. So wird von diesen »Offenbarungen« berichtet: »Es ereignete sich offenbar so etwas wie eine innere Schau in die Geheimnisse Gottes, als ob plötzlich verhüllende Vorhänge gefallen wären. Bei verschiedenen Offenbarungen scheint sein (George Fox') Bewußtsein ausgeschaltet gewesen zu sein und eine Art von Trancezustand ihn befallen zu haben. ...Zur Zeit seiner Gefangenschaft in Lancaster im Jahre 1665 geschah es, daß George Fox in seiner Zelle auf und ab ging und sein Auge zum Herrn emporhob. Da erblickte er einen Engel, der mit einem glitzernden Schwert nach dem Süden wies. Zugleich schien der ganze Schloßhof in Flammen zu stehen. Nicht lange danach brach der Krieg mit Holland aus, dann die große Pest in London und wenig später der verheerende Brand, der in vier Tagen zwei Drittel der Hauptstadt einäscherte und an vierhundert Straßen 13000 Gebäude zerstörte. Dies ereignete sich am Tage nach Fox' Freilassung aus der Haft in Scarborough. George Fox äußerte sich darüber: ›Da sah ich, daß Gott der Herr sein Wort wahr gemacht hatte, das im Gefängnis zu Lancaster an mich gekommen war. Die Bewohner Londons waren vor dieser Katastrophe gewarnt worden,

---

76 ebd., S. 82/83.
77 ebd., S. 85.

wie ich im voraus davon Kenntnis erhielt. Ein Quäker war nämlich getrieben worden, von Huntingdonshire herunterzukommen und sein Geld herumzustreuen, das Pferd frei in den Straßen zu führen, die Kniebänder aufzulösen, die Strümpfe herunterhängen zu lassen, das Wams aufzuknöpfen und den Leuten zu sagen: So werdet ihr herumlaufen und euer Hab und Gut herumstreuen, halb nackt, wie Wahnsinnige. So geschah es auch, als kurz darauf die Stadt brannte. So machte der Herr seine Propheten und Diener zu Werkzeugen seiner Kraft und gab ihnen Zeichen des Gerichts und sandte sie, das Volk zu warnen!«[78]

An dieser Stelle seien noch andere prophetische Erlebnisse George Fox' angeführt: »Noch während der Regierungszeit Richard Cromwells erhielt George Fox das Gesicht und Gefühl, der König werde zurückkehren. Es war ihm, als sähe er diese politischen Umwälzungen voraus. Zu solchen Erfahrungen, die in Parallele gesetzt werden können mit denjenigen der großen Mystiker, gehören auch die Stimmen, die George Fox unerklärlicherweise dann und wann vernommen hatte. ...Bei einem Gang über die Felder vernahm er, kurz nach seinem Durchbruch zum Licht, einen Ruf: ›Dein Name ist eingeschrieben im Lebensbuch des Lammes, das gewesen ist vor der Erschaffung der Welt.‹ ...Mehrere Male geschah es, daß George Fox seine Festnahme im voraus geschehen sah.«[79]

d) Umfallen, Sprachengebet und spontaner Lobpreis

Das Auftreten dieser Phänomene wird am folgenden Beispiel deutlich: »John Gilpin hatte lange geharrt, daß die ›Macht‹ auch über ihn käme. Da endlich wird er während einer Quäkerversammlung von der Stätte, da er sitzt, gerissen und auf den Boden geworfen. Sein ganzer Leib ist so erschüttert, daß ihn niemand zu halten vermag. In Krämpfen liegt er die ganze Nacht hindurch. Endlich vernimmt er eine Stimme: ›Christus in Gott und Gott in Christo und Christus in dir!‹ Nun singt er wie mit einer neuen Zunge. Nun fällt er auf die Knie. Nun läuft er in die Stadt, in das Haus eines Unbekannten

78 ebd., S. 77-79.
79 ebd., S. 80/81.

hinein. Freunde folgen ihm: ›Wo willst du hin?‹ ›Dies ist eines Spielmanns Haus‹, antwortet er, ›doch es mag sein wessen Haus es will. Christus führt mich dahin und deswegen muß ich gehen.‹ Er tritt ein. Er ergreift, ohne ein Wort zu sagen, eine Baßgeige. Er spielt, er tanzt, und die ›Macht‹ offenbart ihm, solches geschähe, damit kund würde, welche Freude im Himmel sei über einen Sünder, der Buße tue.«[80]

Sicherlich liegt im Auftreten solcher Phänomene eine Gefahr. Leicht können Menschen auf Sensationelles aus sein, leicht gilt hysterisches Verhalten als besonders geistberührt, und leicht bekommen die »Wundertäter« mehr Ehre als Gott. Trotzdem muß man anhand des biblischen Befundes die Existenz solcher Phänomene zugestehen und ist nicht berechtigt, ihnen zu wehren, wenn Gott sie wirkt. Insofern ist auch George Fox' Einstellung zu diesen Dingen vorbildlich: »Obwohl George Fox sich über dieses Offenbarwerden seiner göttlichen Bevollmächtigung herzlich freute, erkannte er dennoch recht deutlich, wie gefährlich sie für seine Botschaft werden müßte, sobald er sich als eine Art Wundertäter aufspielen würde. Anderseits fühlte er sich doch nicht berechtigt, die Wirksamkeit solcher göttlicher Kräfte durch irgendein Verhalten zu hemmen.«[81]

---

80 E.F. Klein, aaO., S. 528. Erwähnt muß werden, daß E. Klein diese Phänomene zwar berichtet, sie aber in den Zusammenhang mit unbiblischen Praktiken sektiererischer Gruppen stellt und damit negativ beurteilt (S. 529). Vergleicht man diese Phänomene aber mit den in der Bibel berichteten (vgl. Kapitel 1), so sind sie durchaus nicht als unbiblisch zu bezeichnen.

81 P. Held, aaO., S. 85

IV. CHARLES GRANDISON FINNEY (1792-1875)

1. Kurze biographische Angaben[82]

Charles Finney wurde am 29. August 1792 in Warren, Connecticut, geboren. Nachdem er fast religionslos aufgewachsen war, bekehrte er sich als Anwaltsgehilfe 1821 in Adams und erlebte daraufhin eine »Geistestaufe«. Ohne Studium zum Predigeramt zugelassen, wurde er 1832 Presbyterianerprediger in New York, 1835 wurde er theologischer Lehrer an der Hochschule zu Oberlin, Ohio, deren Präsident er von 1852-1866 auch war. Für seine im großen Stil betriebene Evangelisations- und Predigertätigkeit erbaute man ihm 1834 in New York eigens das Broadway Tabernacle.
Charles Finneys Dienst löste an vielen Orten eine Erweckung aus, und er soll im Laufe seines Lebens kaum weniger als 500 000 Menschen zu Christus geführt haben! (Einige Schätzungen gehen

82 Angaben aus Calwer Kirchenlexikon, aaO., Bd.1, S. 583/584; RGG , aaO., S. 599/ 600; C.G. Finney, *Die gekürzte Lebensgeschichte Charles G. Finneys*, Autobiographie.

davon aus, daß über 80% derer, die sich durch ihn bekehrt haben, treu bei Christus blieben, ohne je zurückzufallen!)[83]

2. Übernatürliche und geistgewirkte Phänomene in Charles Finneys Dienst und Leben

a) Die »Geistestaufe« Charles Finneys

Am Tage seiner Bekehrung verbrachte Finney den Abend im Büro, in dem er arbeitete. Nachdem er allein war, wurde plötzlich das ganze Zimmer von Licht durchflutet, obwohl es weder Licht noch Feuer darin gab. Mit einem Male erschien ihm Jesus. Charles Finney schreibt: »Als ich die Tür hinter mir schloß, war es mir, als würde ich den Herrn Jesus von Angesicht zu Angesicht sehen. Ich hatte das Gefühl, als sähe ich Ihn ebenso deutlich vor mir wie jeden anderen Menschen. Er sagte nichts, sah mich aber mit solch einem Blick an, daß ich nicht anders konnte, als mich Ihm zu Füßen zu werfen. Sobald ich über diesen Vorfall einigermaßen ruhig wurde, ging ich ins vordere Bürozimmer. ...Aber als ich mich umwandte und mich ans Feuer setzen wollte, empfing ich eine mächtige Taufe des Heiligen Geistes. Der Heilige Geist fiel in so gewaltiger Weise auf mich, daß es mir durch Leib und Seele ging. Ich spürte ihn wie einen elektrischen Strom. Es schien mir, als überflute mich Welle um Welle dieser großen Liebe. ...Es war der Atem Gottes. Ich erinnere mich noch ganz deutlich, daß mir war, als würden mich ungeheure Flügel umfächeln.«[84]

Als Charles Finney am nächsten Tag begann, den Menschen das Evangelium zu sagen, bekehrten sich interessanterweise alle Personen, mit denen er an diesem Tage sprach, kurze Zeit darauf![85]

Sein Herz war nach diesem Erlebnis so erfüllt, daß er über eine Woche nicht die geringste Lust verspürte, etwas zu essen oder zu schlafen.[86]

---

83 W. Pratney, aaO., S. 123.
84 C. Finney, aaO., S. 8/9.
85 vgl. ebd., S. 10.
86 vgl. ebd., S. 11.

Finney beschreibt, wie er einmal in Evans' Mills im Schulgebäude zu den Dorfbewohnern sprach: »Der Geist Gottes kam mit solcher Macht über mich, daß es schien, als ob ein elektrischer Strom auf die Leute überging. Über anderthalb Stunden sprach Gott durch mich in einer Weise, daß ich förmlich sehen konnte, wie sein Wort die Menschen traf. ...Ich bemerkte, daß die ganze Versammlung von der Sünde überführt worden war.«[87]

b) Zittern

Auch Charles Finney erlebte, wie er durch die Gegenwart des Heiligen Geistes zu zittern begann: »Meistens bekomme ich meine (Predigt-)Themen, wenn ich kniend bete, und es ist beinahe schon eine gewohnheitsmäßige Erfahrung, daß, wenn der Heilige Geist mir ein bestimmtes Thema aufs Herz legt, es so auf mich einwirkt, daß ich zittere und nur noch mit Mühe schreiben kann. Wenn ich meine Predigtthemen auf diese Art und Weise erhalte, so ist es, als ob sie Geist und Körper durchdringen, und ich kann innerhalb einiger Augenblicke einen Entwurf meiner Predigt anfertigen, wodurch ich in der Lage bin, alle Punkte, die mir der Geist eingibt, festzuhalten. Ich bemerkte, daß solche Predigten stets mit großer Macht zu den Menschen sprachen.«[88]

c) Ruhen im Geist, Umfallen

– Das Phänomen des Ruhens im Geiste und Umfallen war Finney bekannt. An einer Stelle schreibt er, nachdem er zu einigen Menschen gerufen wurde, denen er am Vorabend gepredigt hatte: »Am folgenden Morgen, der Tag war kaum angebrochen, erschienen Leute ... die uns baten, ihre Familienangehörigen aufzusuchen, die, wie man uns schilderte, von der Sünde überführt worden waren. Wir erlebten nun eine ganz außergewöhnliche Situation. Die Sündenüberführung war von einer solchen

---

87 ebd., S. 14/15.
88 ebd., S. 19.

Tiefe und in einem Ausmaß, daß wir die Menschen in kniender Stellung oder auf der Erde liegend vorfanden.«[89]

– Finney berichtet ein weiteres Beispiel: »Gleichzeitig möchte ich noch auf Herrn Abel Clary zu sprechen kommen. ...Er war derart vom Gebetsgeist erfaßt worden und die Last auf seinem Herzen für die verlorenen Seelen war so groß, daß er kaum fähig war, zu predigen, weil er seine ganz Zeit und Kraft dem Gebet widmete. Er verspürte die Bürde auf seiner Seele häufig in solch einem Umfang, daß er kaum stehen konnte und sich in Qualen wand und stöhnte.«[90]
Natürlich sind solch Phänomene wie »kaum mehr stehen können«, »sich in Qualen winden« und »stöhnen« erst einmal natürliche Reaktionen des Körpers. Das Übernatürliche hierbei besteht allerdings darin, daß diese körperlichen Phänomene nicht durch natürliche Ursachen hervorgerufen wurden, wie z. B. durch Drogen, einer Verletzung oder einer Krankheit, sondern durch eine Bürde, die der Person vom Heiligen Geist auferlegt wurde.

– Einmal predigte Finney 1824 in einem Schulhaus, in der Nähe von Antwerp, wo das Evangelium nie zuvor verkündigt worden war. Er beschreibt die Auswirkungen seiner ernsten Predigt:
»Ich hatte unter dieser Anspannung nicht länger als eine Viertelstunde gesprochen, als sich ein ehrfurchtsgebietender Ernst auf sie niederzulassen schien; die Versammelten begannen nach allen Richtungen von ihren Sitzen zu fallen und schrien um Gnade. Wenn ich ein Schwert in jeder Hand gehabt hätte, hätte ich sie nicht so schnell niederschlagen können, wie sie gefallen sind. Fast die gesamte Versammlung lag entweder auf ihren Knien oder ausgestreckt auf dem Boden, und zwar in weniger als zwei Minuten nach dem ersten Erschrecken, das auf sie gefallen war. Der Lehrer (der dortigen Schule) ging dann von Person zu Person, die auf dem Boden lag, und sprach mit jedem einzelnen

89 ebd., S. 27.
90 ebd., S. 38.

über die Vergebung in Christus; doch wegen einer Abendveranstaltung in Antwerpen mußte er bald aufbrechen. Als er am folgenden Nachmittag zurückkam, stellte er fest, daß die Versammlung die ganze Nacht hindurch angedauert hatte und daß am nächsten Morgen diejenigen, die immer noch ausgestreckt am Boden lagen, in ein nahe gelegenes Haus gebracht wurden, um für die Schulklassen Platz zu schaffen.«[91]

- Bei einer anderen Gelegenheit rettete das »Umfallen« einer Person Finney sogar das Leben: »Als er aufstand, um seine erste Erweckungsbotschaft im unerschlossenen Waldgebiet von New York zu predigen, erfolgte ein überraschendes Chaos. Ein Mann kam zu der Versammlung mit einer Pistole und der Absicht, den Redner des Abends zu töten. Statt dessen fiel er zu Boden und wurde eindeutig errettet.«[92]

Abschließend läßt sich zusammenfassen, daß auch das Wirken Charles Finneys, hinter dem Gottes eigenes Wirken stand und bei dem so viele tausend Menschen Buße und Umkehr fanden, begleitet war von übernatürlichen und körperlichen Phänomenen.

---

91 C. Clarke, aaO., S. 33, m.Übs.
92 W. Pratney, aaO., S. 125, m.Übs.

V. JOHANN CHRISTOPH BLUMHARDT
(1805-1880)

1. Kurze biographische Angaben[93]

J. Chr. Blumhardt wurde am 16. Juli 1805 in Stuttgart geboren, war von 1830 – 1837 Lehrer am Basler Missionshaus und von 1838 bis 1852 evangelischer Pfarrer in Möttlingen. Während seiner Amtszeit in Möttlingen ereignete sich eine tiefgehende Erweckung, die seit 1844 seine ganze Gemeinde erfaßte, sogar weit über diese hinauswirkte und durch biblische Nüchternheit gekennzeichnet war. Ihr war ein fast zweijähriger »Kampf« vorangegangen, sich abspielend in der Krankheitsgeschichte eines Mädchens aus Blumhardts Gemeinde, Gottliebin Dittus, die an dämonische Mächte gebunden war. Mit den Waffen des Gebetes und des Glaubens kämpfte Blumhardt dagegen an, bis er die Befreiung der Gebundenen erleben konnte. Als Frucht der Erweckung durfte er eine Reihe Wunder erfahren, welche die Miterlebenden in die Zeit des Neuen Testamentes zurückversetzte. Blumhardt sah in ihnen eine Verheißung Gottes, die ihn auf neue Taten Jesu an seiner Kirche hoffen und um eine neue Ausgießung des Heiligen Geistes beten lehrte.

---

93 aus Calwer Kirchenlexikon, Bd.I, aaO., S. 247/248.

Später ging Blumhardt nach Bad Boll, wo er 28 Jahre als Seelsorger tätig war und auch weiterhin göttliches Eingreifen erlebte. Dort starb er am 25. Februar 1880.

2. Übernatürliche Phänomene in Blumhardts Dienst und während der Erweckungszeit

a) Übernatürliche Phänomene im Verlauf der Krankheitsgeschichte von Gottliebin Dittus

Die übernatürlichen Phänomene bei Gottliebin Dittus hatten vor allem eine Ursache: sie waren dämonische Manifestationen. Dämonen wollten Gottliebin Dittus nicht freigeben und beanspruchten in grausamen Kämpfen ihr Leben und ihren Leib für sich.
Ausgelöst wurden die Phänomene oft durch das Eingreifen des Heiligen Geistes, der machtvoll die in Gottliebin Dittus vorhandenen Dämonen vertrieb.
Zu den Phänomenen im einzelnen:

- *Krämpfe:* Blumhardt schreibt: »Einmal sah ich sie (Gottliebin Dittus) in den Krämpfen, da eben der Arzt anwesend war. Ihr ganzer Leib zitterte, und jeder Muskel am Kopfe und an den Armen war in glühender Bewegung, wiewohl sonst starr und steif. Dabei floß häufig Schaum aus dem Mund. ...Sie verdrehte die Arme, beugte den Kopf seitwärts und krümmte den Leib hoch empor, und Schaum floß abermals aus dem Munde. Mir war es klargeworden, daß etwas Dämonisches hier im Spiele sei, nach den bisherigen Vorgängen.«[94]

- *Verletzungen durch Dämonen und Selbstverletzungen:* Oft erblickte Gottliebin Dittus Gestalten um ihr Bett stehen, die für Blumhardt und andere unsichtbar blieben. Besonders nachts drängten diese Gestalten sich um ihr Bett, um in sie hineinzufahren oder sie zu verletzen. »Ebenso geschah es, daß sie sich in einer Nacht im Schlafe plötzlich von einer brennenden Hand am Hals gefaßt

---

94 J.Chr. Blumhardt, *Die Krankheitsgeschichte der Gottliebin Dittus*, aaO., S. 18/19.

fühlte, welche alsbald große Brandwunden zurückließ. Bis die Wärterin das Licht anzündete, waren bereits gefüllte Blattern um den ganzen Hals her ausgetreten. ...Der Hals wurde erst nach mehreren Wochen wieder heil. Auch sonst bekam sie bei Tag und bei Nacht Stöße an die Seite oder auf den Kopf, oder es faßte sie an den Füßen, daß sie plötzlich entweder auf der Straße oder auf der Treppe, oder wo es war, niederstürzte, wovon sie Beulen und andere Schäden davontrug.«[95]

»Die Kranke wurde unaufhörlich gequält. Namentlich wurde ihr Leib in jener Zeit oft außerordentlich aufgedunsen, und sie erbrach ganze Kübel voll Wasser, was dem Arzt, der je und je dabei war, besonders rätselhaft war, da man gar nicht begreifen konnte, woher das viele Wasser käme. Sie bekam ferner öfters Schläge auf den Kopf, Stöße in die Seite, dazu heftiges Nasenbluten, Bluterbrechen, Not mit dem Stuhlgang und anderes.«[96]

An diesen Beispielen wird deutlich, wie Dämonen körperliches Leid und Krankheiten verursachen können, bei denen medizinische Hilfe nur wenig oder gar nichts hilft und nur Gott selbst den Menschen durch eine übernatürliche Heilung wieder aufrichten kann, wie es bei Gottliebin Dittus dann auch geschah.

Gottliebin Dittus führte sich auch selbst Verletzungen zu: »Hie und da raufte sie sich die Haare, zerschlug sich die Brust, warf den Kopf an die Wand und suchte auf allerlei Weise sich zu verletzen.«[97]

– Ein anderes seltsames, okkultes Phänomen war das Austreten von Gegenständen aus Gottliebin Dittus' Körper: »Es zeigte sich, daß unzählig viele Dinge in die Gottliebin, um das allein anwendbare Wort gleich zu gebrauchen, hineingezaubert waren, die alle den Zweck zu haben schienen, sie aus der Welt zu schaffen. Es fing mit Erbrechen von Sand und kleinen Glasstückchen an. Allmählich kamen allerlei Eisenstücke, namentlich alte und verbogene Bretternägel, deren einmal vor meinen Augen nach langem Wür-

95 ebd., S. 24.
96 ebd., S. 37.
97 ebd., S. 23.

gen nacheinander zwölf in das vorgehaltene Waschbecken fielen, ferner Schuhschnallen von verschiedener Größe und Gestalt, oft so groß, daß man es kaum begriff, wie sie in den Hals heraufkommen konnten. ...Außerdem kamen in unzähligen Mengen Stecknadeln, Nähnadeln und Stücke von Stricknadeln, oft einzeln, da es am schwersten ging, oft auch in Massen, mit Papier und Federn zusammengebunden. Es hatte öfters das Ansehen, als ob Stricknadeln mitten durch den Kopf gezogen wären, von einem Ohr bis zum anderen. ...Aus dem Auge zog ich einmal zwei, dann wieder vier Stecknadeln heraus, die lange unter den Augenlidern umherspielten, bis sie ein wenig vortraten, um sachte herausgezogen zu werden. ...Um den ganzen Leib ferner waren unter der Haut zwei lange, vielfach verbogene Drahtstücke eingewunden; und ich brauchte mit meiner Frau wohl eine Stunde dazu, bis sie ganz da waren. ...Sonst kamen aus allen Teilen das Oberleibes ganze und halbe Stricknadeln so häufig zu verschiedenen Zeiten, daß ich sie im ganzen wenigstens zu 30 schätzen darf. Sie kamen teils quer, teils senkrecht heraus, nach letzterer Art namentlich öfters mitten aus der Herzgrube...

Durch die äußere Haut ging es am schwersten, und man fühlte es oft lange, wie sich von innen heraus etwas vordrückte. Blut floß niemals; auch wurde keine Wunde verursacht, und höchstens konnte man noch eine Weile den Ort erkennen, von dem sich etwas herausgearbeitet hatte, sobald alles durch bloßes Gebet vor sich ging;... und ich erwähne nur noch das, daß auch lebendige Tiere, welche ich jedoch selbst zu sehen nicht die Gelegenheit bekam, aus dem Munde kamen, einmal vier der größten Heuschrecken, die sodann noch lebendig auf die Wiese gebracht wurden, wo sie alsbald forthüpften, ein andermal sechs bis acht Fledermäuse, deren eine totgeschlagen wurde, während die anderen sich schnell verkrochen, wieder einmal ein mächtig großer Frosch, der ihr durch eine Freundin aus dem Hals gezogen wurde, und endlich eine geheimnisvolle Schlange, eine Natter, wie es scheint der gefährlichen Art, die nur Gottliebin, sonst niemand, flüchtig sah.«[98]

---

98 ebd., S. 47-51.

An diesen Beispielen wird das grausame Handeln Satans an besessenen Menschen, das sich für uns unter anderem durch solche übernatürliche Phänomene zeigt, sehr deutlich. Die Geschichte Blumhardts ist ein gutes Beispiel dafür, daß in Zeiten des geistlichen Aufbruchs und der Erweckung nicht nur der Heilige Geist übernatürliche Phänomene wirkt, sondern ebenfalls verstärkt Konfrontationen mit der Macht der Finsternis auftreten können. Daß Jesus der Stärkere ist und den Sieg bereits errungen hat, wird auch im Fall der Gottliebin Dittus sichtbar:

Nach langem Gebets- und Fastenkampf berichtet Blumhardt über das Ende der Besessenheit bei Gottliebin Dittus: »Um 2 Uhr morgens brüllte der angebliche Satansengel, wobei das Mädchen den Kopf und den Oberleib über die Lehne des Stuhls zurückbog, mit einer Stimme, die man kaum bei einer menschlichen Kehle für möglich halten sollte, die Worte heraus: ›Jesus ist Sieger! Jesus ist Sieger!‹ ...Das war der Zeitpunkt, da der zweijährige Kampf zu Ende ging. ...Alle ihre früheren Gebrechen, die den Ärzten wohlbekannt waren, wurden ganz aufgehoben, die hohe Seite, der kurze Fuß, die Magenübel usw. Dabei wurde ihre Gesundheit immer fester und dauerhafter; und jetzt steht es seit geraumer Zeit mit ihr so, daß sie in jeder Hinsicht als vollkommen hergestellt, als ein wahres Wunder Gottes angesehen werden kann.«[99]

Durch diesen geistlichen Kampf, der sich mit Gottliebin Dittus abspielte, entstand unter der Möttlinger Bevölkerung eine Erwekkung, da sie die Ernsthaftigkeit von Blumhardts Glaubensleben erkannte und sich der Realität der geistlichen Mächte bewußt wurde. Viele Möttlinger kamen schon während der »Kampfzeit« unter Tränen ins Pfarrhaus gelaufen, um über ihre Sünden Buße zu tun.

b) Wunder

Nach der Befreiung der Gottliebin Dittus ereigneten sich in Möttlingen viele Wunder, insbesondere Heilungswunder. Davon einige Beispiele:

---

99 ebd., S. 76.

– »Eines Morgens sprang eine Mutter herbei und rief mich plötzlich, sie habe eben über ihr dreijähriges Kind die siedendheiße Morgensuppe hinuntergeschüttet und wisse sich nicht zu helfen. Ich sprang hin; das Kind, das noch unangekleidet gewesen war, war über den ganzen Leib gebrüht und schrie nur einen Schrei. Die Stube füllte sich ... und den Leuten sprach ich Mut zu, hieß sie im stillen beten, schloß das Kind in meine Arme, seufzte – und stille wurde es. Obwohl überall Brandwunden aufgefahren waren, die erst nach etlichen Tagen ganz vergingen, so hatte das Kind doch nicht die geringsten Schmerzen mehr.«[100]

– »Von den Zeiten, die nun folgten, sagten später viele: ›Wir haben den lebhaften Eindruck und die Erinnerung, daß viele Wunder geschahen.‹ An jenen Sonntagmorgen (im Gottesdienst) war ein Loben und Danken, zumal immer wieder neue erschienen, die für erfahrene Hilfe dankten. Gebrechen aller Art, Augenleiden, Lungenschwindsucht, Flechten, Knochenfraß verschwanden.«[101]

– »Von einem eine Stunde entfernten Orte trug ein Bursche seinen jüngeren Bruder, einen buckligen, verkrüppelten, zwerghaften Knaben, eines Sonntags nach Möttlingen. Sonntags darauf kamen sie miteinander gegangen, doch war der Knabe noch sehr krumm. Nach kurzer Zeit war er aufrecht und gesund. ›Ich habe‹, sagte er, ›etwas im Buckel gehabt, ich weiß nicht was, und das ist nun fort.«[102]

Wie dieses Beispiel zeigt, wurden unter Blumhardts Dienst sogar Menschen allein während des Besuchs des sonntäglichen Gottesdienstes geheilt.
J. Chr. Blumhardt erlebte auch andere Heilungen während seiner Predigt: »Ein andermal stürzte ein Kranker unter heftigen Zuk-

---

[100] Friedrich Zündel, *J.Chr. Blumhardt*, aaO., S. 179.
[101] ebd., S. 180.
[102] ebd., S. 180.

kungen wie tot zu Boden. Die Nahestehenden wollten ihn aufheben, Blumhardt befahl, ihn liegen zu lassen, und predigte weiter. Allmählich erholte sich der Mann, stand auf und war gesund.«[103]

– Neben Heilungen waren in Möttlingen auch andere übernatürliche Phänomene festzustellen. Während einer Reise dichtete Blumhardt im stillen ein Liedverschen, daß er wenig später mit seinen Reisegefährten unterwegs sang. »Mit einemmal ›war's, als stimmten vom nahen Walde her Hunderte von Stimmen jubelnd mit ein und so gewaltig, daß die beiden Möttlinger vor innerer Bewegung verstummten. Blumhardt aber habe mächtig weitergesungen. Als Blumhardt heimkehrend die Seinen begrüßte, teilte ihm nicht weniger bewegt Gottliebin den Vers mit, den er soeben gedichtet und gesungen hatte.«[104]

Zum Abschluß soll ein Zitat aus F. Zündel verdeutlichen, wie Blumhardt zu den Gaben und Kräften stand, die er in Möttlingen während der Erweckung erlebte. Blumhardt sagt:
»Laut der ganzen neutestamentlichen Ökonomie (Ordnung), wie sie in allem, was ich aus der Schrift anführte, durchblickt, will Gott seine Gaben durch Vermittlung brüderlicher Handreichung darbieten, oder er will's durch Werkzeuge tun. Wie schon das Evangelium nicht durch Träume oder Gesichte oder besondere Offenbarungen denen, die noch nichts davon wissen, verkündigt werden soll, sondern durch Knechte Gottes, die Botschafter an Christi Statt sind, so sollten nach dem ursprünglichen Plan Christi diese nämlichen Boten auch Träger der himmlischen Gaben und Kräfte für die Gemeinde sein, weswegen die Apostel mit beiden, mit der Gabe zu predigen und zu heilen gleichmäßig ausgerüstet wurden. Hiervon aber weiß unsere jetzige Christenheit rein nichts mehr. Daher die Desperation (Verzweiflung) bei so viel Elend, daher die Nebenwege, die so viele sich erwählen, daher auch die Bedrängnis, in welcher die Arzneikunde sich selbst befindet, die mit ihrer Kunst das ersetzen soll, was die Träger des

---

103 ebd., S. 185.
104 ebd., S. 197.

Evangeliums für die Gemeinde haben sollten, aber längst verscherzt haben, und bis heute gar keine Miene machen, wieder sich erwerben zu wollen, und der Arzneikunde gebührt hier das Lob, trotz ihres baren Unglaubens an und für sich...in ihrem Teile unendlich treuer gearbeitet und gewirkt zu haben als die Träger des Evangeliums, die insbesondere bei Geisteskranken neben der treuen Rührigkeit und Sorgfalt der Ärzte in der Regel seltsam sich ausnehmen, sofern sie, sei's auch mit den schönsten Trostsprüchen, nichts wissen, außer dem Jakobäischen ›Gott berate euch‹ (Jak.2,16), während ursprünglich den Dienern des Evangeliums eine reale Gotteskraft zugedacht war. O arme Christenheit, die Christum mit seiner durch sein Blut uns erworbenen Kraft also von sich gewiesen hat.«[105]

An dieser Stelle wird Blumhardts Glaubenshöhe, aber auch seine Sehnsucht nach der neutestamentlichen Kraft und Wahrheit für die gesamte Christenheit deutlich. Er war ein Mann, der vom Elend um sich herum bewegt war, es in schlichtem Gebet zu Gott brachte und Wunder erlebte. Für Blumhardt waren die neutestamentlichen Gaben fester Bestandteil seines Lebens und Dienstes geworden.

Er hatte bezüglich der Krankheit und den Kranken eine geistlich sehr vernünftige und nüchterne Einstellung. Er verurteilte grundsätzlich falsche Frömmigkeit auf diesem Gebiet scharf. Zündel beschreibt Blumhardts Reaktion gegenüber denjenigen, die Einwände dagegen hatten, für Krankheit bzw. um Gesundheit zu beten, folgendermaßen: »Der andere Irrtum jener Einwendung besteht in der Meinung, eine ganz fromme, mustergültige Geduld wünsche überhaupt keine Befreiung von einem Leiden. Blumhardt hatte hohen Respekt vor der wirklichen Geduld mancher in der Stille jahrelang leidenden Seelen, aber eine Geduld, die einem das Bitten um Abhilfe verwehre, sah er scharf an, ob sie auch wirklich Geduld sei. ›Es ist viel leichter‹, sagte er einmal, ›sich in eine Ergebung in Gottes Willen hineinzuleben, als die Riegel hinwegzuschieben, welche Gottes Hilfe aufhalten.‹ Und einer Kranken schrieb er: ›Hüte sich eins, mit seiner Geduld Prunk zu machen! – Dieser Flitter wird verbrennen. Jedes denke doch auch daran, denke wenigstens daran: es könnte auch Glauben von mir gefordert sein, und lasse ich das täglich liegen, so könnte ich

---

105 ebd., S. 205/206.

einmal eine Schuld haben.‹ Jene ›Geduld‹ aber, die nur ›tragen‹ und ja nicht ›bitten‹ will, hat er in einer Weise gegeißelt, die allerdings seinen ganzen Zorn über alle unwahre, fromme Redensart kennzeichnet: ›Bei uns macht man freilich aus der Not eine Tugend, und wenn jemandes Leiden oder Schaden unheilbar ist, so sagt man, es sei der Wille Gottes, und in den müsse man sich schicken, weil am Ende doch wieder alles zum Besten der Menschen diene und auch darauf abgesehen ist. Das Übel sei das größte Glück, für das man nur danken müsse, welches wegzubeten sogar Unrecht sei, als ein Widerstreben gegen Gottes Willen; mittlerweile aber, mitten unter solchen scheinbar frommen Gedanken, tut man doch alles, was man vermag, um des Schadens oder Schmerzes los zu werden. Die Geduld, die von Gott nichts wegbeten will, aus Furcht, es möchte ihm nicht gefallen, probiert alles, auch das Abenteuerlichste, läuft von einem Arzt zum anderen, horcht aufs begierigste auf neue Mittel, die helfen könnten, würde wohl wer weiß wie weit laufen, wenn sie von einem hörte, der oder von etwas das helfen könnte, läßt sich sogar bisweilen offenbare Sündenwege, selbst Anweisungen zur Schande und Unzucht gefallen, übergibt Personen und Namen eigenhändig in die Bücher der Zauberer und entschuldigt sich leichthin mit den Worten: Was tut man nicht alles, wenn man in Not ist? Das ist die Geduld, die so fromm tut, die sich gar in den Willen Gottes schicken und gar nicht wider seinen Willen sich etwas erbitten zu wollen, eine Geduld, die eine Höhe erreicht hat, die man schwerlich bei irgendeiner anderen Tugend sucht, indem ihr nichts zu sauer, nichts zu schwer, nichts zu hart, nichts zu schmerzlich und peinlich, nichts zu greulich und abenteuerlich ... ist – wenn's nur hilft! Aber ja nicht von Gott – sonst ist's Ungeduld. Arme betrogene Menschen, wollen sie denn die Täuschung nicht erkennen, in der sie stehen? Ich will niemandem einen Vorwurf machen, aber nur fragen: Ist nicht die allseitige, sich kundgebende Desperation bei den einmal vorhandenen Übeln und Gebrechen, in die sich die Natur des Menschen unmöglich schicken kann, weil sie eine Störung ihrer Harmonie sind, eben ein Beweis, daß die Hilfe nötiger und heilsamer wäre als das trostlose Wimmern und Jagen und Haschen nach allem möglichen, bei dem man Gott immer wieder anlügt, als wolle man ja geduldig sein? Man sagt, der innere Mensch werde unter den Leiden ausgeboren. Ich will's nicht leugnen; aber gilt denn die Erfahrung gar nichts, die man so oft macht, daß Leute, die mit langwierigen Übeln behaftet sind, fast alle Tage widerwärtiger, störrischer, eigensinniger, mürrischer, ungeduldiger, gegen ihre Pfleger und Wärter unbarmherziger, wunderlicher werden; abermals ein Beweis, daß es geht, wie es nicht gehen sollte und ein anderer Weg hätte sollen eingeschlagen werden als der, den man gegangen ist. Sonst wäre es wahrlich nicht so. ...Aber sonnenklar ist's, daß der Menschheit in unserer Zeit etwas abgeht, das sie in tausend Fällen haben sollte: die unmittelbare Einwirkung des Herrn, der uns mit seinem Blut erkauft hat; und kommt die, so ist's allerdings ein Wunder, aber ein nötiges Wunder, ohne das wir nicht bestehen, nicht unsers Glaubens froh werden können, ein Wunder, das aber auch nebenbei dazu dienen muß, wie bei dem Blindgeborenen, daß die Werke Gottes offenbar werden (Joh.9,7).«[106]

Nicht nur zur Zeit J. Chr. Blumhardts begegnete man diesen Einwänden zu der Glaubensheilung. Bis in unsere heutigen Tage hält sich noch bei manchem Christen diese scheinbare Geduld und Abneigung gegen göttliche Heilung, die es den Dienern Gottes oft schwerer als einfacher macht. Gerade auf diesem Hintergrund bin ich für die klare Stellungnahme Blumhardts besonders dankbar. Für mich ist J. Chr. Blumhardt in seinem Handeln und Denken ein durchweg charismatischer Mann, ein Mann der Heilung – ein Vorbild.

106 ebd., S. 203-205.

VI. EVAN ROBERTS UND DIE ERWECKUNG IN WALES

1. Kurze biographische und historische Angaben[107]

Evan Roberts wurde am 8. Juni 1878 in Loughot, Wales, geboren und war zunächst Bergmann. Er gehörte den Methodisten an und ging 1904 auf eine Predigerschule. Während dieser Zeit wurde er Führer der großen Erweckungsbewegung in Wales 1904/1905, die besonders dadurch bedeutsam wurde, daß sie ähnliche Erweckungen in Amerika, Kanada, Korea, Indien, China, Norwegen und auch Deutschland anregte. Die Bewegung drang auf ernste Sündenerkenntnis und Heiligung, wobei der Gesang reichlich gepflegt wurde. Es wird geschätzt, daß während der Erweckung in Wales 100000 Menschen zum Glauben kamen.[108]
Oswald Smith schreibt über die Erweckung in Wales: »Niemals war eine Bewegung mit einer so weitgehenden Auswirkung über Wales gegangen. Ungläubige wurden bekehrt; Trinker, Diebe und Spieler wurden gerettet; Tausende begannen ein neues, ehrbares Leben. Man

[107] vgl. Calwer Kirchenlexikon, Bd.II, aaO., S. 751f.
[108] C. Clarke, aaO., S. 30, m.Übs.

hörte überall, daß schwere Sünden bekannt wurden. Alte Schulden wurden bezahlt: Das Theater mußte wegen Mangel an Besuchern schließen. Die Maulesel in den Kohlebergwerken wollten nicht arbeiten, weil sie nicht an eine so freundliche Behandlung gewöhnt waren. In fünf Wochen traten 20 000 Menschen in die Kirche ein.«[109]
Auch auf Deutschland hatte die Erweckung in Wales Auswirkungen. Eifion Evans schreibt: »Ein außerordentliches Erwachen im Ruhrgebiet in Deutschland erfolgte auf die Rückkehr des Zeltevangelisten Jacob Vetter von dessen Besuch bei den Schauplätzen der walisischen Erweckung. Das Werk verbreitete sich in vielen Teilen des Landes und resultierte in der Errichtung christlicher Gesellschaften innerhalb verschiedener Gewerbe, Berufe und Industrien.«[110]

2. Übernatürliche und geistgewirkte Phänomene während der Erweckung

Auch in dieser Erweckung und im Leben Evan Roberts' ereigneten sich übernatürliche Phänomene. Ausgelöst wurden sie durch die Gegenwart des Heiligen Geistes, durch Sündenerkenntnis, durch die sich ereignende Geistestaufe und noch manch andere Gründe mehr. Man erinnere sich auch an dieser Stelle erneut an die Aufzählung übernatürlicher Phänomene der Bibel in Kapitel 1 und vergleiche sie mit denen dieser Erweckung.

a) Geistestaufe, Zittern, Umfallen

Das vollmächtige Wirken Evan Roberts' begann damit, daß er mit dem Heiligen Geist erfüllt wurde. Clarke schildert dieses Erlebnis folgendermaßen: »Bei der folgenden Versammlung während des Gebets wurde sich Evan Roberts bewußt, daß er mit dem Heiligen Geist erfüllt wurde: ›Ich fühlte eine lebendige Kraft, die mein Inneres durchflutete. Es nahm mir den Atem, und meine Beine zitterten aufs äußerste. Diese lebendige Kraft wurde mit jedem gesprochenen Gebet stärker und stärker, bis ich das Gefühl hatte, es würde mich

---

109 Oswald J. Smith, *Keine Erweckung ohne Buße*, aaO., S. 3.
110 Eifion Evans, *The Welsh revival of 1904*, aaO., S. 150, m.Übs.

auseinanderreißen. ...Mein Innerstes war in Aufruhr, und wenn ich nicht gebetet hätte, wäre ich zerplatzt. ...Ich fiel auf meine Knie, mit meinen Armen auf dem vor mir stehenden Stuhl, mein Gesicht war in Schweiß gebadet und die Tränen flossen in Strömen.«[111]

Auch danach kam die Salbung des Heiligen Geistes machtvoll auf Evan Roberts: »Er verbrachte ganze Nächte im Gebet und empfing immer die Salbung des Geistes. Der Raum war voll des Heiligen Geistes. Die Ausgießung war so überwältigend, daß ich zu Gott schreien und ihn bitten mußte, seine Hand zurückzuhalten«, schreibt Roberts.[112]

Auch andere erlebten diese Erfüllung mit dem Heiligen Geist. Evan Roberts hielt sie für eine Voraussetzung echter Erweckung und betete diesbezüglich für die Menschen.[113]

Ein Beispiel: Evan Roberts betete für eine Versammlung und leitete sie im Gebet: »Ich leitete im Gebet, dann fühlte ich, wie der Ort von Sitz zu Sitz erfüllt wurde, und bevor das Gebet zur Hälfte durch die Gemeinde gegangen war, hörte ich einige Brüder weinen... Das Beten ging weiter, die Auswirkungen wurden intensiver, und der Ort wurde immer mehr erfüllt. Ich ging, um nach dem jungen Mann zu sehen: ›Was ist los‹, fragte ich. ›Oh‹, sagte er, ›ich erlebe etwas Seltsames.‹ Er fuhr fort und sagte, daß er das Gefühl habe, sein Herz sei zu groß für seine Brust. Ich sagte ihm: ›Du hast den Heiligen Geist empfangen.‹ ...Doch andere hatten noch nicht genug empfangen. So sagte ich..., daß wir damit fortfahren würden, mehr zu erbitten. Die zweite Gebetsrunde beinhaltete die Rufe um mehr Kraft, und während der Gottesdienst weiterging, wurden zwei Frauen mit dem Heiligen Geist erfüllt und konnten es nicht unterlassen, laut herauszuschreien. Die ca. 60, die noch in diesem Gottesdienst geblieben waren, hatten sich jetzt um den Erweckungsprediger ge-

---

111 C. Clarke, aaO., S. 26, m.Übs.

112 ebd., S. 27, m.Übs.

113 So sagt Evan Roberts: »Die Taufe des Heiligen Geistes ist die Essenz der Erweckung, denn Erweckung kommt durch die Erkenntnis des Heiligen Geistes und diejenige Art, mit ihm zusammenzuarbeiten, die es ihm ermöglicht, in Erweckungskraft zu wirken. Die primäre Bedingung für Erweckung ist deshalb, daß die Gläubigen die Taufe des Heiligen Geistes persönlich erfahren.« (C. Whittaker, aaO., S. 92, m.Übs.).

schart, nahezu jeder mit Ehrfurcht überwältigt, während er beruhigend lächelte. Verwirrung trat an die Stelle von Ordnung. Einige riefen: ›Nicht mehr, Herr Jesus, oder ich sterbe!‹ Andere schrien um Gnade. Der Lärm des Weinens, Singens und Lobpreises, zusammen mit dem Anblick der vielen, die hingesunken waren oder in einem Schmerz des Überführtseins ausgestreckt auf dem Boden lagen, war ebenso unglaublich wie beispiellos.«[114]

b) Visionen

Evan Roberts erlebte auch Visionen, in denen Gott ihm mitteilte, was seine Pläne waren. So kündigte Gott ihm auch die Erweckung in Wales an: »Evan Roberts ›Busenfreund‹ Sydney Evans ging mit ihm auf dieselbe Schule. Eines Tages gegen Mitternacht, nachdem Evan Roberts im Garten spaziert war, um Gemeinschaft mit Gott zu haben, ging er zurück in das Gebäude; sein Gesicht war erleuchtet, als ob es glühen würde. Der junge Sydney war erstaunt und fragte: ›Evan, was ist mit dir passiert?‹ ›Oh, Syd‹, antwortete er, ›ich habe wunderbare Nachrichten für dich. Ich hatte eine Vision, wie Wales zum Himmel hinaufgehoben wurde. Wir werden die mächtigste Erweckung sehen, die Wales jemals gekannt hat – und der Heilige Geist kommt gerade jetzt.«[115]
Sydney Evans und Evan Roberts erlebten beide Visionen während der Nacht: »Die nächsten Tage verbrachten sie mit Bibellesen, Gebet und Ansprachen an verschiedenen Orten. Die Nächte wurden durch Visionen unterbrochen, die von dem Vormarsch des Königreichs Christi in einem nie dagewesenen Maße und von Zeiten unbehinderter Gemeinschaft mit Gott handelten.«[116]

c) Ekstase, Verzückung

Evan Roberts' Gemeinschaft mit Gott intensivierte sich stark durch eine Art entrückten Zustand, den er eines Nachts erlebte: »Im

[114] E. Evans, aaO., S. 89/90, m.Übs.
[115] C. Whittaker, aaO., S. 91, m.Übs.
[116] E. Evans, aaO., S. 71, m.Übs.; bezüglich weiterer Visionen vgl. ebd., S. 77-81.

Frühling des Jahres 1904 machte er die Erfahrung einer derart engen Gemeinschaft mit Gott, daß es den Anschein hatte, als würde er aus seinem Körper heraus in den dritten Himmel versetzt werden. Die glühende Intensität dieser engsten Gemeinschaft hielt bei ihm mehrere Monate an. »Eines Freitags nachts im letzten Herbst, als ich neben meinem Bett vor dem Schlafengehen betete, wurde ich in eine große Weite emporgehoben – ohne Zeit und ohne Raum. Es war Gemeinschaft mit Gott. Bis zu diesem Zeitpunkt kannte ich einen Gott, der weit entfernt war. In dieser Nacht fürchtete ich mich, aber seither nie wieder. Ich zitterte so stark, daß das ganze Bett schaukelte, und mein Bruder, der dadurch erwacht war, hielt mich fest, da er glaubte, ich sei krank. Nach diesem Erlebnis erwachte ich jede Nacht kurz nach ein Uhr. Dies war sehr außergewöhnlich, da ich in all den Jahren immer wie ein Stein geschlafen hatte, und keine Störung in meinem Zimmer vermochte mich aufzuwecken. Von dieser Stunde an wurde ich für ungefähr vier Stunden in diese göttliche Gemeinschaft versetzt. Was es war, kann ich dir nicht sagen, außer, daß es von Gott war. Gegen fünf Uhr durfte ich dann bis ungefähr neun Uhr weiterschlafen. Um diese Uhrzeit machte ich dann bis ungefähr zwölf oder ein Uhr dieselbe Erfahrung, die ich in den frühen Morgenstunden bereits erlebt hatte. ...Dies ging ungefähr drei Monate lang so weiter.«[117]

Evan Roberts erlebte eine weitere dramatische Ekstase: »David Matthews, ein Beobachter der walisischen Erweckung, sagte über Evan Roberts: ›Mr. Roberts hatte eine Erfahrung gemacht, die sich, wie ich glaube, niemals wiederholt hat... Bei dieser Begebenheit, die weit in der Vergangenheit lag, bat er Gott, ihn doch ein wenig von Gethsemane ›schmecken‹ zu lassen; zu einem späteren Zeitpunkt in seinem Leben als Christ wäre eine solche Bitte undenkbar gewesen... Wie auch immer, die Tatsache bleibt bestehen, und ich selbst bin ein lebender Zeuge dieser Begebenheit, daß sein Gebet in beängstigender Weise beantwortet wurde. Er fiel auf den Boden der Kanzel und stöhnte wie ein tödlich Verwundeter, während seine Tränen ununterbrochen flossen. Sein zarter physischer Körper schüttelte sich unter niederschmetternden Seelenqualen. Niemandem war es er-

[117] ebd., S. 65/66, m.Übs.

laubt, ihn zu berühren... Vor Angst angesichts solch unkontrollierbaren Leidens waren die meisten von uns wie versteinert. Was hatte dies zu bedeuten?... Niemand zweifelte an der offenkundigen Ernsthaftigkeit diese Mannes, so mysteriös diese Ereignisse auch waren. Als Evan Roberts wieder vor die Versammlung trat, schien sein Gesicht verwandelt zu sein. Es war für alle offensichtlich, daß er durch eine Erfahrung gegangen war, die ihn extrem viel gekostet hatte. Niemand, der diese Szene bezeugt hatte, hätte für eine Wiederholung gestimmt. Man fragt sich, ob eine solch heilige Begebenheit überhaupt aufgeschrieben werden sollte‹ (Matthews, I saw The Welsh Revival, p. 41).«[118]

d) Spontaner, geistgewirkter Lobpreis, Lachen

Die Erweckung in Wales war gekennzeichnet durch besonders ausgeprägtes Lobpreisen und Singen. Neben organisiertem Gemeinschaftssingen schenkte Gott immer wieder spontan aufbrechenden und durch seinen Geist inspirierten Jubel einzelner oder der ganzen Versammlung.
Hiervon einige Beispiele: »Immense Menschenmengen strömten in die Stadt und in die Abendgottesdienste. Evan Roberts kündigte ein Lied an, das zu einem der Erweckungslieder wurde: ›Himmlischer Jesus, reite siegreich, gürte dein Schwert um deine Lenden.‹ Lobpreis und Gebet brach spontan aus. Roberts ging durch die Kirche und klatschte dabei in seine Hände in heiliger Ekstase.«[119]
»Die Abendveranstaltung fand wie geplant in Bryn-teg statt und offenbarte ebenso große Inbrunst wie die Veranstaltung in Gorseinon am Dienstag abend. Roberts war überglücklich im Geist und hatte die feste Überzeugung, daß die Veranstaltung über die Maßen gesegnet werden würde. Sie dauerte über acht Stunden mit Szenen wilden Jubels. Einer der Ältesten von Moriah kam nach vorne, um

118 W. Pratney, aaO., S. 278/279 (m.Übs.). Man vergleiche hierzu die Gethsemaneerfahrung Jesu, in der seine Betrübnis und sein Zagen so intensiv war, daß er mit dem Tode rang und sein Schweiß wie Blutstropfen wurde; Lk. 22,44.

119 C. Whittaker, aaO., S. 94, m.Übs.

Roberts zu umarmen; seine Frau folgte ihm mit einer ähnlichen Geste. Als er die Gelegenheit nutzen wollte, seiner Dankbarkeit öffentlich Ausdruck zu verleihen, wurde er daran gehindert, indem er in einen überwältigenden Lobpreis ausbrach. Völlig unfähig, sich zurückzuhalten, klatschte der Mann in die Hände, pries Gott und lachte vor lauter Freude, während viele der Versammelten auf ihren Füßen oder den Kirchenbänken standen. Roberts fühlte sich durch den Geist dazu gedrängt, während der Veranstaltung eine Kollekte für die Mission zu erheben. Das Geld konnte allerdings aufgrund der gewaltigen Eindrücke, die über die Versammlung kamen, nicht gezählt werden.«[120]

Ein Journalist der Western Mail, der zum ersten Mal einer Versammlung der Erweckten beiwohnte, berichtet folgendes: »Ich spürte, daß dies keine gewöhnliche Versammlung war. Anstelle des festen, geordneten Ablaufs, an den wir in einem orthodoxen Gottesdienst gewöhnt waren, war hier alles dem spontanen Impuls des Augenblicks überlassen... Eine Frau erhob sich und setzte zu einem Hymnus an, der mit tiefer Ernsthaftigkeit gesungen wurde. Während des Singens fielen mehrere Menschen auf ihre Sitze nieder, als wenn sie erschlagen worden wären und befahlen sich dem Herrn an, indem sie um Gnade schrien.«[121]

In einer Freikirche in Bethesda wirkte Gott nach einer vollmächtigen Predigt Joseph Jenkins ebenfalls ekstatischen Lobpreis der Gemeinde: »Die Auswirkungen von Jenkins Predigt konnten nur mit denen am Pfingsttag verglichen werden. Seiner Predigt war eine über einstündige Gebetszeit vorausgegangen, und seine Betonung der göttlichen Initiative bei dem Werk der Heiligung wurde der Gemeinde so kraftvoll nahegebracht, daß die Versammlung in himmlische Unordnung ausbrach. Die Zeile der Walisischen Hymne...wurde mehrmals wiederholt. Wegen der Verzückung über ihre geistliche Befreiung konnten sich viele der Versammelten nicht mehr zurückhalten, hemmungslos zu tanzen, ohne dabei pietätlos zu sein. Bei dem Jugendgebetstreffen, das folgte, war der Geräuschpegel der Gebete

---

120 E. Evans, aaO., S. 91/92, m.Übs.
121 ebd., S. 93, m.Übs.

(einige Dutzend beteten gleichzeitig), des Weinens und des Schreiens einerseits ohrenbetäubend und andererseits harmonisch.«[122]
Auch die bedeutende Erweckung in Wales von 1904 wird von übernatürlichen und geistgewirkten Phänomenen begleitet. Aufgrund des mächtigen Wirkens des Heiligen Geistes in dieser Erweckung war es demnach unmöglich, solche vom Geist Gottes hervorgerufenen übernatürlichen Begleiterscheinungen nicht anzutreffen. Sie durchziehen die gesamte Erweckungszeit und haben Menschen, die noch viele Jahrzehnte davon zu berichten wußten und Gott in einer überaus realen und souveränen Weise kennengelernt hatten, nachhaltig beeindruckt.
Die Berichte dieser Erweckung machen deutlich, daß wir es mit einem rettenden Gott, aber auch mit einem übernatürlichen und wunderbaren Gott zu tun haben, der die verschiedensten Menschen, Orte und Gegenden mit seinem Geist erfaßt und an ihnen seinen Willen vollbringt.

---

[122] ebd., S. 111, m.Übs.

VII. THERESA VON AVILA
(1515-1582)

In einem Buch über übernatürliche Phänomene darf auch Theresa von Avila oder Theresa von Jesus, wie man sie auch nennt, nicht fehlen. Manch ein Leser wird sich aber vielleicht fragen, warum ich eine katholische Heilige als Beispiel wähle. Dies hat zwei Gründe:

a) Die Phänomene, die in Theresas Leben auftauchten, zeigen große Ähnlichkeit mit denen, die Gottes Geist heute an verschiedenen Orten wirkt. Sie erlebte die Ausgießung der Liebe Gottes, überströmenden Lobpreis, tiefe Sündenerkenntnis, Heilungen, Zittern, Trunkenheit, Umfallen, Ekstase, Verzückung, Visionen, Prophetien, bis hin zur Elevation (Schwebezustände).
Zudem sind all diese Vorkommnisse aufs genaueste untersucht worden. Theresa selbst zeichnete sie in ihrer Autobiographie auf und berichtete darüber in Briefen und einigen ihrer Schriften. Da sie anfänglich selbst unsicher war, was sie von diesen Phänomenen halten sollte, besuchte sie regelmäßig verschiedene Beichtväter, denen sie alles Erlebte berichtete und von denen sie es prüfen ließ. Noch zu Lebzeiten wurden zwei Gutachten über den Geist der hl. Theresa verfaßt, die dem Ordensgeneral und einem Komitee von Geistlichen vorgelegt wurden und die die Tugendhaftigkeit und Ehrbarkeit der

Heiligen bestätigten. Auch die übernatürlichen Phänomene, die Heilungen usw. wurden als echt erklärt und ein Betrug des Teufels ausgeschlossen. (Die beiden Gutachten findet man als Anhang in ihrer Biographie, verfaßt von Pater Petrus Ibanez, wahrscheinlich im Jahre 1560.) Auch die spätere Heiligsprechung bestätigt ihre kirchliche und theologische Akzeptanz.

b) Beim Lesen der Schriften von Theresa ist ihre persönliche Beziehung zu Gott unverkennbar. Ihre Liebe und Hingabe an Jesus Christus übersteigt bei weitem das Maß, das man bei vielen Christen ihrer und unsrer Zeit antrifft. Ihre radikale Christusnachfolge, ihr Lebenswerk, ihr Gebetsleben, ihre geistlichen Erkenntnisse, ihre Visionen, ihre Leidensbereitschaft haben mich davon überzeugt, daß diese Frau in hohem Maße von Gottes Geist geleitet und beschenkt wurde. Über weite Strecken waren ihre Schriften eine Herausforderung für mein eigenes geistliches Leben, wie sie heute nicht deutlicher formuliert werden könnte.
Natürlich stimmt Theresas Theologie in einigen Punkten nicht mit protestantischer und reformatorischer Theologie überein. Aber bestimmt nur in untergeordneten Fragen. Was an Differenzen bleibt, war für mich kein Grund, ihr geistliches Leben oder ihre Erfahrungen abzuwerten. Die großen Christen der Kirchengeschichte waren wie wir Kinder ihrer Zeit. Ihre Erkenntnis war Stückwerk, so wie es die unsrige auch ist.

1. Kurze biographische Angaben

Theresa wurde am 28. März 1515 in Avila in Kastilien (Spanien) geboren. Ihr Großvater war ein zum Christentum konvertierter Jude. Ihre Eltern waren tief religiös und erzogen ihre Kinder entsprechend. Bereits in ihrer Kindheit war Theresa von großem religiösem Eifer erfüllt. Als Siebenjährige riß sie mit ihrem Bruder von zu Hause aus, um bettelnd in das Land der arabischen Mauren zu ziehen und dort als Märtyrer zu sterben. Gewaltsam mußten sie von den Eltern zurückgeholt werden.
Als Zwanzigjährige trat sie am 2. November 1535 in das »Kloster der Menschwerdung« (Karmeliterkloster) in Avila ein. Leider verlief

ihr Leben im Kloster die nächsten 20 Jahre in oft oberflächlichen Bahnen. Erst 1554 erlebte sie vor einem Bild des gekreuzigten Christus eine »Bekehrung«. Von nun an erhielt das Gebet eine entscheidende Rolle in ihrem Leben. Visionen und Ekstasen mehrten sich; bald spürte sie die ständige Gegenwart Jesu in ihrem Leben.
Sie durchschritt verschiedene Stufen des Gebetes, bei denen die Begegnung mit Gott immer intensiver wurde. Zum ersten das Gebet der Betrachtung (oder Sammlung), dann das Gebet der Ruhe, das Gebet der Vereinigung und schließlich das Gebet der Verzückung. Während ihrer Gebetszeiten, aber auch sonst, erlebte sie die verschiedensten Phänomene des Geistes.

Ab 1560 führte sie den Karmeliterorden zu größerer Strenge und leitete somit eine Reform des gesamten Ordens ein. Neben ihrer geistlichen Tätigkeit war sie eine Frau, die sehr viel praktische Arbeit leistete. So gründete sie 18 Frauen- und 15 Männerkloster, was mit viel Organisation und Reisen verbunden war. Trotz ihrer sog. »mystischen« Spiritualität war sie keineswegs weltfremd, sondern von erfrischender Nüchternheit und mit einem gesunden Menschenverstand begabt. Ihre Schriften sind von ausgesprochen hoher literarischer Qualität und sehr gutem Spanisch, obwohl sie oft in Eile verfaßt wurden. Zu ihnen zählen die »Vita« (ihre Autobiographie), die »Innere Burg«, der »Weg der Vollkommenheit«, »Ratschläge an die Nonnen«, Briefe und Gedichte.
Theresa starb am 4. Oktober 1582 als Siebenundsechzigjährige in dem von ihr gegründeten Kloster in Alba de Tormes, wo bis heute ihr Leichnam in einem kostbaren Schrein aufbewahrt wird. Am 12. März 1622, also bereits 40 Jahre nach ihrem Tode, wurde Theresa von Papst Gregor XV. heiliggesprochen. Fünf Jahre zuvor war die große Mystikerin zur Patronin von Spanien ernannt worden.
1970 wurde sie von Papst Paul VI. zur Kirchenlehrerin ernannt, eine Auszeichnung, die neben ihr nur einer weiteren Frau, nämlich Katharina von Siena, zuteil wurde. Dieser »Doctor ecclesiae« wird von der Kirche an theologische Schriftsteller verliehen, die sich durch ihre Gelehrsamkeit, Heiligkeit des Lebens und Reinheit der Lehre besonders auszeichneten. Zu ihnen gehören neben den beiden obengenannten Frauen z. B. Basilius der Große, gest. 379; Ambrosius, gest.

397; Augustinus, gest. 430; Bernhard von Clairvaux, gest. 1153 und Thomas von Aquin, gest. 1274.[123]

2. Übernatürliche und geistgewirkte Phänomene im Leben der hl. Theresa

Die meisten Phänomene erlebte Theresa während des Gebetes, und das um so mehr, als sie in der Vereinigung mit Gott voranschritt. Man darf sich das mystische Gebetsleben der Heiligen nicht als Fürbitte oder Bittgebet vorstellen. Während dieses geistigen Gebetes wird die wenigste Zeit mit verbalen Ausdrücken zugebracht. Die regelmäßigen Gebetspflichten einer Nonne zählte Theresa nicht zum mystischen Gebet. So unterschied sie zwischen »mündlichem Gebet« und dem »Gebet im Geiste«. Beides waren für sie Wege in die Gegenwart Gottes. Während des mystischen Gebets fielen nur wenige Worte, und die Heilige genoß vor allem die Nähe und Gegenwart ihres Herrn. Dabei erlebte sie starke emotionale Regungen, spürte die Liebe Gottes, erfuhr göttliche Ansprachen (d. h. sie vernahm Gottes Reden zu ihrem Herzen), empfing Visionen und Gesichte und wurde erfüllt von unbeschreiblicher Freude und Wonne, während sich ihr Herz ganz ihrem König auslieferte und hingab.
Die geistlichen Erlebnisse Theresas spielten sich auf zweierlei Ebenen ab: zunächst auf der innerlich-seelischen Ebene, dann aber auch auf körperlichem Gebiet. Sie selbst sagte dazu: »Bei all diesen Gebetsweisen ...ist die Herrlichkeit und Ruhe der Seele so groß, daß ganz augenscheinlich auch der Leib an ihrer Freude und Wonne teilnimmt.«[124] Die Bewegung der Seele durch Gott erlebte Theresa so

---

[123] Vgl. Philipp Schäfer, in *Theologenlexikon*, Hrsg. von W. Härle u. H. Wagner, aaO., S. 235ff; Walter Nigg, *Grosse Heilige*, aaO.; Johannes Herzog in *Calwer Kirchenlexikon*, aaO., S. 1162f; Vera Schauber/Hans M. Schindler, *Die Heiligen und Namenspatrone im Jahreslauf*, aaO., S. 545ff; Rosmarie Zell, *Die Spiritualität der Kirchenlehrerin Teresa von Jesus*, aaO., S. 131; *Der neue Herder*, Bd.1, aaO., Sp. 2090f.

[124] Theresa von Avila, *Das Leben der heiligen Theresa von Jesu* (= Vita), in *Sämtliche Schriften der hl. Theresa von Jesu*, Erster Band: Leben von ihr selbst beschrieben, Hrsg. von P. Aloysius Alkofer, aaO., S. 161, Nr. 10.

intensiv, daß ganz offensichtlich auch ihr Körper davon betroffen wurde.
Bevor ich nun auf die körperlichen Phänomene eingehe, möchte ich zunächst schildern, wie sich das mystische Gebet auf ihre Seele auswirkte. Gerade wenn man erkennt, welche heilsamen Wirkungen Gott an ihrem Inneren vollbrachte, erscheinen auch die körperlichen Phänomene als weniger befremdend und sind eingebettet in das deutliche Wirken des Heiligen Geistes:
Besonders oft spricht Theresa von der Freude und Wonne, die ihr das Gebet mit seinen Visionen und Verzückungen brachte. Sie schreibt: »Manchmal ist die Wonne, die der Herr bei einer Vision oder Verzückung gibt, so groß, daß es nicht möglich scheint, hier auf Erden etwas Höheres wünschen zu können, weshalb denn auch die Seele nichts Höheres verlangt und um keine größere Freude bittet.«[125]
Da sie erlebte, wie man im Zustand des Gebets allen Dingen dieser Welt abstirbt, sprach sie des öfteren vom Sterben im Gebet oder bezeichnete das Gebet als Todesart. Sie sagt: »In dieser Todesart genießt sie (die Seele, m. Anm.) eine größere Wonne, als man es aussprechen kann; denn nichts anderes scheint mir dieser Zustand zu sein als ein gänzliches Absterben für alle Dinge dieser Welt und ein gleichzeitiger Genuß Gottes. Ich kann dies nicht mit anderen Worten ausdrücken oder erklären. Die Seele weiß alsdann auch nicht, was sie tun soll; sie weiß nicht, ob sie sprechen oder schweigen, lachen oder weinen soll. Es ist dies eine glorreiche Verrücktheit, eine himmlische Torheit, in der man die wahre Weisheit erlernt; es ist dies für die Seele ein überaus wonnevoller Genuß.«[126]
Weitere Wirkungen des Heiligen Geistes in der Seele waren Demut, Tugenden, Veränderung des Charakters, Liebe zu Gott, Heilsgewißheit, Buße und große Sehnsucht, Gott noch näher zu sein.
Auch hierzu einige Zitate:
»Wirkt der Geist Gottes in der Seele, dann flößt er ihr auch ein großes Verlangen ein, im Gebete voranzuschreiten, und den festen Entschluß, nicht davon abzulassen trotz aller Mühen und Beschwerden,

---

125 Vita, aaO., S. 374, Nr. 2.
126 Vita, aaO., S. 150f, Nr. 1.

die sich ihr entgegenstellen könnten. ...Weiter verleiht er ihr eine mit Demut und Furcht gepaarte Sicherheit, daß sie selig werde; er vertreibt sofort die knechtische Furcht aus ihr und verschafft ihr eine große Zunahme der gläubigen Furcht.«[127]
Es ist für eine Gläubige ihrer Zeit etwas Bemerkenswertes, wenn sie davon spricht, daß der Geist Gottes in ihr jede Furcht vor der Verdammnis vertreibt und die Gewißheit schenkt, sie werde errettet werden. Gerade diese Heilsgewißheit ist ein Kennzeichen des echten Wirkens des Heiligen Geistes (vgl. Röm.8,16).
Weiter schreibt sie: »Manchmal befallen mich solch heftige Antriebe, daß ich vor Verlangen vergehe, Gott zu schauen, und ich meiner nicht mächtig bin. Es scheint mir, als ob es mit meinem Leben zu Ende ginge, und dann schreie ich auf und rufe zu Gott; diese Antriebe befallen mich mit großer Heftigkeit.«[128]
Durch das Gebet verlieh ihr der Herr ein großes Verlangen, für ihn tätig zu sein. Gleichzeitig gab er ihr aber auch die Kraft, alles, wofür er ihre Leidenschaft weckte, in die Tat umzusetzen. Für sie war dies ein wichtiges Kriterium, um zu prüfen, ob wirklich der Geist Jesu am Werke war oder nicht. Sie schreibt: »Sind die Verzückungen echt, so trägt sich dies alles in Wahrheit so zu; die Seele empfindet alsdann die Wirkungen und den Gewinn, wovon ich gesprochen habe. Andernfalls würde ich sehr daran zweifeln, ob die Verzückungen von Gott sind; vielmehr würde ich fürchten, sie möchten nichts anderes sein als Raserei. ...Denn soviel weiß ich aus eigener Erfahrung, daß die Seele, wenn sie von Gott verzückt wird, in einer Stunde und in noch kürzerer Zeit eine so vollständige Freiheit und Herrschaft über alles erlangt, daß sie sich selbst nicht mehr zu erkennen vermag. ...Niemand wird dies glauben, wenn er nicht selbst es erfahren hat; und so glaubt man auch der armen Seele nicht, wenn man betrachtet, wie sie zuvor so böse gewesen ist, und wenn man nun sieht, wie sie jetzt auf einmal nach heldenmütigen Tugenden strebt. Denn von nun an begnügt sie sich nicht mehr damit, dem Herrn nur im kleinen zu dienen, sondern sie will ihm die größtmöglichen Opfer bringen.«[129]

---

[127] Vita, aaO., S. 148f, Nr. 15.
[128] Vita, aaO., S. 428.
[129] Vita, aaO., S. 193, Nr. 23.

Mit der im Text erwähnten Freiheit und Herrschaft über alles, meint Theresa die Befreiung und Überwindung von schlechten Angewohnheiten, Untugenden, Schwächen und Sünden.
Sie fährt fort und schreibt: »Ist eine Seele auf dieser Stufe des Gebetes angelangt, so ist sie nicht bloß mit Begierden (Leidenschaft) erfüllt, für Gott zu wirken. Seine Majestät verleiht ihr auch Kräfte, ihre Begierden (Leidenschaft) ins Werk zu setzen. ...Sie tut nur, was Gott gefällt, da sie ... klar erkennt, daß alles andere keinen Wert hat.«[130]
Es ist wichtig, diese positiven Auswirkungen ihres Gebetslebens zu kennen, bevor man die zum Teil merkwürdigen körperlichen Phänomene betrachtet, die dabei auftraten.
Während man die Wirkungen des Geistes an der Seele mehr als Früchte des Geistes bezeichnen könnte, so soll es nun um die übernatürlichen Phänomene des Geistes gehen, die Theresa erlebte.

a) Verzückung, Ekstase und Umfallen

Anfänglich befremdeten Theresa die Verzückungen, die sie ergriffen, so daß sie sich deswegen ihrem Beichtvater anvertraute. Allmählich erkannte sie jedoch, daß es Gottes Wirkungen waren und gab ihren Widerstand auf. Während dieser Verzückungen erlebte sie, wie sie völlig kraftlos wurde, zu Boden fiel, ihre Gliedmaßen erstarrten, ihre Körpertemperatur stark abnahm oder die sinnliche Wahrnehmung aufgehoben wurde. So schreibt sie: »Die Verzückungen haben zugenommen; sie überraschen mich mit solcher Heftigkeit und Gewalt, daß ich deren Wirkung (nämlich das auf den Boden fallen) nach außen hin nicht verhindern kann; sie kommen selbst wenn ich in Gesellschaft mit anderen bin, und zwar auf eine Weise, daß ich sie keineswegs zu verheimlichen, sondern in Anbetracht meines Herzleidens nur anzudeuten vermag, es sei dies eine Ohnmacht. Soviel ich mir auch anfangs Mühe gebe, sie zurückzuhalten, so sind doch zuweilen meine Kräfte zu schwach.«[131]
Die körperlichen Auswirkungen der Ekstase beschreibt Theresa folgendermaßen: »Die Ekstase dauert länger und macht sich mehr nach

---

[130] Vita, aaO., S. 199, Nr. 5.
[131] Vita, aaO., S. 438.

außen hin bemerkbar; sie verkürzt allmählich das Atmen, so daß man nicht mehr zu reden und die Augen zu öffnen vermag. ...Es schwindet ... auf eine mir unbegreifliche Weise die natürliche Wärme; ...wenn die Ekstase höherer Ordnung angehört (d. h. bei einer höheren Gebetsstufe auftritt), dann erstarren die Hände und bleiben manchmal ausgespannt wie Balken. Der Leib bleibt stehend oder kniend, wie ihn die Ekstase getroffen hat. Die Seele ist so in Freude versunken über das Glück, das sie der Herr genießen lassen will, daß es den Anschein hat, als ob sie den Leib ganz verlassen und vergessen habe, ihn zu beleben. ...Der Unterschied zwischen Ekstase und Entzükkung ist der, daß die Seele in der Ekstase allmählich den äußeren Dingen abstirbt und den Gebrauch der Sinne verliert, um ganz für Gott zu leben.«[132]

An anderer Stelle erwähnt Theresa, daß während des Gebets die Seele in »übergroßer Wonne ganz dahinschmachtet und in eine Art Ohnmacht versinkt«. Dabei stockt der Atem, die Körperkräfte schwinden und die Augen verlieren ihre Sehkraft. Will man lesen, so kann man keinen Buchstaben richtig aussprechen. Man sieht zwar die Schrift, da aber der Verstand nicht nachhilft, kann man nicht lesen. Genauso hört man, ohne zu verstehen, was gesagt wird. Man ist auch nicht mehr in der Lage, zu sprechen und Worte richtig zu bilden. Während die Kraft und die Fähigkeiten des Körpers schwinden, nimmt die Kraft der Seele zu, »um ihre innere Seligkeit um so besser genießen (zu) können«.

Hierbei erwähnt die Heilige explizit, daß »der Gesundheit kein Schaden« verursacht wird. Nach den Wonnegenüssen der Verzükkung fühlt sich der Körper oft gestärkt und erholt.[133]

Theresa gebraucht verschiedene Begriffe, um das zu beschreiben, was ihr während des Gebetes widerfährt. So redet sie zum einen von Ekstase, dann aber auch von Verzückung, Vereinigung oder Entzückung. Teilweise versucht sie auch einen Unterschied zwischen den einzelnen Formen herauszustellen, insgesamt aber ist es für denjenigen, der die Dinge nicht so erlebt hat wie sie, schwer, diese Unterscheidung nachzuvollziehen.

---

132 Vita, aaO., S. 456f.

133 Vita, aaO., S. 166f, Nr. 9+10.

Was die sinnliche Wahrnehmung anbetrifft, schreibt Theresa folgendes: »Oftmals kam es mir vor, mein Leib verliere gänzlich seine Schwere und werde ganz leicht; ja zuweilen fühlte ich beinahe nicht einmal, daß meine Füße den Erdboden berührten (vgl. unten: Elevation, Schwebezustände). Solange die Verzückung währt, ist der Leib wie tot, so daß ihm gar oft jede Tätigkeit unmöglich ist; und wie ihn die Verzückung überfällt, sitzend, mit offenen oder geschlossenen Augen, so bleibt er in ihr beständig.«
Bezeichnend ist, daß Theresa vom »Überfallenwerden« durch eine Verzückung spricht. Es scheint insofern ganz plötzlich über sie hereinzubrechen und dem Körper sofort jegliche Bewegungsfähigkeit zu nehmen, so daß sie in der Körperhaltung verharrt, in der sie sich gerade befand.
Theresa fährt an dieser Stelle im Text fort und berichtet: »Selten jedoch verliert man den Gebrauch der Sinne, wiewohl es bei mir schon einigemal, wenn auch selten und immer nur auf kurze Zeit, der Fall war, daß ich ihn gänzlich verlor; gewöhnlich sind sie nur verwirrt, und obschon man unfähig ist, nach außen etwas zu tun, so hört und vernimmt man doch wie von Ferne.« Während der Verzückung scheint die Seele so vom Leib entrückt zu sein, daß Theresa nicht weiß, »ob dem Leib dabei noch genug Leben zum Atmen bleibt. ...Und da seine Kräfte dazu nicht ausreichen, überkommt ihn erschrockenes Staunen, so daß er ... weder Hand noch Fuß bewegt (wie wir hierzulande sagen, wenn jemand so ohnmächtig ist, daß wir meinen, er wäre tot.)«[134]
Was der Körper nach dem Ende einer Verzückung empfindet, schildert sie folgendermaßen: »Trotz aller Bemühungen besitzt der Körper noch lange nach der Verzückung nicht soviel Kraft, um sich bewegen zu können, da alle Kraft die Seele an sich gezogen hat. War der Leib vorher auch ganz krank und voll großer Schmerzen, so ist er nachher oftmals gesünder und rüstiger als sonst; denn die Wirkung der Verzückung ist groß, und der Herr will zuweilen, daß ... auch der Leib diese Wirkung genieße... Kommt die Seele wieder zu sich,

---

134 Theresa von Avila, *Die innere Burg*, Hrsg. von Fritz Vogelsang, aaO., S. 83; vgl. auch S. 138.

so ist sie, wenn die Verzückung stark war, einen, zwei, auch wohl drei Tage lang wie verblüfft, da die Vermögen (die Fähigkeiten) so von Staunen hingerissen sind, daß es den Anschein hat, die Seele sei nicht bei sich.«[135]
Es ist bemerkenswert, daß Theresa, die oft und schwer krank war, nach solchen Verzückungen größere Kraft und Gesundheit verspürte als zuvor, wenn es auch einige Tage dauerte, bis sich Körper und Seele ganz von der Intensität der Ekstase erholt hatten. Ähnliches erlebte auch Daniel im Alten Testament, der nach seiner Vision mehrere Tage geschwächt im Bett verbringen mußte (Dan. 8,26+27).

b) Zittern und Trunkenheit

Erinnern wir uns an Jeremia, Daniel oder Mose im Alten Testament, so sehen wir, daß Menschen immer wieder von einem Zittern und Beben des Körpers befallen wurden, wenn sie in die Nähe oder Gegenwart Gottes kamen.
Auch Theresa erlebte Ähnliches. Ihr Gebetsleben hatte teilweise die Auswirkung, daß sie für mehrere Stunden oder sogar Tage wie eine Betrunkene umherging. In ihrem Werk *»Die Innere Burg«* schreibt sie: »Möge es seiner Majestät gefallen, daß er uns oft dieses Gebet schenkt; denn es ist so sicher und bringt so viel Gewinn. Wir von uns aus können es nicht erlangen, weil es etwas ganz Übernatürliches ist. Und es kommt vor, daß es einen vollen Tag anhält und die Seele umhergeht wie jemand, der viel getrunken hat, aber doch nicht so viel, daß er von Sinnen ist... «[136]
In einem Brief an Don Laurentius de Cepeda vom 17. Januar 1577 schreibt sie über die ihr von Gott geschenkten Verzückungen: »Ich will Ihnen sagen, daß ich schon über acht Tage in einem solchen Zustande mich befinde, daß ich meine vielfachen Geschäfte nicht mehr besorgen könnte, wenn er länger andauerte. Schon bevor ich Ihnen das letztemal schrieb, haben mich wieder Verzückungen befallen, die bis jetzt noch nicht wieder aufhörten; zuweilen finden sie

---

135 Vita, aaO., S. 192, Nr. 21.
136 Innere Burg, aaO., S. 152.

öffentlich statt, ... und das ist für mich recht peinlich. Dagegen hilft aber kein Widerstreben, und man kann dies auch nicht verheimlichen. ...In den letzten Tagen gehe ich fast wie eine Betrunkene umher; aber ich erkenne wenigstens, daß die Seele sich glücklich fühlt in dem Zustand, in dem sie sich befindet.«[137]

Im selben Brief setzt sich Theresa auch mit verschiedenen Anfragen des Don Laurentio auseinander. Er selbst erlebte ebenfalls verschiedene körperliche Phänomene im Zusammenhang mit der Gegenwart Gottes. Da diese Phänomene aber nicht von Dauer waren, sondern einmal auftraten, dann wieder verschwanden, um später erneut aufzutreten, fragte er sich, ob es sich mit der Gegenwart Gottes ebenso verhielte wie mit diesen Phänomenen, d. h., ob auch Gott einmal gegenwärtig ist und das andere Mal ferne. Sehr weise schrieb ihm Theresa, daß »wenn auch diese (körperlich empfundene) Gegenwart Gottes in der Seele und diese Wonne sich wieder verlieren, als wäre in ihr gar nichts vorgegangen ... so ist dies nur in Bezug auf die äußeren Sinne wahr, die ... an dieser Wonne der Seele Anteil genommen haben; er selbst (Gott) aber entzieht sich der Seele nicht, die diese Gnade beständig besitzt ... wie man dies im Laufe der Zeit aus den Wirkungen der Liebe erkennen kann.«[138]

Obwohl Theresa viele körperliche Phänomene erlebte, wußte sie um die Gegenwart Gottes in ihrem Leben auch dann, wenn sie keine Phänomene an sich erlebte. Nicht die Wonnen der Seele oder die Verzückungen waren für sie das Kennzeichen der Nähe Gottes, sondern das Wachstum ihrer Liebe zu Gott.

Wie Theresa, erlebte auch Don Laurentio nach den Verzückungen oft noch längere Zeit verschiedene körperliche Phänomene, was ihn verwirrte und manches Mal bedrängte. Es waren zum Teil Phänomene, die nicht einmal Theresa erlebt hatte, u.a. das Zittern des ganzen Körpers. Um sich über diese Phänomene klarzuwerden, bat er Theresa um Rat. Diese schrieb ihm folgendes: »Aus den darauffolgenden Bedrängnissen, von denen Sie berichteten, machen Sie sich

---

[137] Theresa von Avila, *Briefe der Heiligen Theresa von Jesus*, in Sämtliche Schriften der hl. Theresa von Jesus, Hrsg. von P. Aloysius Alkofer, Bd.3, aaO., S. 466f, Brief 166.

[138] Briefe, aaO., S. 468.

gar nichts! Ich habe zwar dergleichen nie erfahren ... allein es muß dies meiner Ansicht nach daher kommen, daß die außerordentliche Wonne der Seele sich auch der sinnlichen Natur mitteilt. Mit Gottes Gnade wird sich dies verlieren, wenn sie darauf nicht achten. ...Auch jenes Zittern wird sich verlieren. Denn jetzt ist dies für die Seele noch etwas Neues, und darum ist sie darüber verwundert... Wiederholen sich derartige Gunstbezeigungen öfters, dann erlangt die Seele immer mehr Befähigung dafür. Widerstehen Sie diesem Zittern und vermeiden Sie alles Auffallende im Äußeren, soviel sie können, damit so etwas nicht zur Gewohnheit wird... «[139]

Es ist interessant, daß Theresa Don Laurentio ermutigt, nicht weiter auf die körperlichen Phänomene zu achten, sondern auf das, was sich in seiner Seele entwickelt. Ihr war wohl bewußt, daß bei Angst oder Verunsicherung durch die körperlichen Phänomene die Seele von dem abgelenkt werden könnte, was Gott an ihr wirken wollte.

Wie aus Theresas Brief im Weiteren hervorgeht, erlebte Don Laurentio neben dem Zittern auch eine starke innere Wärme, ein innerliches Glühen, welches er tatsächlich körperlich empfand. Um ihn zu beruhigen, versuchte die Heilige ihm zu erklären, daß die Verknüpfung der Erregung des Geistes mit der natürlichen Wärme des Körpers solches bewirkte. Ob Don Laurentio den Rat Theresas befolgen und durch Widerstehen die Phänomene unterdrücken konnte, bleibt fraglich, da es auch der Heiligen selbst nur selten gelang. Jedenfalls ist sie immer wieder darum bemüht, den körperlichen Phänomenen keine zu große Bedeutung beizumessen, und Personen, die über das Erlebte erschrocken waren, konnte sie in ganz nüchterner Weise Rat erteilen.

An anderer Stelle berichtet Theresa davon, daß der Körper während des Gebetes so heftige Bewegungen vollziehen konnte, daß es sogar zu leichten Verletzungen kam. Sie schreibt: »Ich glaube, ich sprach von den geistlichen Tröstungen. Da sie zuweilen eingehüllt in unsere Leidenschaften erscheinen, sind sie manchmal von heftigem Schluchzen begleitet; ja ich habe sogar von einigen Personen gehört, daß sich ihnen dabei die Brust zusammenpreßt und daß es selbst zu unwillkürlichen äußeren Bewegungen kommen kann, die so heftig sind,

---

139 Briefe, aaO., S. 468f.

daß ihnen das Blut aus der Nase rinnt und ähnliche unangenehme Dinge sich einstellen. ...Doch es muß uns letztlich ein Trost sein; denn – wie gesagt – es endet alles in dem Wunsch, Gott zu gefallen und sich Seiner Majestät zu erfreuen.«[140]

c) Allgemeine Phänomene

Theresa erlebte es, daß ihre Augen sich während des Gebetes ohne ihr Zutun schlossen: »Die Wirkungen dieses Gebets sind mannigfach. Einige von ihnen will ich nennen. ...Ohne daß man es will, geschieht es da, daß einem die Augen zugehen und man die Einsamkeit ersehnt.«[141]

Auch war sie beim Gebet immer wieder über und über »mit Tränen übergossen«, die »ohne Anstrengung so gewaltig und so schnell meinen Augen entströmten«, daß es schien, als habe sich eine »Himmelswolke über mir entleert«, schreibt die Heilige.[142]

Während den Verzückungen, die Theresa und andere Personen erlebten, entstand des öfteren solch ein Sehnen und solch ein brennendes Verlangen nach Gott, daß sie seelische Schmerzen empfanden, wenn ihnen bewußt wurde, wie weit sie noch vom Herrn entfernt waren. Theresa schreibt über dieses Erlebnis: »Es ist eine Verzückung, welche die Sinne und Fähigkeiten hinwegrafft von allem, was nicht ... zum Empfinden dieses Kummers beiträgt. Denn der Verstand ist hellwach, um zu erkennen, wie berechtigt es ist, daß jene Seele fühlt, wie fern sie von Gott ist. Und der Herr hilft dabei noch nach, indem er der Seele zur gleichen Zeit eine solch lebendige Erfahrung seines Wesens vermittelt, daß die Qual sich dermaßen steigert, bis der Betroffene schließlich in laute Schreie ausbricht.«[143]

Die Qual der Seele kann soweit gehen, daß man denkt, der Betreffende würde während der Verzückung sterben. Manchmal stockt der Puls und der Leib verliert seine natürliche Wärme. Wegen des

---

140 Innere Burg, aaO., S. 66f.
141 Innere Burg, aaO., S. 71f.
142 Vita, aaO., S. 170, Nr. 1
143 Innere Burg, aaO., S. 182.

intensiven Erlebens der Seele, die sich vor Sehnsucht nach Gott verzehrt, empfindet die betreffende Person während der Verzückung zwar keinerlei körperliche Schmerzen, obwohl der »Leib derart verrenkt wird, daß sie danach zwei oder drei Tage heftige Schmerzen leidet«, schreibt Theresa.[144]

d) Elevation, Schwebezustände

Das extremste Phänomen, das Theresa erlebte, war, daß sie bei einigen Gelegenheiten körperlich, ohne Zutun von Menschen, in die Luft erhoben wurde und frei in stehender oder liegender Haltung über der Erde schwebte (vgl. den Abschnitt über Elevation in Kapitel 1).
Das Schweben der Heiligen gehört zu den umstrittensten Phänomenen in ihrem Leben und wird oft als Argument gegen die göttliche Herkunft ihrer Erlebnisse angeführt. Doch wie im ersten Kapitel gezeigt, erlebten bereits Menschen im Alten und Neuen Testament dieses Phänomen. Entscheidend sind die Früchte im Leben der Heiligen. Es ist biblischer, das, was ein Mensch erlebt, anhand seines Charakters und seines Lebens zu bewerten, anstatt einen Menschen nach dem zu beurteilen, was er an Phänomenen erlebt. Jakobus schreibt: *»Die Quelle sprudelt doch nicht aus derselben Öffnung das Süße und das Bittere hervor? Kann etwa, meine Brüder, ein Feigenbaum Oliven hervorbringen, oder ein Weinstock Feigen? Auch kann Salziges nicht süßes Wasser hervorbringen.«* (Jak.3,11+12) Und Jesus sagt: *»Ein guter Baum kann nicht schlechte Früchte bringen, und ein fauler Baum kann nicht gute Früchte bringen.«* (Mt.7,18)
Es ist demnach unredlich, auf der einen Seite zu beobachten, wie Theresa gute Früchte in ihrem Leben hervorbringt, in der Heiligung wächst, reich ist an guten Werken und inniger Liebe zu Christus, und auf der anderen Seite davon auszugehen, der Teufel wirke in ihrem Leben und verursache solche Phänomene. Die Tatsachen, daß bei Besessenheit ähnliche Phänomene auftreten wie beim Wirken des Heiligen Geistes, tut den göttlichen Phänomenen keinen Abbruch. Entscheidend ist der Zustand des Menschen, um die an ihm oder durch ihn auftretenden Phänomene zu beurteilen. Theresa war kei-

144 Innere Burg, aaO., S. 182f.

nesfalls eine Besessene oder Verrückte. Sie war durch und durch eine entschiedene und hingegebene Christin, deren Leben viel Frucht brachte.

In ihrer Autobiographie beschreibt Theresa ausführlich die Elevation. An einigen Stellen bezeichnet sie dieses Phänomen auch als »Geisterhebung« oder »Geistflug«. Sie schreibt: »Ich sage, du merkst und siehst, wie du erhoben wirst; aber du weißt nicht wohin. Daher kommt es, daß du, wenngleich mit Wonne erfüllt, ... anfangs von Furcht ergriffen wirst. Die Seele muß darum weit mutvoller sein ... um sich mit Hintansetzung jeglichen Bedenkens, komme was da wolle, willig den Händen Gottes zu überlassen und dahin zu folgen, wohin wir von ihm geführt werden; denn du magst wollen oder nicht, du wirst doch erhoben. Mir selbst sind diese Erhebungen oft äußerst unlieb, so daß ich all meine Kräfte aufbiete, um zu widerstehen, besonders wenn sie ... öffentlich geschehen. ...Zuweilen konnte ich etwas erreichen; aber ich war danach so abgemattet und erschöpft, als hätte ich mit einem starken Riesen gerungen. Zu anderen Zeiten war es unmöglich; die Seele wurde mir erhoben, und fast immer folgte ihr, ohne daß ich es verhindern konnte, das Haupt, manchmal auch der ganze Körper nach, so daß dieser frei über der Erde schwebte.«[145]

Dieses Schweben wurde auch von anderen Personen beobachtet und bezeugt. In den Prozeßakten der Selig- und Heiligsprechung Theresas sind die Aussagen vieler Karmelitinnen aufgenommen, die Zeugen solcher Elevationen waren. In einer Randbemerkung des P. Gracian, die er an dieser Stelle im spanischen Original der Vita macht, schreibt er: »Die Mutter Maria Baptista sah die Heilige zweimal in diesem Zustand.« Die Schwester des P. Gracian schreibt ebenfalls: »Die Mutter Maria Baptista sah sie zweimal über den Boden schwebend.«[146]

Theresa mußte bereit werden, Gott in all diesen Geschehnissen vollkommen zu vertrauen. Sie schreibt: »Darum sage ich euch, daß derjenige, dem Gott diese Gnade erweist, großen Mut braucht ... und die hingebungsvolle Bereitschaft, unseren Herrn mit der Seele ma-

---

145 Vita, aaO., S. 181f, Nr. 4.
146 Vita, aaO., S. 182, Fußnote 2.

chen zu lassen, was er will. Meint ihr, man erschrecke nicht, wenn man hellwach bei Sinnen ist und merkt, wie einem die Seele (und bei manchen – wie wir gelesen haben – zugleich der Körper) fortgerissen wird...?[147]

Theresa fährt in ihrem Bericht fort und schreibt: »Ein anderes Mal – es war am Feste unsres Kirchenpatrons unter der Predigt – widerfuhr mir in Gegenwart mehrerer vornehmer Damen das nämliche. Hier warf ich mich, sobald ich gewahrte, daß der Herr mich erheben wolle, der Länge nach auf den Boden; aber desungeachtet und trotzdem die herbeigeeilten Nonnen mich zu halten versuchten, wurde die Verzückung dennoch bemerkt. So erging es mir noch bei mehreren anderen Gelegenheiten. ...Die Kraft, die mich unter den Füßen emporhob, wenn ich widerstehen wollte, kam mir so gewaltig vor, daß ich sie mit nichts vergleichen kann.«[148]

Sie erlebte also, wie sie durch Gottes Kraft in die Luft erhoben wurde. Diese Kraft war anscheinend so groß, daß sie nicht dagegen ankämpfen konnte. Daß ihr es bei den Erhebungen und Verzückungen nicht um äußeres Auffallen oder Spektakel ging, erkennt man daran, daß sie den Herrn inständig darum bat, dieses Phänomen nicht mehr in der Öffentlichkeit geschehen zu lassen, sondern, wenn es schon sein müsse, nur noch unter Ausschluß anderer, damit es niemand bemerkte.

Auch heute erleben Menschen, wie sie unter Gebet eine Kraft verspüren, die auf ihren Brustkorb oder ihren Rücken drückt und sie so sanft oder auch heftig zu Boden legt. Daß Theresa dabei nach oben gehoben und die Schwerkraft überwunden wurde, bleibt natürlich ein außergewöhnliches Phänomen.

e) Prophetien, Visionen

Als besondere Gnade betrachtete es Theresa, daß der Herr in göttlichen Ansprachen und Visionen zu ihr redete. Diese reichten von einzelnen Worten, die sie selbst betrafen, sie auferbauten, trösteten

---

147 Innere Burg, aaO., S. 140f.
148 Vita, aaO., S. 182f, Nr. 5+6.

oder auf Sünde aufmerksam machten, bis hin zu klaren Weisungen des Herrn an Dritte.
Zwischen dem Gebet bzw. der Verzückung und den prophetischen Worten sah Theresa einen direkten Zusammenhang: »Hier in der Ekstase finden die wahren Offenbarungen, die großen Gnadenerweisungen und Visionen statt.«[149]
Über die Art der Visionen und göttlichen Ansprachen schreibt sie: »Es handelt sich um gewisse Anreden, welche die Seelen auf vielerlei Art vernehmen. Manche solcher Anreden scheinen von außen zu kommen, andere aus dem tiefsten Inneren der Seele, wieder andere aus der oberen Zone, und manche widerfahren einem so äußerlich, daß man es mit den Ohren hört, weil sie als klare und deutliche Stimme wirken.«[150]
Eindeutige Worte sprach Theresa über die Beurteilung solcher göttlicher Ansprachen: Die Heilige Schrift war hierbei ihr Kriterium: »Vor einem jedoch möchte ich euch warnen: auch wenn es von Gott kommt (gemeint ist das prophetische Wort), solltet ihr nicht meinen, ihr wäret deshalb besser als die anderen; denn er (Jesus) hat viel zu den Pharisäern geredet, und alles Heil liegt darin, wie man diese Worte nutzt. Und einem Wort, das nicht völlig mit der Heiligen Schrift übereinstimmt, solltet ihr nicht mehr Beachtung schenken, als wenn ihr es vom Satan selber hört.«[151]
Bei den echten, von Gott kommenden Ansprachen gab es für sie drei besondere Erkennungszeichen:
1. Die Macht und Wirksamkeit, mit der sie auftreten. So kann ein Wort des Herrn, z. B. »Sei unbekümmert!«, ausreichen, um einen Menschen von allen Sorgen und Bedrückungen zu befreien.
2. Die Ruhe, die über die Seele kommt, wenn sie die göttlichen Ansprachen erfährt.
3. Die Worte, die der Herr zu der Seele spricht, bleiben lange Zeit im Gedächtnis oder werden sogar nie mehr vergessen.
Es kam vor, daß Gott Theresa durch solche inneren Ansprachen, wie sie es nennt, auf ganz konkrete Dinge aufmerksam machte, wodurch

---

149 Vita, aaO., S. 204, Nr. 13.
150 Innere Burg, aaO., S. 122.
151 Innere Burg, aaO., S. 124.

sie zu verschiedenen Gelegenheiten andere vor Fehlern oder Schaden bewahren konnte. Zwei Beispiele seien hier erwähnt. Die Heilige schreibt: »Die inneren Ansprachen dauern immer fort. Wenn unser Herr es für nötig hält, gibt er mir immer einige Ratschläge, sonst hätte man in Palencia, wo ich mich gegenwärtig befinde, eine sehr große Ungeschicktheit begangen...«[152]

An anderer Stelle schreibt sie: »Jemand ersuchte mich, ich möchte Gott bitten, daß er ihn erkennen lassen wolle, ob er ihm damit diene, wenn er ein Bistum annehme. Da sagte der Herr nach der Kommunion zu mir, er könne es annehmen, wenn er in aller Wahrheit und Klarheit einsehe, daß die wahre Herrschaft darin bestehe, nichts zu besitzen.«[153] Mit »nichts zu besitzen« meinte sie vor allem, frei zu sein von dem Verlangen nach geistlichen Würden und dem Ansehen vor Menschen.

Besonders eindrücklich waren für Theresa diejenigen Visionen, bei denen sie Jesus sah oder seine Gegenwart tatsächlich erlebte. Am deutlichsten empfand sie Jesu Gegenwart in sog. intellektuellen Visionen. Hierzu schreibt sie folgendes: »Es kann geschehen, daß die Seele, während sie mit keinem Gedanken daran denkt, ...plötzlich Jesus Christus unsren Herrn an ihrer Seite fühlt, obgleich sie ihn nicht sieht. ...Sie fühlt ihn zu ihrer Rechten, aber nicht mit den Sinnen, die uns jemanden gewahren lassen, der neben uns ist; denn man gewahrt auf eine andere, feinere Weise, die man wohl nicht mit Worten beschreiben kann; aber diese Wahrnehmung ist genauso sicher, ja man erfaßt sie mit noch größerer Gewißheit als irgendeine Beobachtung mit den Sinnen. Diese können wohl getäuscht werden, hier aber gibt es keinen Trug; denn es bringt so viel inneren Gewinn, so viel innere Wirkungen mit sich, wie man sie niemals erleben könnte, wenn es sich um eine Ausgeburt der Melancholie handelte; niemals würde der Satan einem so viel Gutes tun...«[154]

Als »innere Wirkungen« erwähnt Theresa tiefen Frieden der Seele, ein beständiges Verlangen, Gott zu erfreuen, und eine Abscheu vor allem, was einen nicht näher zu Gott bringt.

---

152 Vita, aaO., S. 465.
153 Vita, aaO., S. 419, Nr. 16.
154 Innere Burg, aaO., S. 162ff.

Es geschah allerdings auch, daß sie Jesus leibhaftig sah. Dies geschah jedoch nicht mit einem Mal, sondern stufenweise. Zuerst zeigte der Herr ihr seine Hände, später sein Angesicht und wieder zu einem späteren Zeitpunkt seine ganze Gestalt. Dieses schrittweise Vorgehen des Herrn sah Theresa in ihrer natürlichen Schwachheit und Unzulänglichkeit begründet.[155]

Über diesen Anblick schreibt sie: »Wohl sehe ich zuweilen, wie mich der Herr voll zärtlicher Liebe anblickt; aber dieser Blick ist so überwältigend, daß ihn die Seele nicht ertragen kann. Sie gerät alsdann in eine so tiefe Verzückung, daß dieser schöne Anblick sich ihr entzieht, damit sie das Ganze mit um so größerer Wonne genießt.«[156]

Ein außergewöhnliches Erlebnis hatte Theresa im Jahre 1562. In einer Vision sah sie einen Engel, der ihr mit einem feurigen Pfeil mehrmals das Herz durchbohrte. Danach war sie »ganz entzündet von feuriger Liebe zu Gott«. Noch im Jahre 1950 waren an dem unverwesten Herzen Theresas, das im Kloster zu Alba de Tormes aufbewahrt wird, die Zeichen dieser Verwundung zu sehen: man erkennt mehrere kleine Öffnungen am Herzen sowie eine große Wunde, die mindestens fünf Zentimeter lang und sehr tief ist und an den Rändern mehrere Brandmale erkennen läßt. (vgl. Vita, aaO., S. 280f, Fußnote 2 und Wilhelm Schamoni, *Das wahre Gesicht der Heiligen*, aaO., S. 282, Nr. 72.)

Neben Jesus und Engeln sah Theresa auch einmal böse Geister rings um sich her, denen Gott aber nicht gestattete, sich ihr zu nähern oder ihr zu schaden.[157]

f) Der Zweck der Phänomene

Obwohl Theresa oft nicht erklären konnte, warum Gott in dieser Weise an ihr wirkte, versuchte sie doch immer wieder den Zweck dieser Phänomene deutlich zu machen. So schreibt sie in der »Inneren Burg«: Unser Herr pflegt auch noch auf manche andere Weise die

---

[155] vgl. Vita, aaO., S. 261, Nr. 1.
[156] Vita, aaO., S. 273, Nr. 2.
[157] Vita, aaO., S. 301, Nr. 12.

Seele zu wecken. Unversehens, während sie mit dem Munde betet, ohne auf etwas Innerliches zu achten, ist es ihr, als flamme eine Wonne auf, als überwalle sie jählings ein starker Geruch, der durch alle Sinne sich ihr mitteilt. ...Mit solchen und ähnlichen Erscheinungen will der Herr die Seele nur fühlen lassen, daß der Bräutigam zugegen ist. Er erregt in ihr eine so süße Sehnsucht, sich an seiner Seele zu erfreuen, daß sie bereit wird, große Taten für unseren Herrn zu vollbringen und ihn zu preisen. ...Diese Sehnsucht ist es, was die Seele am häufigsten fühlt.«[158]

Eine der Auswirkungen, die Theresa in diesen übernatürlichen Phänomenen erkannte, war das Wecken der Seele. Die Empfindung der Gegenwart Gottes, die Aufmerksamkeit seinem Reden gegenüber, das Bewußtsein der Liebe und Zuwendung Gottes erhielt eine deutliche Steigerung durch die körperlichen Phänomene beim Gebet. Dasselbe berichten Menschen, die in unserer Zeit ähnliche körperliche Phänomene erleben wie Theresa. Das Schütteln oder Zittern ihres Körpers, das Ruhen im Geist, das Weinen und Lachen sind äußere Anzeichen – körperliche Reaktionen – auf die Anwesenheit Gottes in ihrem Leben.

Trotz dieser positiven Auswirkungen der körperlichen Phänomene legte Theresa den mystischen Erlebnissen kein übermäßiges Gewicht bei. Öfters bemerkte sie, daß die Liebe zu Gott nicht in Tränen und süßen Gefühlen bestehe, »sondern darin, daß man Gott diene in Gerechtigkeit, mit männlicher Entschlossenheit und Demut.«[159]

g) Heilungen

Im Laufe ihres Lebens hat Theresa Jesus auch des öfteren als Heiler erlebt. Obwohl sie selbst oft an schweren Krankheiten litt und in Krankheit, wie auch im Leid allgemein, ein Erziehungsmittel Gottes

---

158 Innere Burg, aaO., S. 121f.

159 vgl. Ludwig Freiherr von Pastor, *Geschichte der Päpste*, Bd.IX, aaO., S. 103f. Theresa von Avila, *Weg der Vollkommenheit*, in *Sämtliche Schriften der heiligen Theresa von Jesus*, Bd. 6, aaO., S. 94, Nr. 5. Theresa von Avila, *Briefe*, aaO., S. 352f.

sah, war ihr die Gesundheit ihrer Mitschwestern und Glaubensgeschwister ein großes Anliegen. In der Gegenwart Jesu sah sie das rechte Mittel, um von Krankheiten geheilt zu werden. So schreibt sie: »Haben wir ihn auch nie erblickt, schätzen wir ihn doch, weil wir aus eigener Erfahrung wissen, daß er uns von verschiedenen Krankheiten geheilt hat, gegen die er das rechte Mittel ist.«[160]

In Theresas Vita werden zwei Heilungen konkret erwähnt. Bei der ersten bat sie den Herrn um Heilung für eine ihr liebe Person, die blind war. Da die Heilige jedoch wegen ihrer eigenen Sündhaftigkeit Zweifel an der Erhörung ihres Gebetes hatte, erschien ihr der Herr und zeigte ihr seine Wundmale mit den Worten, daß er, der solches für sie gelitten hatte, um so mehr tun werde, um was sie ihn bitte. Außerdem versprach er ihr, alle ihre Bitten zu erhören, denn er wisse schon, daß sie »ihn um nichts bitten werde, was nicht zu seiner Ehre gereiche.« Im folgenden schreibt Theresa: »Und siehe, es waren meines Erachtens noch nicht acht Tage verflossen, da schenkte der Herr ... jener Person das Gesicht wieder.«[161]

Die andere Heilung, die Theresa berichtet, betraf ihren Neffen, Petrus Mechia. Er litt an einem sehr schmerzhaften und unheilbaren Harnleiden. Nach zwei Monaten waren die Schmerzen so unerträglich, »daß er sich selbst zerfleischte«. Als Theresa ihn besuchte, war sie so von Mitleid ergriffen, daß sie inständig zum Herrn um seine Genesung flehte. »Gleich des anderen Tages ward der Kranke von seinem Schmerze vollständig befreit« und wurde niemals mehr von dieser Krankheit befallen.[162]

Diese Heilungen sind aber sicher nicht die einzigen, die durch Theresas Gebet gewirkt wurden. An einer Stelle schreibt sie, daß die Berichte von Heilungen der Seele und des Leibes bei verschiedenen Personen so zahlreich sind, »daß ich mich und die Leser ermüden würde, wollte ich sie alle erzählen.«[163]

---

160 Innere Burg, aaO., S. 168f.

161 Vita, aaO., S. 397, Nr. 1.

162 vgl. Vita, aaO., S. 398, Nr. 2 und S. 540.

163 Vita, aaO., S. 400, Nr. 5.

An diesem Punkt ist es wichtig zu erwähnen, daß Theresa fest an die Rückkehr von Zeichen und Wundern in ihrer Kirche glaubte. So schreibt sie: »Eines Tages vernahm ich die Worte (durch ein prophetisches Wort): »Es wird eine Zeit kommen, in der viele Wunder in dieser Kirche gewirkt werden; man wird sie die heilige Kirche nennen.« Dies habe ich im Jahre 1571 im Kloster zum hl. Joseph in Avila vernommen.«[164]

3. *Theresas Nüchternheit und gesunder Menschenverstand*

Es klingt fast wie ein Widerspruch! Eben noch war die Rede von Theresas Verzückungen und Trunkenheit, jetzt möchte ich von ihrer Nüchternheit sprechen. Doch neben ihren mystischen Erlebnissen war die Heilige auch eine Frau mit einem sehr gesunden Menschenverstand. Man darf sich Theresa als Mystikerin nicht weltfremd und entrückt vorstellen, die kaum einen klaren Gedanken fassen konnte. Theresa war keine »fromme Spinnerin«, sie war nie fanatisch.
Trotz der vielen seltsamen Phänomene in ihrem Leben blieb sie eine Frau, die mit beiden Beinen auf der Erde stand, ihre Schwächen kannte und ihre Erfahrungen und ihr geistliches Leben nicht einfach auf andere übertrug. Hier nun einige ihrer Aussprüche, die zeigen, wie »normal« und ausgewogen sie sein konnte.
Obwohl das Gebet für sie eine besonders wichtige Rolle spielte, wußte sie um unsre Schwierigkeiten beim Beten und sagte dazu ganz nüchtern: »Die Veränderungen der Witterung und der Umlauf der Körpersäfte üben oftmals einen solchen Einfluß auf die Seele aus, daß sie nicht tun kann, was sie will, sondern auf alle mögliche Weise leidet; und je mehr man in solchen Zeiten der Seele Gewalt antun will, desto mehr verschlimmert sich das Übel... Man begreife es alsdann, daß man krank ist und verlege die Stunde des Gebetes, was sehr oft mehrere Tage hindurch wird geschehen müssen.«[165]
An anderer Stelle schreibt sie dazu: »Auch sollte man diese Menschen (die an körperlicher Schwäche leiden) veranlassen, sich nicht stundenlang dem Gebet zu widmen, sondern nur ganz kurz, und sollte

---

164 Vita, aaO., S. 476, Nr. 16.
165 Vita, aaO., S. 114, Nr. 14.

dafür sorgen, daß sie genügend schlafen und essen, bis sie wieder ordentlich zu Kräften kommen. Ist die betreffende Person aber von so schwacher Natur, daß auch dies nicht dazu hilft, so glaubt mir, daß Gott sie zu nichts anderem als zu einem tätigen Leben bestimmt hat; denn auch solche braucht man in den Klöstern.«[166]

Es ist befreiend zu lesen, wie die Heilige nicht verbissen zur Stunde des Gebetes aufruft, ganz gleich wie es jemanden geht, sondern die natürlichen Abläufe des Lebens und das Wohlbefinden des Körpers vernünftigerweise in ihre Überlegungen mit einbezieht. So lehnte sie auch Bußübungen und Geißelungen des Leibes ab, die der körperlichen Konstitution einer Person oder ihrem Gesundheitszustand schadeten.

Besonders klar äußerte sich Theresa gegen unechte Verzückungen oder Phänomene während des Gebets, die nicht in Gott, sondern in persönlicher Schwachheit oder Sentimentalität ihren Ursprung hatten. Sie schreibt: »Auf eine andere Gefahr möchte ich noch euer Augenmerk lenken, ... eine Gefahr, in die ich Menschen geraten sah, die dem Gebet ergeben waren, vor allem Frauen. Denn da wir schwächer sind, widerfährt uns das Unheil leichter, von dem ich reden möchte. Manche befinden sich nämlich wegen häufiger Bußübungen, Gebete und Nachtwachen und auch schon von Natur aus in einem Zustand körperlicher Schwäche. Haben sie nun ein innerliches Geschenk erhalten, so können sie ihrer Natur nicht länger widerstehen, und da sie im Innern eine gewisse Befriedigung empfinden und zugleich äußerlich einen Zusammenbruch erleiden, sich schlaff und matt fühlen, so meinen sie,... daß das eine gleich dem andern sei, lassen die Besinnung fahren und versinken in ein ohnmächtiges dumpfes Staunen. Und je mehr sie ihr Bewußtsein aufgeben, desto mehr geraten sie außer sich, weil ihr Körper immer kraftloser wird, und das erscheint ihnen in ihrem Hirn als Verzückung. Ich nenne es Verdummung; denn man verliert damit nur seine Zeit und vergeudet seine Gesundheit,... man ist weder bei Sinnen, noch fühlt man etwas Göttliches. Durch Schlafen, Essen und Einschränkung der Bußübungen befreite man die genannte Person von solchen Anwandlungen...«[167]

166 Innere Burg, aaO., S. 80.
167 Innere Burg, aaO., S. 79.

Ludwig Freiherr von Pastor schreibt in seiner Geschichte der Päpste über Theresa: »Theresa gehört nämlich keineswegs zu jenen, die sich dem bunten Spiel ihrer Einbildungskraft ohne Urteil und Widerstand hingeben. Sie warnt davor, die erste Schaumblase der Einbildung als eine Vision zu betrachten. ...Namentlich ist sie sich darüber klar, daß übertriebenes Fasten und Nachtwachen Zustände herbeiführen kann, die von Unkundigen mit Verzückungen verwechselt werden. ...Überhaupt hat Theresas Wesen durchaus nichts Überspanntes.«[168]
Als sie einmal für vierzehn Tage in einem Kloster in Madrid weilte, waren die dortigen Nonnen hocherfreut, eine Heilige gefunden zu haben, »die man nachahmen könne, denn sie esse und schlafe und rede wie alle anderen.«[169]
Im Laufe ihrer Tätigkeit als Leiterin und Gründerin verschiedener Klöster, kam Theresa auch in Kontakt mit mehreren Gelehrten und Theologen. Sehr interessant ist, was die Heilige über die Beurteilung all dieser erstaunlichen Phänomene durch jene Theologen und Gelehrte schreibt: »Auch wenn sie diese Dinge nicht selbst erlebt haben, so verfügen große Gelehrte doch über etwas Besonderes. Da Gott sie als Licht seiner Kirche aufgestellt hat, schenkt er ihnen... die Einsicht, auf daß diese Wahrheit anerkannt werde. Und wenn sie... Diener Gottes sind, so werden sie nie erschrecken vor der Größe seiner Taten; denn sie wissen wohl, daß er noch viel, viel mehr vermag. Und obwohl manche Erscheinung nicht so recht geklärt ist, werden sie doch in der Schrift allerlei finden, aus dem sie ersehen, daß derlei Dinge möglich sind. ...Jedoch habe ich auch mit ängstlichen Halbgelehrten meine Erfahrung gemacht, die mir sehr teuer zu stehen kam. Ich glaube jedenfalls, daß der sich die Tür zum Empfang solcher Gnaden verschließt, der nicht daran glaubt, daß Gott noch viel mehr vermag, und daran zweifelt, daß er es für gut gehalten hat und für gut hält, sie zuweilen seinen Geschöpfen mitzuteilen. Darum verfallt nie in diese Haltung, Schwestern.«[170]
Zum Schluß ein letztes Zitat der heiligen Theresa von Avila, welches deutlich macht, daß ihr Herz für Gottes Reich, das Wachstum seiner

---

[168] Ludwig Freiherr von Pastor, *Die Geschichte der Päpste,* aaO., S. 102f.
[169] von Pastor, aaO., S. 103.
[170] Innere Burg, aaO., S. 85.

Kirche und sogar für die Lutheraner schlug: »Da es meine große Sehnsucht ist, euch im Dienst dieses meines Gottes und Herrn irgendwie behilflich zu sein, bitte ich euch, daß ihr in meinem Namen jedesmal, wenn ihr hierin lest (gemeint ist das Buch »Die innere Burg«), seine Majestät von Herzen rühmt und ihn um das Wachstum seiner Kirche und Erleuchtung für die Lutheraner bittet.«[171]
Obwohl der Glaube und die Gottesbeziehung Theresas auch viele protestantische und echt reformatorische Züge trägt, war sie durch und durch Katholikin und aufs engste mit ihrer Kirche verbunden. Der Wunsch nach Erleuchtung für die Lutheraner hat auch darin seinen Ursprung, daß bis zur Mitte des 16. Jahrhunderts nur wenige Informationen über die Reformation, über den Glauben Luthers und dessen Theologie nach Spanien vorgedrungen waren. Das meiste, was man von den Lutheranern in Spanien hörte, waren Schauergeschichten und Gerüchte. Es ist daher verständlich, wenn sie sich deren Erleuchtung wünschte.

Zusammenfassung

Am Leben der heiligen Theresa von Avila wird eines deutlich: Gott ist ein gegenwärtiger Gott. Er war für Theresa trotz seiner Größe und Erhabenheit nie der ferne Gott. Er lebte in ihrer Seele, offenbarte sich und wirkte in ihr. Die wichtigsten Auswirkungen dieser Gegenwart Gottes im Leben der Heiligen waren eine große Liebe zu Jesus, ihre Bereitschaft, sich Gott ganz zu überlassen, ihr unermüdlicher Einsatz für ihren Orden und ihre Kirche und besonders ihr intensives Gebetsleben. Ohne das Wissen um Gottes Gegenwart und Liebe zu ihr, wäre diese körperlich schwächliche Frau nicht zu dem in der Lage gewesen, was sie geleistet hat.
Gleichzeitig war ihr reiches Gebetsleben begleitet von den erstaunlichsten übernatürlichen Phänomenen. Für diese Phänomene war Theresa dankbar, wenn sie sie zunächst auch befremdeten. Doch bald erkannte sie in den Verzückungen, den Ekstasen, den Elevationen, den göttlichen Ansprachen und Visionen äußere Zeichen und Be-

[171] Innere Burg, aaO., S. 217.

kundungen der Gegenwart Gottes. Durch sie weckte er Theresas Seele und zog ihre Aufmerksamkeit auf sich.
An ihrem Glaubensleben wird sichtbar, daß eine enge Beziehung zu Gott und intensives Beten Auswirkungen auf den ganzen Menschen haben kann. Nicht nur der Geist und die Seele Theresas wurden erneuert, auch ihr Körper wurde angerührt und zum Tempel des Heiligen Geistes gemacht. Gottes Geist wohnte in ihr – in ihrem Leib – in solch einem Maße, daß es körperliche Auswirkungen hatte. Gott liebt nicht nur unsere Seele, aber verabscheut Leib und Gefühle. Mit Theresa von Avila hat Gott gezeigt, daß ihm alles gehört: Geist, Seele und Leib des Menschen; in allem wirkt er, alles an uns liebt er!

VIII. WILLIAM BOOTH UND DIE HEILSARMEE

1. Kurze biographische Angaben

William Booth lebte von 1829-1912 in England und war Gründer der Heilsarmee. Ab 1852 arbeitete Booth als methodistischer Pfarrer, 1861 verlagerte er seine Tätigkeit aber vollständig auf den Bereich Evangelisation. Zusammen mit seiner Frau Catherine Mumford gründete er 1865 die »Christliche Mission« in Londons East End. 1878 wurde der Name in »Heilsarmee« (Salvation Army) geändert und die ganze Organisation militärisch geordnet. William Booth wurde General, Catherine Booth wurde »Armee-Mutter« und seine acht Kinder erhielten im Laufe der Zeit leitende Aufgaben innerhalb der Heilsarmee. Bereits zehn Jahre nach dieser Namens- und Strukturänderung war die Heilsarmee so angewachsen, daß sie auf den britischen Inseln, in den Vereinigten Staaten, in Kanada und in Europa weit verbreitet war. Am Ende seines Lebens hatte die Heilsarmee bereits 16000 vollzeitliche Offiziere und war eine hingebungsvolle missionarische Organisation. Von Anfang an war es die Absicht der Heilsarmee, diejenigen Menschen zu Jüngern Jesu zu machen, die aus Schichten der Gesellschaft kamen, die sonst von niemanden für das Evangelium erreicht wurden.

1990 gab es weltweit in 86 Ländern Zweige der Heilsarmee, und allein in den USA gab es 3600 aktive Offiziere und 79000 sog. »erwachsene Soldaten« in 1088 Korps.[172]
Von Booth und der Heilsarmee ging eine verändernde Kraft auf ganz England und bald auch auf die ganze Welt aus. Ursache dieser Kraft war der Heilige Geist, der durch die Heilsarmee-Mitarbeiter mächtig wirkte. Dieses Wirken des Heiligen Geistes war auch begleitet von übernatürlichen Phänomenen.
Die Anfänge und die Geschichte der Heilsarmee wurden aufgezeichnet von William Booths Sohn, Bramwell Booth. Dieser übernahm 1912 nach dem Tod seines Vaters die Leitung der Heilsarmee. In seinem Buch über das Werden der Heilsarmee »Echoes and Memories« widmet er ein ganzes Kapitel dem Thema »Zeichen und Wunder«. Darin beschreibt er all die übernatürlichen Phänomene, die er und andere Mitarbeiter der Heilsarmee im Laufe der Jahre erlebten und die sich fruchtbar auf die Arbeit der ›Soldaten‹ auswirkten.
Um auf seine Nüchternheit hinzuweisen, bemerkt Bramwell Booth am Anfang des Kapitels, daß er sein Leben lang an dem, was man körperliche Manifestationen nennt, Interesse hatte, dieses Interesse aber begleitet war von einigen Befürchtungen und großer Vorsicht. Übernatürliche Vorkommnisse mußten seiner Meinung nach so ausgezeichnet und echt sein, daß sie über allen Zweifel erhaben waren. Er geht dann dazu über, einzelne übernatürliche Phänomene zu beschreiben und auf ihre positive Auswirkung innerhalb der Heilsarmee hinzuweisen.

2. Übernatürliche und geistgewirkte Phänomene

a) Ruhen im Geist

Den ersten Fall einer körperlichen Manifestation erlebte Bramwell Booth, als er beobachtete, wie gottlose Menschen in der Gegenwart Gottes in außergewöhnlicher Weise zusammenbrachen. Booth schreibt: »Ich sah Männer in unseren Versammlungen, die zu Beginn

---

172 E.H. McKinley, Art. William Booth, in *Dictionary of Christianity in Amerika*, aaO., S. 175f und ebd., Art. Salvation Army, aaO., S. 1043f.

des Gottesdienstes wetterten und fluchten, dann aber plötzlich derart zusammenbrachen, daß man meinte, eine physische Kraft hätte sie längsgestreckt auf den Boden niedergelegt. Nach einer Zeit der Ruhe, des Weinens und der Reue, bekannten sie ihre Sünden und flehten um Gottes Gnade. In vielen solcher Fälle war ihr gesamtes nachfolgendes Leben verändert, und es war für diejenigen, die sie kannten, keine Frage, ob ihre Erfahrung echt war.«[173]
In seiner Jugend nahm Bramwell Booth einmal an einer Missionsveranstaltung in Cardiff teil, die von Robert Aitken geleitet wurde. Die Veranstaltung war sehr erfolgreich, und Abend für Abend bekehrten sich Menschen. Gleichzeitig entstand im Laufe der Missionsveranstaltung erheblicher Widerstand und Spott in der Stadt, und Herr Aitken wurde regelrecht attackiert wegen bestimmten Bemerkungen in seinen Predigten. Als Aitken eines Abends durch die Straßen Cardiffs lief, begegneten ihm einige rauhe Burschen, die ihn furchtbar verhöhnten. Einer von ihnen bot ihm sogar eine Flasche Schnaps an. »Aitken wandte sich scharf um«, schreibt Booth, »und sagte zu ihm mit seiner tiefen Stimme: ›Oh mein armer lammy (die deutsche Bedeutung dieses Wortes ist mir unbekannt), wie willst du das Feuer der Hölle ertragen?‹ Bei diesen Worten stürzte der Mann augenblicklich auf den Bürgersteig. Er fiel wie ein Stück Holz und verlor offensichtlich für einen Moment völlig das Bewußtsein. ...Ein oder zwei Leute kamen Mr. Aitken zu Hilfe, und dann kam jener Mann auf dem Gehweg bereits wieder zu sich und suchte die Gnade Gottes und wurde später, wie ich erfuhr, ein ernsthafter Christ.«[174]
Bramwell Booth berichtet weiter, daß sie später bei der Heilsarmee selbst »noch viel mehr dieser wunderbaren Vorfälle erlebten.«[175]
Besonders viele übernatürliche Phänomene ereigneten sich während den oft veranstalteten Gebetsnächten. Booth berichtet: »Während einer Gebetsnacht zum Beispiel war eine bestimmte Bewegtheit bei den Leuten offensichtlich, und manchmal, wenn Gebet angeboten wurde, und andere Male, während des Singens oder dem Aufruf eines bestimmten Sprechers, sah man, wie hier und da Leute aus der

---

173 Bramwell Booth, *Echoes and Memories,* aaO., S. 51f, m.Übs.
174 ebd., S. 52/53, m.Übs.
175 ebd., S. 53, m.Übs.

Zuhörerschaft zu Boden fielen. Manchmal schienen sie mit großer Wucht zu Boden zu stürzen, und doch ist mir nicht bekannt, daß sich je jemand verletzt hätte. Bei bestimmten Gelegenheiten ereigneten sich bei mehreren hundert Versammelten nur ein halbes Dutzend solcher Manifestationen, obwohl ich auch schon bis zu fünfzig oder sechzig erlebt habe. Manchmal traf es mehrheitlich jüngere Leute, aber zu anderen Zeiten waren diejenigen, die so beeinflußt wurden, hauptsächlich vom älteren Teil der Zuhörerschaft.«[176]

An die Gebetsnacht vom 16. Januar 1878 erinnert sich Bramwell Booth noch sehr gut, und er hat die Vorfälle jener Nacht genau in seinem persönlichen Tagebuch aufgezeichnet. Im erwähnten Kapitel über Zeichen und Wunder zitiert er nun aus seinem Tagebuch: »Am Abend leitete Corbridge ein Halleluja-Treffen bis 10.00 Uhr. Dann begannen wir mit der Gebetsnacht. Zweihundertfünfzig Personen waren bis morgens um 1.00 Uhr anwesend; zweihundert noch länger. Eine wunderbare Zeit. Von Anfang an war Jehova da und suchte, erweichte und unterwarf sich jedes Herz. Die Kraft des Heiligen Geistes fiel auf Robinson (ein Grubenarbeiter, der besonders kräftig gebaut war und erst spät zur Versammlung stieß) und legte ihn flach. Er fiel beinahe zweimal in Ohnmacht. Der Bruder der Blandys (zwei unserer Evangelisten) brach zur völligen Freiheit durch, und dann rief er, weinte er, klatschte er mit seinen Händen, tanzte er, und das mitten in einem Szenario von herrlichstem und himmlischstem Enthusiasmus. In der Zwischenzeit lagen andere längsgestreckt am Boden, einige von ihnen wimmerten laut um völlige Befreiung. ...Es war eine gesegnete Nacht.«[177]

Interessant ist, was Bramwell Booth über die Menschen sagt, an denen diese Phänomene geschahen. Sehr oft ereigneten sich diese Manifestationen nämlich an Menschen, die lange dem Licht Gottes widerstanden hatten, damit es nicht ihr Leben erleuchte. Sie hatten dem Ruf getrotzt, sich Gott ganz auszuliefern, ihm in bestimmter Weise zu dienen oder zweifelhafte Gewohnheiten aufzugeben. Viele derer, an denen sich übernatürliche Phänomene ereigneten, hatten zuvor öffentlich bekannt: »Ich werde strikt darauf achten, daß derar-

---

176 ebd., S. 53, m.Übs.
177 ebd., S. 53, m.Übs.

tige Dinge niemals mit mir geschehen werden.« Ob sie nun wollten oder nicht: wenn der Heilige Geist kam, wurden sie gesegnet. So kommentiert Booth: »Auf jeden Fall, gemessen an den darauffolgenden Erfahrungen, wurde oft bewiesen, daß sie ungeheuer gnädig und wunderbar gesegnet wurden.«[178]

Bramwell Booth und die anderen Leiter entschlossen sich, diesen Auswirkungen der Gegenwart Gottes niemals zu widerstehen oder sie zu mißbilligen. Da die übernatürlichen Phänomene aber so offensichtlich in den Versammlungen auftraten, entschied man sich, diejenigen, die unter die Kraft Gottes kamen, sofort aus der öffentlichen Versammlung zu tragen. Normalerweise wurden sie in Nebenräume gebracht, die Männer von den Frauen getrennt und still niedergelegt. Hierzu schreibt Bramwell Booth: »Dieses schnelle Entfernen vom öffentlichen Treffen war eine kluge Sache. Wirksam verhinderte es, daß irgendeine eitle oder neurotische Person die Aufmerksamkeit auf sich ziehen konnte. Aber es ist wichtig, sich zu erinnern, daß wir sehr selten irgendeinen Vorfall hatten, der nicht vollkommen aufrichtig war. Obwohl wir zahlreiche Ärzte zu verschiedenen Zeiten an verschiedenen Orten hatten, war die Zahl der Fälle, bei denen die medizinische Meinung war, daß etwas ›vorgemacht‹ wurde, extrem gering, ob unter Frauen oder Männern; eigentlich so gering, daß man es fast vernachlässigen kann.«[179]

Der Grund für das Umfallen im Geist war für Booth schwierig zu erklären. Er konnte sich bezüglich der physischen Seite des Geschehens vorstellen, daß »bestimmte göttliche Einflüsse, die auf eine Ansammlung von Personen kamen, speziell von denjenigen angezogen wurden, die man als geistliche Blitzableiter bezeichnen könnte, und daß solche Personen, wenn sie auf der körperlichen Ebene überwältigt wurden, dann ihr Gleichgewicht verloren und niederfielen.«[180]

---

178 ebd., S. 54, m.Übs.
179 ebd., S. 54, m.Übs.
180 ebd., S. 55, m.Übs.

b) Visionen, Elevationen

Neben dem Umfallen wurden verschiedenen Personen auch himmlische Visionen zuteil.

Booth beschreibt, daß diese bemerkenswerten Visionen und Offenbarungen den Personen meist während der Zeit zuteil wurden, in der sie bewußtlos am Boden lagen. Er schreibt: »Der Eindruck, den sie machten, war dem des Apostels ähnlich, als er davon sprach, in den dritten Himmel entrückt worden zu sein und unsicher war, ob er im Leib oder außer dem Leibe war.«[181]

Von einer Frau namens Bamford, einem weiblichen Offizier aus Nottingham, berichtet Booth: »Nach einer Heimsuchung dieser Art während einer Gebetsnacht, bei der sie für fast fünf Stunden bewußtlos am Boden lag und ihr Gesichtsausdruck ganz sichtbar leuchtender wurde, beschrieb sie ein Bild von etwas, das sie gesehen hatte und das hauptsächlich die Glückseligkeit der Erlösten betraf. Dies machte einen tiefen Eindruck auf mein eigenes Herz, und ich glaube, es half ihr später, Hunderte von Seelen für Gott zu gewinnen, denn sie bezog sich beständig darauf in ihrem Dienst als Offizier. Sie starb Jahre später mit einem herrlichen Erfolg im Seelengewinnen.«[182]

Neben Visionen erlebte die Heilsarmee weitere übernatürliche Phänomene. Bramwell Booth berichtet sogar von Elevationen (= Levitationen, Schwebezustände; vgl. Kapitel 1 sowie das Kapitel über Theresa von Avila), die sich während der Gottesdienste abspielten. Er schreibt: »Vorfälle von Levitationen ereigneten sich ebenfalls in unsren Gottesdiensten, und genau bestätigte Berichte darüber gelangten immer wieder zu mir. Trotzdem schreibe ich von diesen jetzt nicht. Ich kann nur sagen, daß ich nicht daran zweifeln kann, daß alles hierüber offengelegt wurde und wahr war.«[183]

---

181 ebd., S. 55, m.Übs.
182 ebd., S. 56, m.Übs.
183 ebd., S. 56, m.Übs.

c) Heilung

Ein wichtiges Phänomen in den Reihen der Heilsarmee war die Krankenheilung. Booth sagt, daß die Army unter ihren Mitarbeitern in den verschiedenen Teilen der Welt eine ganze Anzahl von Leuten hatte, die ohne Frage die Gabe der Heilung besaßen. Die einzelnen Vorfälle sind ebenso bestätigt wie bei den anderen Phänomenen. »Die zentrale Tatsache ... ist, daß das Heilen der Kranken durch ein spezielles sofortiges göttliches Eingreifen, als Antwort auf Gebet und Glaube, zweifellos geschehen ist«, schreibt Booth.[184]

Ganz generell zum Thema göttliche Heilung meint Bramwell Booth direkt im Anschluß an das vorhergehende Zitat: »Daran ist nichts Überraschendes. Im Gegenteil, es wäre überraschend, wenn es anders wäre. Denn wir haben nicht nur erkannt, daß das Heilen der Kranken durch die Kraft Gottes von Anfang an verbunden war mit dem Amt der Propheten, Priester, Lehrer und Apostel, sondern es schien uns immer im Einklang mit den Ansichten und Erfahrungen der Heilsarmee selbst zu sein, daß Gott die Kranken auf seine Art heilen sollte. Nicht nur wurde nie etwas Gegenteiliges unter uns gelehrt, sondern in der Nähe und in der Ferne haben wir auf der Tatsache bestanden, daß Gott die Kranken aufrichtet als Antwort auf unsere Gebete; und zahlreiche Beispiele, wie ich bereits sagte, dieses Heilungsdienstes sind während der Geschichte aufgetreten.«[185]

Nicht nur in England, sondern auch in anderen Teilen der Welt wurden ähnliche Phänomene erlebt. »All diese ungewöhnlichen Manifestationen wurden ebenfalls in der Arbeit der Armee in anderen Ländern erfahren«, schreibt Booth.[186]

So vor allem in Holland und den USA, in der Schweiz und in Skandinavien, wo besonders die Gabe des Zungenredens einiges an Aufruhr auslöste. Über die Erfahrungen in den Vereinigten Staaten schreibt Booth: »In den Vereinigten Staaten hatten wir von den frühen Tagen an Berichte von ähnlichen Erfahrungen, außer daß sie dort in Form extremerer Freude auftraten. Eine der Eigentümlich-

---

184 ebd., S. 57, m.Übs.
185 ebd., S. 57, m.Übs.
186 ebd., S. 57, m.Übs.

keiten des Umfallens, der Verzückungen und ähnlicher Dinge in Europa war die große Ernsthaftigkeit, die fast immer ihr Auftreten begleitete, ganz egal ob es Personen innerhalb oder außerhalb der Armee betraf. Aber in den Vereinigten Staaten war es eher andersherum. Die Demonstrationen des Geistes ... waren begleitet von überwältigender Freude und wurden ausgedrückt im Singen und manchmal in der Bereitschaft zum Tanzen oder für lange Zeit in einer Art Ekstase zu verweilen. Die praktischen Auswirkungen jedenfalls – und es sind die praktischen Auswirkungen, durch die all diese Dinge beurteilt werden – waren dort genauso wie anderswo.«[187]

Um abschließend noch einen Moment bei diesem Thema zu bleiben – den praktischen Auswirkungen all dieser übernatürlichen Phänomene – will ich noch einen Abschnitt aus Bramwell Booths Buch zitieren, der deutlich macht, daß die Frucht des Geistes, die anhaltende Veränderung der Menschen und die Seelengewinnung, immer entscheidendes Kriterium für die Echtheit der auftretenden Manifestationen war. So schreibt er über die Auswirkungen des Umfallens im Geist: »Was geschah hinterher? Nun, die große Mehrheit jener, die unerrettet waren (und umfielen), suchte die Vergebung Gottes und begann ein neues Leben; und die Tatsache, daß ihr neues Leben einen so außergewöhnlichen Anfang hatte, half zweifellos ihrem Glauben.

Im Blick auf alle, die bereits zu unseren Leuten gehörten oder als Christen unsere Versammlungen besuchten, waren die nachträglichen Auswirkungen unterschiedlich. In der Mehrzahl der Fälle war ein unmittelbares Verlangen, sich ganz dem Willen Gottes auszuliefern, manifest. Ich muß wohl Hunderte von Zeugnissen gehört haben über die wunderbare Hilfe, die während oder als Folge solcher Heimsuchungen empfangen wurde. Es waren Zeugnisse von Personen, deren absolute Ernsthaftigkeit von niemand Vernünftigen in Frage gestellt wurde, und deren wachsende Hingabe an die Sache Gottes reichlich sichtbar war.«[188]

Zusammenfassend läßt sich sagen, daß bei der Heilsarmee übernatürliche Phänomene in reichem Maße auftraten. Das Besondere

187 ebd., S. 58, m.Übs.
188 ebd., S. 54/55, m.Übs.

hierbei ist, daß diese Manifestationen nicht nur an Sündern auftraten, die von Gottes Geist getroffen wurden und dann Buße taten, sondern auch bei Gläubigen während der Gottesdienste, die dadurch in ihrer Hingabe an Gott und sein Werk gestärkt wurden und fortan mit größerem Verlangen nach Selbstverleugnung und persönlicher Auslieferung an den Willen Gottes lebten. In diesem Punkt gleichen die Erfahrungen der Heilsarmee den heutigen, wie sie in Toronto und anderen Teilen der Welt als Folge der Ausgießung des Heiligen Geistes auftreten.

IX. NIKOLAUS LUDWIG GRAF V. ZINZENDORF UND DIE HERRNHUTER

Nikolaus Ludwig Graf von Zinzendorf lebte von 1700-1760. Als Sohn einer österreichischen Hochadelsfamilie wurde er am 26. Mai in Dresden geboren. Er gilt als Stifter der Herrnhuter Brüdergemeine (1727), was anfangs ein Kreis für die Erweckten innerhalb der Kirche war, bald aber Ausgangspunkt einer selbständigen Kirche wurde.

Von einer Gebetsversammlung der Herrnhuter im Jahre 1727 wird berichtet: »Die drei Monate seit ihrer Versöhnung waren erfüllt von Gebet, und der Höhepunkt beim Abendmahlsgottesdienst am 13. August »ist zu Recht als modernes Pfingsten beschrieben worden«, sagt Skevin Wood. Die gesamte Versammlung lag in Tränen, als der Heilige Geist wunderbar und mächtig über sie kam. Das Feuer Gottes fiel, und sie verließen die Versammlung, erfüllt mit geistlicher Kraft und unsicher, ob sie schon im Himmel oder noch auf Erden waren. Fünf Tage später, am 18 August, ereignete sich eine bemerkenswerte Erweckung unter den Kindern in Herrnhut; der Geist Gottes kam so stark auf sie, daß sie die ganze Nacht im Gebet verbrachten. Eine Woche später, am 25. August, begannen die

Herrnhuter Brüder ihren Dienst des beständigen Gebets, welcher über hundert Jahre andauerte.«[189]
Schon vom 6. August 1727 an spürte man den Heiligen Geist eine ganze Woche lang auf besondere Weise über der Versammlung. Das Tagebuch der Herrnhuter berichtet, daß die Kraft Gottes in all ihren Gesangsgottesdiensten offenbar war. In einem Gottesdienst, am 10. August, war Pastor Rothe, ein enger Vertrauter von Graf Zinzendorf, anwesend. Während des Gottesdienstes war er tief ergriffen, und das Tagebuch berichtet, daß Rothe »von einer fast außergewöhnlichen Gewalt dahingerissen« wurde, und als er »sich vor Gott niederwarf, war die mit ihm dahinfallende Gemeinde fast außer sich selbst. Es wurde mit Gebet, aneinanderhangendem Gesang, ... und mit Weinen und Flehen bis in die Mitternacht angehalten...« So das Tagebuch der Herrnhuter.[190]
John Wimber schreibt bezüglich der Herrnhuter: »Es gab viele Beispiele weissagender Menschen. Auch andere Gaben des Geistes traten bei Gläubigen in Erscheinung, unter anderem die Zungenrede. Einige werden genannt, z. B. Christopher Kotter, Christina Poniatowski und Nicholas Drabicius.«[191]
Das Vorhandensein von Gaben in Herrnhut bestätigt auch H. Renkewitz, indem er schreibt: »Herrnhut bietet seit der Erweckung im Jahre 1727 das Bild einer Gemeinde, deren Ordnung aus empfangenen Gaben wuchs. Zinzendorf befolgte stets den Grundsatz, Ämter nicht eher einzurichten, als die Personen vorhanden waren, bei denen er die Gabe zu dem betreffenden Amt erkannte oder erwarten durfte. Deshalb fand auch ein häufiger Wechsel in den Ämtern und Amtsträgern statt, wenn die Gabe des Bruders oder der Schwester verlorengegangen war oder ein neues Amt der gestellten Aufgabe besser zu genügen schien.«[192]
E. Beyreuther berichtet in seinem Buch »Zinzendorf und die Christenheit« von zeitweiligen Spannungen zwischen Wesley und den

---

189 C. Whittaker, aaO., S. 48/49, m.Übs.
190 vgl. Gerhard Reichel, *Gottes Wunderführungen in Herrnhut*, aaO., S. 33.
191 Bernard L. Bresson, *Studies in Ecstasy,* NY 1966, S. 80-86, zitiert bei J. Wimber, Lehrmaterial, aaO., S. 143/144.
192 Heinz Renkewitz, *Zinzendorf*, aaO., S. 35.

Herrnhuter Brüdern, da sie bezüglich mancher Frage der Rechtfertigungslehre verschiedene Ansichten vertraten. Zu diesen Spannungen »kam auf der Seite der Brüder ein starkes Mißtrauen gegen die derbe Erweckungspredigt Wesleys, die jene sonderbaren physischen und psychischen Erscheinungen wie Schreie und Stöhnen, Muskelverzerrungen und Anfälle, die die davon Betroffenen in einen Zustand der Starre und scheinbarer Leblosigkeit versetzten, geradezu mit herausforderten. Doch fanden sich diese merkwürdigen seelischen Zusammenbrüche auch bei den Erweckungspredigern der Herrnhuter«[193]

Gerade an den übernatürlichen Phänomenen bei der Herrnhuter Brüdergemeine wird deutlich, wie Gott durch alle »theologischen Lager« hindurch segnet und seinen Geist ausgießt. So gibt es manche konfessionelle Bewegung, die heute zwar sehr kritisch oder ablehnend übernatürlichen Manifestationen gegenübersteht, aber in ihrer Geschichte oder Gründerzeit durchaus derartige Phänomene aufweisen kann.[194]

Oftmals waren es schlechte Erfahrungen oder ausbleibende Früchte, die zur Veränderung der Einstellung führten. Es bleibt jedoch zu bedenken, daß die Problematik übernatürlicher Phänomene meist weniger an den Phänomenen selbst als vielmehr an unsrem Umgang damit liegt. Schon die Gemeinde zu Korinth war das erste Beispiel dafür, daß es auch bei einem hohen Maß an Geistesfülle zu vielen Schwierigkeiten und zwischenmenschlichen Problemen kommen kann. Andererseits ist es immer wieder beeindruckend zu sehen, wie Gott trotz unsrer Schwächen und Unzulänglichkeiten seinen Geist ausgießt und Wunder wirkt!

---

193 E. Beyreuther, *Zinzendorf und die Christenheit*, aaO., S. 259.

194 An dieser Stelle möchte ich noch einfügen, was ein bekannter Zeitgenosse Zinzendorfs, nämlich der Liederdichter Gerhard Tersteegen (1697-1769), bezüglich übernatürlicher Manifestationen erlebte. Er schreibt in einem Brief: »Es kamen eines Morgens 50 Menschen zusammen, die haben wollten, ich sollte was zu ihnen reden, welches ich denn auch tat über Jes. 45,10. Über dem Reden entstand eine gewaltige Bewegung. Zween Menschen waren an ein starkes Beben gekommen und hingesunken.« H.v.Redern: *Ein Stiller im Lande*, S. 195, zit. bei Christoph von Abendroth in Geistliche Gemeinde-Erneuerung, Heft 1/1994, S. 40.

X. SMITH WIGGLESWORTH
(1859-1946)

Smith Wigglesworth war ein schlichter Spengler in Bradford, England, ehe er zu einem weltbekannten Evangelisten und einem Apostel des Glaubens wurde. Er gehörte seit frühen Jahren der Heiligungsbewegung an und suchte – angeregt durch das Studium des Neuen Testaments – eine geistliche Erfahrung, die dem Leben der ersten Christen entsprach. Mit acht Jahren bekehrte er sich bei den Methodisten, zu denen ihn seine Großmutter mitnahm. Bereits in diesem Alter führte er seine eigene Mutter zu Christus. Später schloß sich Smith Wigglesworth der Heilsarmee an, die in seinem Heimatort eine Arbeit begann. Dort machte er auch eine seiner ersten übernatürlichen Erfahrungen. Smith Wigglesworth sagt hierüber: »Wir pflegten ganze Nächte im Gebet zu verbringen. Viele wurden durch die Kraft des Geistes zu Boden gelegt, manchmal für 24 Stunden lang. Wir nannten das in jenen Tagen die Geistestaufe.«[195]
Zu jenem Zeitpunkt war Wigglesworth gerade 17 Jahre alt. Er entwickelte daraufhin einen großen Eifer im Seelengewinnen, so daß er sich vornahm, jeden Tag einen Menschen zu Christus zu führen![196]

---

[195] Stanley H. Frodsham, *Apostel des Glaubens, Smith Wigglesworth*, aaO., S. 13.
[196] ebd., S. 25.

Da Wigglesworth sich allerdings noch mehr Ausrüstung und Vollmacht für seinen Dienst wünschte, bat er eine Glaubensschwester, die eine Erfüllung mit dem Geist Gottes erlebt hatte, für ihn zu beten. Wigglesworth erlebte dabei folgendes: »Sie legte die Hände auf mich und mußte dann aus dem Zimmer gehen. Doch das Feuer fiel. Es war eine herrliche Zeit, als ich dort so mit Gott allein war. ...Ich empfing eine Vision, in der ich den Herrn Jesus Christus sah. ...Nicht mehr länger konnte ich in meiner Muttersprache sprechen, sondern fing an, Ihn in neuen Zungen zu preisen, wie der Geist mir gab auszusprechen. Nun wußte ich, obwohl ich vorher wunderbare Salbungen des Geistes empfangen haben mochte, daß ich jetzt zuletzt die wirkliche Taufe in dem Heiligen Geist empfangen hatte, und zwar so, wie sie sie am Pfingsttage empfingen.«[197]

Neben Visionen und Zungengebet begann für Smith Wigglesworth nach seiner Geistestaufe ein großer Heilungs- und Befreiungsdienst, der fortan sein Leben bestimmte, so daß er während der Jahre unzählige übernatürliche Heilungen, Austreibungen von Dämonen bis hin zu Totenauferweckungen erlebte.

Hierzu nur zwei kurze Beispiele aus der Fülle der Heilungsberichte: Smith Wigglesworth ging im Heilungsdienst ab und zu recht unkonventionelle Wege: »Manches Mal tat er außergewöhnliche Dinge, doch ließ er sich in jedem Fall vom Heiligen Geist leiten. Bei einer Gelegenheit, als er in einer großen Versammlung diente, schien er in seiner Handlungsweise einer Dame gegenüber zu schroff zu sein. Sie fiel auf den Boden. Er befahl, sie aufzurichten. Doch sie fiel wieder nieder. Einige, die nahe dabeistanden, versuchten ihn zu korrigieren, doch er gab ihnen zu verstehen, er kenne sein Geschäft, er hätte es hier mit einer teuflischen Macht zu tun und nicht mit einer Frau. Wieder richtete man sie auf, und als sie stand, fiel von ihrem Leibe ein großer Krebs (Krebsgeschwür) auf den Fußboden. – Das war die Antwort.«[198]

In Apostelgeschichte19,11-12 lesen wir: *»Und Gott wirkte nicht geringe Taten durch die Hände des Paulus, also daß sie auch von seiner Haut die Schweißtüchlein und Binden über die Kranken hielten und die*

---

197 ebd., S. 41/42.
198 ebd., S. 67.

Seuchen von ihnen wichen und die bösen Geister von ihnen ausfuhren.« In Hunderten von Fällen wurden durch Taschentücher – die Bruder Wigglesworth an Kranke schickte – besondere Wunder gewirkt. Hunderte von Briefen kamen, die von Wundern berichteten, die dadurch geschehen waren. Bände könnten geschrieben werden, die nichts anderes enthalten würden als eben Antworten auf solche Fälle. Jede Art von Krankheit ist durch diese Methode geheilt worden. Raucher gaben den Tabak auf, in die Welt verirrte Söhne und Töchter wurden zu Christus zurückgebracht und getrennte Eheleute fanden wieder zueinander.«[199]

Obwohl diese Heilungsmethode ihr biblisches Vorbild hat, ist sie mit äußerster Vorsicht anzuwenden. Zum einen läßt sich solch ein »heilendes Taschentuch« nicht so einfach menschlich herstellen, sondern es ist ein von Gott selbst hervorgerufener, übernatürlicher Weg der Heilung; zum anderen verleitet solch ein Tuch schnell zu magischen und zauberhaften Vorstellungen, die Gott als Heilenden übersehen. Für weitere Heilungsberichte s. S. Frodsham, aaO., S. 56-105, in denen er viele Heilungen und Wunder berichtet, die durch Smith Wigglesworths Dienst auftraten.

Smith Wigglesworths Dienst war begleitet von übernatürlichen Phänomenen. Er erlebte die Verheißung der nachfolgenden Zeichen aus Markus 16,17+18 ganz konkret: Wigglesworth redete in neuen Zungen, trieb böse Geister aus und auf Kranke legte er die Hände, so daß es besser mit ihnen wurde. Durch diese Zeichen wurde nicht nur vielen Menschen leiblich geholfen, sondern Gott bekräftigte durch sie sein Wort, so daß viele Menschen durch Wigglesworths Predigt zum Glauben fanden.

---

[199] ebd., S. 66.

3. KAPITEL

Umgang mit übernatürlichen Phänomenen

A) Gefahren

Das Gebiet der übernatürlichen Phänomene bietet neben seinen positiven Auswirkungen auch ein Feld großer Gefahren. Es wäre fahrlässig, nicht auf sie aufmerksam zu machen. Vier Gefahrenfelder scheinen mir am wichtigsten zu sein:

1. *Die Imitation übernatürlicher Phänomene durch dämonische Mächte.*
2. *Das Auslösen körperlicher Phänomene durch Hysterie oder sonstige selbst herbeigeführte seelische Prozesse.*
3. *Übernatürliche Phänomene als Mittel zur Selbstdarstellung.*
4. *Übernatürliche Phänomene als Gefahr der elitären Selbstüberschätzung.*

Im Folgenden möchte ich ein wenig präziser auf die einzelnen Gefahrenpunkte eingehen.

1. Die Imitation übernatürlicher Phänomene durch dämonische Mächte

Satan versucht seit den ersten Tagen der Schöpfung, Menschen zu verführen. Auf jedem erdenklichen Bereich will er uns in die Irre führen. Er verblendet, er inspiriert falsche Lehren, er verführt zur Sünde und er wird immer wieder versuchen, Menschen durch übernatürliche Phänomene und Wunder auf die falsche Fährte zu locken. Letzteres ist besonders bei anderen Religionen und religiösen Sekten zu beobachten. Auch dort werden Wunder und übernatürliche Phänomene erlebt. Aber in den meisten Fällen ist die Quelle jener Phänomene nicht der Heilige Geist, sondern eine dämonische Macht. Nun kann es möglich sein, daß solche okkulten Phänomene auch in christliche Kreise hineingetragen werden. So kann eine Person, die okkult belastet oder besessen ist, in einem Gottesdienst, bei dem sich Manifestationen des Geistes abspielen, ähnliche Phänomene aufwei-

sen, die aber nicht vom Geist Gottes, sondern von Dämonen gewirkt werden. Oftmals sind diese Manifestationen eine Reaktion der finsteren Mächte auf die vom Heiligen Geist geprägte Atmosphäre in einem Gottesdienst. Es ist in diesem Fall wichtig, der betreffenden Person seelsorgerliche Hilfe anzubieten und die Phänomene nicht falsch zu deuten.
Interessanterweise wurde in Toronto die Erfahrung gemacht, daß Dämonen von Menschen während des Gottesdienstes ausfuhren, ohne daß sie spezielles Gebet empfingen. Allein die Gegenwart des Heiligen Geistes genügte, um den Teufel zu vertreiben.
Die Vorstellung aber, daß an Jesus hingegebene Menschen, die aufrichtig um den Heiligen Geist bitten und ihr Leben mit Gott im reinen halten wollen, anstelle des Geistes Gottes einen Dämon erhalten, halte ich für absurd. Es steht im Widerspruch zu den Aussagen Jesu (Lk.11,9-13) und hat kein biblisches Vorbild. Die Aussagen über endzeitliche Verführung durch Satan müssen zwar ernstgenommen werden, dürfen aber nicht wahllos auf jedes Ereignis bezogen werden, bei dem ungewohnte oder fremdartige Phänomene auftreten.
Auch die Tatsache, daß ähnliche Phänomene im Hinduismus, Buddhismus oder im New Age auftreten, darf kein Argument dafür sein, daß dieselben Phänomene in christlichen Gottesdiensten vom Teufel wären. Die Imitation darf das Original nicht verderben! Das Volk Israel hielt Mose auch nicht für einen Zauberer, nur weil die ägyptischen Zauberer anfangs die gleichen Wunder vollbrachten wie er. Mit dieser Argumentation könnte man ansonsten fast jedes Element des christlichen Glaubens als teuflisch verurteilen, denn die meisten christlichen Praktiken kommen in anderen Religionen oder Kulten ebenfalls vor. Wir sind ja auch nicht gegen das Gebet oder das Singen, nur weil man dies im Buddhismus auch tut. Niemand lehnt das persönliche Bibelstudium ab, nur weil Moslems auch im Koran lesen.
Die ernsteste Warnung, die Jesus je ausgesprochen hat, war die vor der Lästerung des Heiligen Geistes. Wer das Wirken des Geistes Gottes als Wirkung des Teufels bezeichnet, macht sich unvergebbarer Sünde schuldig (Mt.6,31f). Insofern sollten wir äußerst vorsichtig mit unserer Beurteilung sein, ob übernatürliche Phänomene von

Gott oder vom Teufel sind. Bevor wir uns bei fragwürdigen Manifestationen zu letzterem Urteil entschließen, sollten wir besser die nachfolgenden Gefahrenpunkte als Möglichkeit ins Auge fassen.

2. Das Auslösen körperlicher Phänomene durch Hysterie oder sonstige selbst herbeigeführte seelische Prozesse

Körperliche Erscheinungen können selbst herbeigeführt werden. Denkt man an Beatleskonzerte der sechziger Jahre, dann sind einem die Bilder von in Ohnmacht fallenden Mädchen in Erinnerung. Im Zustand extremer Begeisterung – gepaart mit hysterischer Neigung – kann ein Mensch, je nach körperlicher Konstitution, relativ leicht in Ohnmacht fallen. Solch ein Phänomen wäre allerdings rein physisch-psychischer Natur. Es hätte nichts mit göttlichem Eingreifen zu tun. Der Wunsch, übernatürliche Phänomene zu erleben, kann bei einzelnen Personen enorm groß sein. Im Verlangen, Entsprechendes zu erleben, ist es möglich, daß hysterisch und extrovertiert veranlagte Menschen sich selbst in Phänomene wie Zittern, Lachen oder Umfallen hineinsteigern. Gerade wenn die ersehnten Manifestationen ausbleiben und das Gebet darum keine Wirkung zeigt, reagieren Vereinzelte damit, daß sie die Enttäuschung kompensieren, indem sie den Phänomenen entsprechend nachhelfen. Es braucht neben der hysterischen Veranlagung des Einzelnen aber auch ein entsprechendes Umfeld. Werden Menschen in Gottesdiensten oder Segnungsabenden von den Predigern regelrecht aufgepeitscht, wird Druck ausgeübt, man müsse übernatürliche Phänomene erleben, wird die Atmosphäre entsprechend angeheizt und beim Segnungsgebet durch Umstoßen oder ähnliches ein wenig nachgeholfen, dann muß man sich nicht wundern, wenn sich labile oder unsichere Menschen in etwas hineinsteigern, was gar nicht da ist und am Ende dann enttäuscht, leer und mit Schuldgefühlen nach Hause gehen.

Für mich war es ein äußerst positives Zeichen, daß in den Gottesdiensten der Airport Vineyard in Toronto immer wieder darauf hingewiesen wurde, wie untergeordnet übernatürliche Phänomene sind und sie keinesfalls im Vordergrund stehen sollten. Gott kann bei einer Person, die keinerlei körperliche Phänomene empfindet, genauso gegenwärtig sein wie bei jemandem, der wie wild schüttelt und zu

Boden fällt. Die körperlichen Phänomene sind kein Gütezeichen für das Wirken Gottes!

Um es zu vermeiden, daß derartige Phänomene selbst produziert werden oder nichts anderes als Hysterie oder übermäßige, rein emotionale Begeisterung sind, sollten körperliche Manifestationen auch nicht bewußt gesucht werden. Viel wichtiger ist es, sich nach Jesus selbst oder dem Heiligen Geist auszustrecken, und es ihm zu überlassen, wie er am Einzelnen wirkt.

Niemand tut sich einen Gefallen, wenn er Phänomene vortäuscht oder nachahmt, nur um mitreden zu können. Denn die Frustration und Enttäuschung wird langfristig der eigenen Seele und auch dem gesamten Leib Christi schaden. Gott sehnt sich nach unsrer Echtheit und Aufrichtigkeit. Nur wer echt bleiben kann und das Warten auf Gott erträgt, darf damit rechnen, daß ihm der Allmächtige begegnet.

Im Zusammenhang mit diesem Gefahrenfeld wird immer wieder die Kritik geäußert, bei den meisten übernatürlichen Phänomenen gehe es vor allem um Gefühle und Emotionen. Dies wird als ungeistlich, unreif und fern aller Nüchternheit und Ordnung betrachtet. Es mag sein, daß bei dem einen oder anderen außer schönen Gefühlen nichts bleibt. Aber wie bereits im ersten Kapitel gezeigt (»Sinn der Phänomene«), halte ich die Emotionalität nicht für die Gefahr, sondern für die große Chance des ganzen Aufbruchs. Es ist höchste Zeit zu erkennen, daß Gefühle Gott gegenüber, Emotionen im Gottesdienst und Regungen der Seele im Rahmen des Christentums nicht fehl am Platz, sondern dringend notwendig sind. Wie konnten wir nur in der Beziehung zu Gott das ausklammern, wovon jede andere Beziehung lebt?

In einer gesunden irdischen Vater-Kind-Beziehung spielen Gefühle eine entscheidende Rolle. In erster Linie spürt ein Kind die Liebe und Güte seines Vaters. In gleicher Weise äußert ein Kind (ich habe selbst drei von der Sorte) seine Liebe fast ausschließlich emotional, nicht verbal. Meine Kinder vermögen es kaum, ihre Zuneigung in adäquate Worte zu fassen. Sie können sie nur körperlich oder emotional zeigen, und ich erkenne sie auf dieser Ebene. Ich unterhalte mich mit meinen Kindern weniger über meine Liebe, als daß ich sie ihnen zeige. Übertragen wir dies auf unsre geistliche Vater-Kind-Beziehung, dann stellt sich die Frage, wie alles nur so emotionslos werden konnte. Wie konnte bei tiefen Gefühlen wie Freude, Vergebung, Liebe, Annahme nur solch eine Verkopfung stattfinden? Wie konnten solche Beziehungselemente nur so der Gefühlsebene entzogen werden, daß bei manchen sogar eine Feindschaft Gefühlen im Christsein gegenüber entstehen konnte? Wie kann man es mit Liebe zu tun haben (und Gott ist Liebe), ohne sie emotional zu erleben. Würden Kinder und Eltern sich so lieben, wie viele Christen ihren himmlischen Vater lieben, so mechanisch, so geschäftlich, so regungslos, so leidenschaftslos, dann würde man zu Recht von einem gestörten Familienverhältnis sprechen. Es gehört der Vergangenheit an, daß Väter ihren Kindern nicht sagen und zeigen durften, daß sie sie lieben. Aber was die Gesellschaft weitgehend überwunden hat, hat sich im Christentum fleißig gehalten! Was in keiner menschlichen Beziehung über längere Zeit gutgeht, das soll mit Gott funktionieren? Keine Eltern-Kind-Beziehung, keine Mann-Frau-Beziehung geht gut, wenn sie nur über den Kopf und nicht auch über die Gefühle läuft. Bilden wir uns wirklich ein, bei Gott wäre das anders? Was viele Christen in ihrer Beziehung zum Vater als ›geistlich‹ – im Gegensatz zu ›seelisch‹ – bezeichnen, ist oft nichts anderes als Leben aus dem Verstand. Die Ablehnung des Emotionalen im Christentum und damit auch in Aufbrüchen, bei denen Emotionen immer wieder vorkommen, ist oft nur die Angst vor der Konfrontation mit der eigenen verkümmerten Emotionalität.

Aber wir sollten auch für diese Angst Verständnis zeigen. Viele, die mit der neuartigen Ausgießung des Geistes in Berührung kommen, erleben, wie sie von alten Wunden in ihren Gefühlen und in ihrer Seele geheilt werden. Dabei müssen sie oft stark weinen, schreien oder stöhnen. Was man vielleicht viele Jahre vor allen verborgen hat – eine Verletzung durch die Mutter, eine Mißhandlung durch den Onkel, eine Demütigung durch den Lehrer – und doch immer das Leben geprägt hat, das bringt Gott ans Licht, um uns davon zu befreien. Aber die Heilung von negativen Gefühlen wird nicht ohne Gefühlsregungen ablaufen. Es ist verständlich, daß sich viele vor diesem Prozeß fürchten. Um nicht an ihre verletzten Emotionen erinnert zu werden, um mit ihnen zurecht zu kommen, lebten sie jahrelang auf emotionaler Sparflamme – Gott und Menschen gegenüber. Jetzt Gefühle und emotionale Berührungen zuzulassen, ist ein schwerer Schritt, aber oft auch der erste Schritt zur Heilung. Daß man in diesem inneren – oft unbewußten – Kampf Emotionen ablehnt und sie als ungut, ›seelisch‹ oder nicht nüchtern ablehnt, kann ich verstehen. Wem es so geht, sollte sich dessen aber bewußt werden und nicht das Wirken des Geistes als Ganzes in Frage stellen.

3. *Übernatürliche und geistgewirkte Phänomene als Mittel zur Selbstdarstellung*

Hierfür eignen sich körperliche Phänomene ausgezeichnet. Wer will, kann damit auffallen. In jedem Menschen steckt der Wunsch nach Anerkennung und Aufmerksamkeit. Mit Vehemenz wandte sich Jesus gegen diejenigen Menschen, die etwas taten, *»auf daß sie von den Leuten gesehen werden«* (z. B. Mt.6,2+3+5+16). Es wird in jeder Gruppe oder Gemeinde wahrscheinlich Personen geben, die jede Gelegenheit benutzen, um im Mittelpunkt zu stehen oder aufzufallen. Natürlich sehen wir nicht in das Herz eines Menschen, aber manchmal sind diese Versuche der Selbstdarstellung doch allzu offensichtlich. Auf jeder großen Konferenz trifft man diejenigen an, die bei der ersten Gelegenheit auf der Bühne erscheinen, egal ob sie angesprochen wurden oder nicht. Hauptsache sie werden gesehen. Wer ein geradezu unbändiges, ja regelrecht ungesundes Verlangen nach Selbstdarstellung hat, für den sind Dinge wie lautes Schreien, ungezügeltes Lachen, heftiges Zittern oder ekstatisches Tanzen sehr geeignete Mittel, um die Blicke auf sich zu lenken. Um diese Gefahr müssen wir wissen. Wo Leiter eindeutig eine solche Person entdekken, sollten sie ihrem Treiben Einhalt gebieten. Personen, denen es nur um das Gesehenwerden geht, erkennt man am besten daran, daß ihre körperlichen Manifestationen plötzlich aufhören, sobald sie nicht mehr beobachtet werden oder sie alleine sind. Ohne Publikum macht Selbstdarstellung keinen Spaß!

Auf der anderen Seite müssen wir uns bewußtmachen, daß die Möglichkeit der Selbstdarstellung nicht nur ein Problem charismatischer Gottesdienste mit übernatürlichen Phänomenen ist. Wer wegen seines Geltungsdranges unbedingt auffallen möchte, dem bieten sich mannigfaltige Gelegenheiten im christlichen Gemeindealltag. Selbstdarstellung kommt nicht nur im Zusammenhang mit körperlichen Manifestationen vor, sondern kann sich im Gemeindechor abspielen, im Frauengesprächskreis, beim Gemeindevolleyball usw. Selbstdarstellung ist ein allgemeines – kein speziell charismatisches – Problem. Diese Tatsache sollten wir bei der Beurteilung bedenken.

4. Übernatürliche und geistgewirkte Phänomene als Gefahr der elitären Selbstüberschätzung

Besondere Erlebnisse verleiten Menschen dazu, sich als etwas Besonderes zu fühlen. Wer die Überzeugung gewinnt, daß übernatürliche und körperliche Phänomene ein Zeichen besonderer Gunst Gottes oder besonderer geistlicher Reife sind, der ist nur einen winzigen Schritt davon entfernt, denjenigen, der Gleiches nicht erlebt, geringer zu schätzen. Für viele Menschen, die keine Erfahrung mit Geistesgaben oder übernatürlichen Phänomenen haben, wirken diejenigen, die solche Erfahrungen aufweisen können, sowieso oft weit entfernt oder erhaben. Wird dies von deren Seite durch entsprechende Bemerkungen noch gefördert, muß man sich über den Bruch innerhalb der Christenheit nicht verwundern. Jedem, der übernatürliche Phänomene erlebt, sollte bewußt sein, daß diese Erlebnisse vor dem Richterstuhl Christi kaum eine Bedeutung haben werden. Dort werden andere Dinge zählen. Die Freude darüber, daß man Gottes Gegenwart sogar körperlich wahrnimmt, die Befreiung und Leichtigkeit, die man erlebt, wenn Menschen herzhaftes Lachen geschenkt wird, darf nicht dazu führen, daß man unspektakulärere Gottesbegegnungen als zweitklassig degradiert. Entscheidend ist, was innerlich geschieht. Der Mensch sieht, was vor Augen ist, aber Gott sieht das Herz an.

Wenn alle diese Phänomene von Gottes Geist gewirkt sind, dann sollten alle Christen daran Anteil nehmen können. Doch damit dies geschieht, darf die Kluft zwischen denen, die sie erleben, und denen, die noch Bedenken haben, nicht größer werden. Verurteilungen auf der einen Seite und Überheblichkeit auf der anderen, werden dem Prozeß des gegenseitigen Verstehens und Aufeinanderzugehens ganz bestimmt schaden. Wer richtet, der maßt sich etwas an, was alleine Gott zusteht. Wer sich elitär über seine Geschwister erhebt, der maßt

sich ebenfalls etwas an, was alleine Gott zusteht, denn nur er ist erhoben und sieht in das Herz der Menschen.
An dieser Stelle noch ein Wort zum Thema *»Prüfen«*. Bei aktuellen Ereignissen wie dem sogenannten Torontosegen mit all seinen übernatürlichen Phänomenen und körperlichen Manifestationen ist für viele Christen »prüfen« eine wichtige Pflicht. Nach dem Motto des Paulus: *»prüfet alles, und das Gute behaltet«* (1.Thess.5,21), wird genau untersucht, was es mit diesen seltsamen Phänomenen auf sich hat. Da ich dieses Anliegen unterstütze, schrieb ich auch das vorliegende Buch. Es soll eine Hilfe sein, ausgehend vom Wort Gottes und dem Wirken des Heiligen Geistes in der Kirchengeschichte, die gegenwärtigen Aufbrüche zu prüfen. Wir müssen uns aber auch klarmachen, daß dieses Prüfen ein sehr subjektiver Prozeß ist. Wer negativ gegen derartige übernatürliche Manifestationen eingestellt ist, wird sich all diejenigen Stellen aus der Bibel herauspicken, die Umfallen, Trunkenheit, Zittern usw. negativ erwähnen. Oft wird dabei übersehen, daß der Kontext dieser negativen Bibelstellen überhaupt nicht dem der aktuellen Situation entspricht. Und die vielen positiven Stellen, deren Kontext der heutigen Situation angemessen ist, bleiben meist unbeachtet. Wer denen, die die Phänomene des Geistes erleben und bejahen, vorwirft, sie hätten eine subjektive Erfahrungstheologie, der muß sich bewußt machen, daß keine Erfahrung auch Erfahrungstheologie ist.
Auf der anderen Seite stehen diejenigen, die übernatürliche Phänomene begrüßen, in der Gefahr, überhaupt nicht mehr zu prüfen, und alles, was sich an Manifestationen abspielt, als bare Münze zu nehmen. Die Echtheit und Wahrhaftigkeit des gesamten Aufbruchs wird damit aufs Spiel gesetzt.

Aber wie sollen wir nun prüfen?
Ein entscheidender Faktor für die Echtheit einer Geisteswirkung, in unserem Fall einer übernatürlichen oder körperlichen Manifestation, ist die Frucht, die sie bewirkt. In Mt.7,15-20 spricht Jesus davon, daß man an den Früchten einen echten oder einen falschen Propheten erkennen wird. Allerdings darf man Frucht nicht mit Erfolg verwechseln. Den wird es auch auf seiten der falschen Propheten geben (Mt.24,24). Die Frucht, die der Geist Gottes wirkt, wird in Gal.5,22

beschrieben: Liebe, Freude, Friede Geduld, Freundlichkeit, Güte, Glaube, Sanftmut und Keuschheit. Allerdings darf man nicht davon ausgehen, daß das Wirken des Geistes immer sofort Elemente der oben beschriebenen Frucht auslöst. Bewirkt der Geist Gottes bei einem Menschen z. B. Sündenerkenntnis, dann ist die unmittelbare Folge nicht, daß er Freude oder Frieden empfindet, sondern er wird zerknirscht, traurig und aufgewühlt sein. Erst im Laufe eines Prozesses werden sich Friede, Freude und Glaube einstellen. Wer immer unmittelbar nach Früchten Ausschau hält, wird manches Wirken des Geistes verkennen. Schon im Alten Testament wird diese Tatsache deutlich. Hätten die Freunde Abrahams das Reden Gottes an ihn bezüglich seiner Nachkommenschaft anhand der Früchte geprüft, wären sie sicherlich zu dem Schluß gekommen, Abraham habe sich das Ganze nur eingebildet. Denn anstelle der Geburt Isaaks zeugte Abraham im Unglauben Ismael. Und die Erfüllung der Verheißung Gottes dauerte mehr als 20 Jahre.

Als Mose den Israeliten berichtete, Gott sei ihm erschienen und habe ihn auserwählt, um das Volk aus Ägypten in die Freiheit zu führen, da war die unmittelbare Frucht gerade keine Freiheit, sondern eine noch härtere Bedrückung des Volkes durch den Pharao (Ex.5,1-9). Wer die übernatürlichen Phänomene von gestern daran prüfen will, ob sich heute das Leben all derer schlagartig verändert hat, an denen sie sich ereigneten, der legt zu hohe Maßstäbe an. Viele Veränderungen und Erneuerungen brauchen ihre Zeit, selbst wenn Gottes Geist noch so mächtig wirkt.

Wir sollten dem momentanen Aufbruch Zeit lassen, sich zu entwickeln und über einen längeren Zeitraum Früchte reifen zu lassen. Doch läßt sich jetzt schon an vielen Gemeinden und im Leben vieler Christen die Frucht des Heiligen Geistes erkennen.

Interessant ist, was der bekannte Bibellehrer Derek Prince im Zusammenhang mit dem »Torontosegen« über Früchte sagt. Er schlägt vor, nach fünf Arten von Früchten Ausschau zu halten, um die Echtheit des momentanen Aufbruchs zu erkennen. Diese wären:

1. Die Frucht der Buße. Buße und Umkehr sind für Prince die wichtigste Sache, die die westliche Christenheit momentan braucht.
2. Achtung vor dem Wort Gottes. Der Heilige Geist wirkt Wertschätzung seines Wortes.

3. Jesus wird erhoben. Bei allen erlebten Phänomenen muß eines das Zentrale bleiben: Jesus und seine Ehre.
4. Liebe der Christen untereinander. Gott möchte die Einheit seiner Kinder. Diejenigen, die sich für sein Wirken öffnen, sollten von neuer Liebe zueinander angesteckt werden.
5. Eine neue Last für die Verlorenen. Es ist immer noch Erntezeit. Gott will, daß alle errettet werden. Dieses Anliegen will er mit seinen Kindern teilen.[200]

Ich halte diese fünf Punkte für wichtige geistliche Werte. Sie liegen Gott am Herzen. Langfristig sollte jeder echte geistliche Aufbruch von ihnen gekennzeichnet sein.

Wenn wir unsrem Auftrag, alles zu prüfen, nachkommen wollen, dann ist das Achten auf Früchte aber nicht immer der einzig richtige Weg. Wir müssen uns darüber im klaren sein, daß Gottes Geist wirken kann, ohne daß Früchte und positive Auswirkungen entstehen. Am Gleichnis vom vierfachen Ackerfeld (Mt.13,1-23) wird deutlich, daß nur in einem von vier Fällen durch das Wort Gottes und das Wirken des Geistes Frucht entstand. Selbst wenn übernatürliche und körperliche Phänomene keinerlei positive Veränderungen bewirken, können sie trotzdem von Gottes Geist gewirkt sein. Es gibt im Alten wie im Neuen Testament eine ganze Reihe von Beispielen, die dies verdeutlichen:

– Das beste Beispiel ist wahrscheinlich *Bileam.* Ab 4. Mose 22 wird beschrieben, wie Bileam das Volk Israel verfluchen sollte, anstelle dessen aber Segensworte aussprach. Im Laufe dieses Prozesses erlebte er des öfteren die Gegenwart Gottes und eine prophetische Salbung durch den Heiligen Geist. So lesen wir in 4.Mose
  * 23,4+5: *»Und Gott begegnete Bileam. ...Der Herr aber gab das Wort dem Bileam in den Mund.«* (vgl. 23,16)
  * 24,2: *»Und der Geist Gottes kam auf ihn, und er hob an mit seinem Spruch...«*
  * 24,15f: *»Es sagt Bileam, ...dem die Augen geöffnet sind, es sagt der Hörer göttlicher Rede und der die Erkenntnis des Höchsten hat, der die Offenbarung des Allmächtigen sieht...«*

---

200 vgl. Derek Prince, *Uproar in the Church*, ohne Seite.

Obwohl Bileam Gott begegnete, mit dem Heiligen Geist erfüllt wurde, den Höchsten erkannte und mehrmals zutreffend prophezeite, war die Frucht in seinem Leben negativ. Aus 4.Mose 31,16 erfahren wir, daß durch Bileams Rat die Israeliten von Gott abwendig gemacht wurden. Ergänzend schreibt Johannes in Offb.2,14: *»Aber ich habe ein weniges gegen dich, daß du solche dort hast, welche die Lehre Bileams festhalten, der den Balak lehrte, eine Falle vor die Söhne Israels hinzustellen, so daß sie Götzenopfer aßen und Unzucht trieben.«*

Judas 11 spricht zudem vom Irrtum und von der Gewinnsucht Bileams, und Petrus erwähnt dessen Liebe zur Ungerechtigkeit (2.Petr.2,15). Wer generell davon ausgeht, daß das Wirken des Geistes an einem Menschen von langanhaltenden positiven Auswirkungen begleitet sein muß, wird durch Bileam eines Besseren belehrt. Ohne die Mitarbeit und die Hingabe des Menschen an den Heiligen Geist, ist es auch diesem nicht immer möglich, Menschenherzen zu verändern. Bileam stand unter der Wirkung des Heiligen Geistes und blieb doch ein ungerechter Mann.

– Der Richter *Simson* wurde von Gott erwählt (Ri.13). Immer wieder kam der Heilige Geist auf ihn und wirkte große Dinge (Ri.13,25; 14,6+19; 15,14). Trotzdem entwickelte Simsons Leben kaum Anzeichen von positiven Veränderungen oder Heiligkeit. Er rächte sich, er brach die Ehe, ging zu einer Prostituierten usw. Obwohl Gottes Geist so stark an und durch ihn wirkte, entstanden dadurch kaum geistliche Früchte.

– *Saul* wurde mit Öl zum König gesalbt (1.Sam.10,1), der Geist des Herrn kam über ihn (10,6+10) und Gott war mit ihm. Trotzdem veränderte sich Sauls Leben nur geringfügig. Er nahm ein schlimmes Ende und Gott reute es, ihn zum König gemacht zu haben (15,11).

– *Demas* im NT hat zusammen mit Paulus viele Wunder erlebt, Menschen zu Jesus geführt und in der Kraft des Heiligen Geistes gelebt. Trotzdem fällt er vom Glauben ab und gewinnt die Welt lieb (2.Tim.4,10). Aber aufgrund der schlechten Frucht im Leben eines Demas würde doch niemand auf die Idee kommen, daß das, was er mit Paulus erlebte, nicht von Gott war, sondern selbstgemacht oder vom Teufel.

- In *Kaiphas* wirkte der Geist Gottes, da er als Hohepriester erwählt war, so daß er Wahres prophezeite. Trotzdem verurteilte er Jesus zum Tode (Joh.11,49-51).

- *Judas Ischarioth* erlebte Jesus hautnah, er sah all die Wunder, er wurde erfüllt mit Heiligem Geist, er heilte Kranke und befreite Besessene durch des Geistes Kraft (Lk.9,1-6+10). Und doch bleibt er ein geldgieriger Dieb und verrät Jesus an die Juden (Joh.12,6).

- *Die siebzig Jünger* gehen in Jesu Namen zu den Kranken und Besessenen und heilen sie. Mit großer Freude und Dankbarkeit über das Wirken des Geistes kommen sie zu Jesus zurück (Lk.10,1-12+17-20). Trotzdem verließen ihn später die meisten von ihnen und *»wandelten hinfort nicht mehr mit ihm«* (Joh.6,66+67).

An obigen Beispielen sehen wir, daß selbst das Kriterium Frucht nicht immer ein Erkennungszeichen für das Wirken des Geistes ist. Gottes Geist kann wirken, ohne daß dabei bleibende positive Veränderungen zustande kommen. Auch zum Guten wird der Mensch von Gott nicht gezwungen. Trotzdem bleibt die Tatsache bestehen, daß Gott auch in solchen Fällen am Wirken war.
Abschließend noch ein Zitat von John Wimber über die Beurteilung übernatürlicher Phänomene: »Diese Phänomene lösen bei ernstgesinnten Menschen nach wie vor viele Fragen aus. Sind diese Erscheinungen notwendig, um geheilt zu werden? (Wimber bezieht sich hier besonders auf übernatürliche Erscheinungen bei Wunderheilungen.) Oder sind solche Reaktionen rein psychologischer Natur? Könnte es nicht sein, daß diese Phänomene von bösen Geistern verursacht werden? Reagieren einige Menschen vielleicht nur darum so auffällig, damit sich die Aufmerksamkeit auf sie richtet? Ich bezweifle weder, daß Satan durchaus Erfahrungen, die Menschen durch Gottes Geist

machen, nachahmen kann und dies auch sehr wohl tut, noch, daß Menschen durch psychologische Suggestion in ihrem Verhalten beeinflußt werden können. Auch Jonathan Edwards sprach von dieser Möglichkeit: ›Je stärker das Wirken des wahren Geistes zu sehen war, desto mehr falsche Erfahrungen gab es auch: der Teufel war erfinderisch, er ahmte sowohl das normale als auch das außergewöhnliche Wirken des Geistes nach...‹ Aber ich habe zu viele Fälle erlebt, in denen Menschen, die diese Phänomene weder kannten noch sie je selbst erfahren hatten, anfingen zu zittern, zu weinen oder umzufallen, wenn die Kraft des Heiligen Geistes auf sie kam. Viele haben später geäußert, daß diese Erfahrung für sie so wichtig und stärkend gewesen sei wie keine andere zuvor in ihrem Leben! Man kann diese ungewöhnlichen Reaktionen nicht anders erklären, als daß die Menschen wirklich von Gottes Kraft und seiner Wahrheit berührt wurden. Natürlich habe ich auch Gruppen kennengelernt, in denen die Erwartung bestand, daß diejenigen, für die gebetet wurde, umfielen. Dies ist nichts anderes als eingeübtes Verhalten, Religion im schlechtesten Sinne.
Daß viele durch diese Phänomene beunruhigt wurden, liegt vielleicht darin begründet, daß sie ein falsches Verständnis von Gottes Wirken haben; es besteht die Vorstellung, daß gefühlsmäßige und körperliche Reaktionen, besonders Fälle, in denen ein Mensch die Selbstbeherrschung zu verlieren scheint, nicht mit Frieden und Ordnung zu vereinbaren sind. Diese Beschuldigung ist nicht neu; Jonathan Edwards sagt im Hinblick auf die Erweckung in Neu-England im achtzehnten Jahrhundert: ›Manche lehnen (die Erweckung) ab, weil sie sagen, diese sei ein einziges Durcheinander; wenn die Menge zusammen sei ... sei nur ein Lärmen zu hören; auch sagen sie, Gott kann nicht der Urheber dieses Geschehens sein, denn Gott ist ein Gott der Ordnung, nicht der Unordnung.‹
Ich kann dies nur unterstreichen: Jesus ist der Gott des Friedens und der Ordnung; aber um diesen Frieden und diese Ordnung zu erlangen, muß man manchmal auch Unordnung in Kauf nehmen. C. S. Lewis spielt in seinen Chronicles of Narnia bei der Beschreibung der Figur, die für Christus steht, auf diesen Wesenszug Gottes an: ›Aslan ist kein zahmer Löwe.‹ Lewis scheint damit ausdrücken zu wollen, daß sich Gottes Wirken weder voraussagen noch beeinflussen läßt.

Ich behaupte nicht, daß körperliche Reaktionen notwendig sind oder in jedem Fall das Wirken des Heiligen Geistes begleiten müssen. Ich stelle nur fest, daß sie dort, wo der Heilige Geist wirkt, häufig auftreten. Wenn tiefer innerer Unfrieden geheilt wird, wenn ein Mensch Vergebung für schwerwiegende Sünden empfängt oder wenn Erinnerungen an schmerzliche Erfahrungen geheilt werden, dann sollte es uns eigentlich nicht wundern, wenn dabei auch körperliche Reaktionen auftreten. ...Wenn unsre Kultur in dieser Hinsicht nicht so gehemmt wäre, würden diese Phänomene weitaus weniger Aufmerksamkeit und Besorgnis erregen; dies läßt sich jedenfalls in vielen Ländern der dritten Welt beobachten.«[201]

B) Schlußfolgerungen

Es gäbe noch viele weitere übernatürliche und geistgewirkte Phänomene aus verschiedenen Erweckungszeiten und aus dem Leben verschiedener Männer und Frauen Gottes zu berichten. Auch könnte man viele Beispiele solcher Phänomene aus vorreformatorischer Zeit anführen (z. B. bei den Kirchenvätern oder im Mittelalter bei verschiedenen Bischöfen oder Heiligen). Allerdings geben die in dieser Arbeit behandelten Beispiele bereits einen guten Einblick in die Vielfalt der übernatürlichen Phänomene, die Gottes Geist hervorbrachte und die geistliches Leben und geistliche Aufbrüche begleiteten.

Die Phänomene traten bei den unterschiedlichsten Erweckungsströmungen auf. Ob im mehr nüchternen Methodismus eines Wesley, der protestantischen Umgebung eines Blumhardt, der katholischen Theresa von Avila oder den mehr pfingstlichen Kreisen eines Wigglesworth: überall traten dieselben übernatürlichen Phänomene auf. Gerade dies macht deutlich, daß die Manifestationen des Reiches Gottes ihren Ursprung nicht in den verschiedenartigen theologischen

201 J. Wimber, *Heilung...*, aaO., S. 205/206.

und kirchlichen Strömungen hatten, sondern überall von dem einen Gott ausgingen, der sich nicht wandelt (Mal.3,6) und gestern wie heute derselbe ist (Hebr.13,8).
Das Ziel dieses Buches war es, auf übernatürliche Phänomene und geistgewirkte körperliche Reaktionen als Elemente des Reiches Gottes und damit der Herrschaft Gottes aufmerksam zu machen. Weil Gott Gott ist und er nicht zu dieser Schöpfung (Natur) gehört, ist er übernatürlich (transzendent) und sein Handeln von übernatürlichen Phänomenen begleitet. Christus selbst sagte: (Joh. 18,36) »Mein Reich ist nicht von dieser Welt.«

- Kapitel 1 dieses Buches zeigt das übernatürliche Handeln Gottes in der Bibel. Diese legt gleichsam den Maßstab für echte, gottgewirkte, übernatürliche Phänomene fest.

- Kapitel 2 zeigt, daß ebendieselben übernatürlichen und geistgewirkten Phänomene auch nach dem apostolischen Zeitalter auftraten, besonders in Erweckungszeiten. Diese Phänomene können natürlich nur akzeptiert werden, wenn sie mit dem biblischen Zeugnis übereinstimmen oder mindestens nicht im Widerspruch dazu stehen. Natürlich können übernatürliche Phänomene auftreten, die kein direktes Vorbild in der Bibel haben, ohne dabei dämonisch oder unbiblisch zu sein. Wenn Jesus sagt, daß wir größere Werke als er tun werden (Joh. 14,12), muß es eben Werke geben, die mindestens in den Evangelien, aber wahrscheinlich in der ganzen Bibel nicht erwähnt werden. Wichtig ist, daß diese Phänomene, bzw. ihr Herbeiführen, nicht im Widerspruch zur Bibel stehen.

- Im dritten Kapitel wollte ich die Gefahren derartiger Phänomene aufzeigen. Nur wo wir darauf achten, daß dem Mißbrauch körperlicher Begleiterscheinungen und emotionaler Reaktionen entgegengetreten wird, können sich Menschen wirklich für das Wirken des Geistes öffnen.

Ich wollte bewußt die positiven Phänomene herausstellen und nicht diejenigen betonen, die dämonischen Ursprungs sind. Es ist meiner

Ansicht nach eine ungesunde Angewohnheit, bei jeder Beschreibung einer göttlichen Handlung oder eines Phänomens des Reiches Gottes auch sofort die Werke des Teufels zum Vergleich und zur Warnung heranzuziehen und zu betonen. Wenn wir Gott nicht mehr ohne den Teufel erwähnen können, geben wir diesem entschieden zu viel Ehre. Wo Menschen sich Gott anvertrauen, kann er sie vor dem Bösen bewahren. Wer unter Gottes souveräner Herrschaft bleibt, braucht keine Angst vor Dämonen zu haben.

Ob alle in diesem Buch angeführten übernatürlichen Phänomene von Gott waren, kann niemand mit Sicherheit sagen. Die Menschen, an denen sie sich ereigneten, empfanden sie zumindest so. Ich will mich hüten, es heute besser wissen zu wollen als die Beteiligten damals. Wenn auch das eine oder andere Phänomen seelischen oder dämonischen Ursprungs war, so ist doch die große Mehrheit der in diesen Erweckungen aufgetretenen Phänomene göttlichen Ursprungs, mit guten Früchten. Trotz manchem äußeren Durcheinander wird im nachhinein deutlich: Gott behielt die Kontrolle und wirkte alles zu seinem Zweck.

Auch gegenüber dem gegenwärtigen Aufbruch sollte man mit verurteilender Kritik vorsichtig sein. Mein eigener Besuch in Toronto, das Kennenlernen vieler Christen und Gemeinden, die von diesen Phänomenen »angesteckt« wurden, hat bei mir persönlich einen positiven Eindruck hinterlassen. Ich denke, hier ist Gottes Geist am Werk. Was aber letztlich wirklich von Gott ist, was vom Ganzen übrigbleibt, und wo alles endet, das wird erst die Zeit zeigen und die Generation nach uns am besten beurteilen können. Wir sollten uns an den Ausspruch des Paulus in 1.Kor.4,5 halten: *»Richtet nicht vor der Zeit!«*

Ich möchte in diesem Zusammenhang Oberkirchenrat Werner de Boor zitieren, der sich für ein mutiges Zugehen auf das Wirken des Geistes ausspricht. Zu der Stelle in 1.Thess.5,19 schreibt er:

»Den Geist löschet nicht! Heiliger Geist ist Feuer! Wissen wir das überhaupt noch, die wir in der reinen Lehre das wesentliche Merkmal der rechten Kirche sehen und die gemäßigte Temperatur in ihr so sehr lieben? Luthers instinktive und leidenschaftliche Abneigung gegen alles ›Schwärmertum‹, die seine Begegnung mit allerlei schwierigen Bewegungen der Reformationszeit noch schwieriger und negativer werden ließ, hat die Sorge vor ›Schwärmerei‹ zu einem

Grundzug evangelischen Kirchentums gemacht. Wo immer ein Feuer auflodert, fürchten wir sofort den unheilvollen, das Haus der Kirche gefährdenden Brand. Darum gehört es zu dem Typischen der evangelischen Kirchengeschichte, daß neue Bewegungen in ihr nie fröhlich begrüßt, sondern stets erst einmal beargwöhnt und bekämpft worden sind. Das ›Löschen‹ bedenklichen Feuers erscheint als eine der Hauptaufgaben der Kirchenleitung und Theologie. Paulus aber mahnt gerade umgekehrt: ›Löscht nicht das Feuer des Heiligen Geistes!‹ ...An der Feuernatur des Geistes kann man nichts ändern, und Feuer will und muß brennen. Verkennt man das, so erhält man jenen ›Heiligen Geist‹, dessen Dasein nur noch dogmatisch behauptet, von der Gemeinde aber nicht mehr lebendig und unwiderleglich erfahren wird.«[202]

Entscheidend am Ganzen ist, daß wir die geistliche Erneuerung, die sich vor unseren Augen abspielt, hinaus in die verlorene Welt tragen. Wenn momentan auch vor allem das Leben von Christen erneuert und gestärkt wird, so dürfen wir an diesem Punkt nicht stehenbleiben. Ziel muß es sein, daß Gottes Gegenwart nicht nur in unsren Gottesdiensten sichtbar wird, sondern vor allem in den Straßen unserer Städte. Verlorene, Gebundene und Kranke sollten dem Geist Gottes begegnen und gerettet werden. Erst dann können wir wirklich von Erweckung sprechen.

Jesus wurde gesandt, *»Gefangenen Befreiung auszurufen und Blinden, daß sie wieder sehen, Zerschlagene in Freiheit hinzusenden, auszurufen ein angenehmes Jahr des Herrn«* (Lk.4,18ff).

Wo Gottes Geist heute zu Menschen gesandt wird, da verfolgt er die gleichen Absichten wie Jesus vor 2000 Jahren. Er möchte Verlorene finden, Gefangene befreien, Kranke heilen und Zerschlagenen Freiheit schenken. Der »Segen von Toronto« darf nicht in einem christlichen Heilsegoismus enden. Wenn wir vom Geist Gottes trinken und am Ende so satt sind, daß wir unsere müden Glieder nicht mehr erheben wollen, dann ist etwas falsch gelaufen. Die neue Ausgießung des Geistes, die wir in unseren Tagen erfahren, muß die gleichen Resultate haben wie das erste Pfingsten: Christen mit einer größeren

---

202 Werner de Boor, *Die Briefe des Paulus an die Thessalonicher*, In Wuppertaler Studienbibel, aaO., S. 103/104.

Leidenschaft für die Verlorenen, mit mehr Liebe zu Jesus, mehr Kühnheit zum Predigen und mehr Vollmacht zum Handeln.
Es ist mein Wunsch und mein Gebet, daß der Aufbruch von heute die Erweckung von morgen sein wird.

C) Übernatürliche Phänomene heute

Anhang
von Martin Bühlmann

Das gegenwärtige Wirken des Heiligen Geistes muß beurteilt werden. Ein wichtiges Beurteilungskriterium ist die Auswertung vergangener Aufbrüche im Vergleich zum gegenwärtigen Wirken des Heiligen Geistes. Ungewöhnliche Zeichen des Wirkens Gottes wirken häufig polarisierend in der christlichen Gesellschaft. Kritiker verteufeln oder vermenschlichen Nebenwirkungen eines Aufbruchs, in diesem Fall die Manifestationen als Reaktion auf das Wirken des Heiligen Geistes, Befürworter sehen sich als Verteidiger des wahren Glaubens und verschließen sich einer objektiven Beurteilung der Geschehnisse.
In der Vergangenheit waren solche Phänomene des Geistes meistens Begleiterscheinungen des Wirkens Gottes in verschiedenen Erweckungen. Das Erleben von körperlichen Manifestationen in so breiter Weise in der Christenheit ist allerdings neu. Leicht könnte der Schwerpunkt von bibelorientierter Nachfolge auf das punktuelle Erleben der Gnade Gottes verlagert werden. Dies möchten wir gemeinsam verhindern.
Martin Benz versucht in engagierter Art eine Brücke zu schlagen zwischen übernatürlichen und geistgewirkten Phänomenen in der Vergangenheit und dem Wirken Gottes bei geistlichen Aufbrüchen bis zum sogenannten ›Toronto Segen‹.

I. Unsere Geschichte

1. Vom Hörensagen

Im März 1994 hörte ich von John Wimber zum ersten Mal vom Aufbruch in Toronto. Einige befreundete Vineyardpastoren riefen mich an und erzählten mir im März 1994 vom Wirken des Heiligen Geistes in ihren Gemeinden, nachdem sie die Airport Vineyard besucht hatten. Im Leitungsteam der Basileia VCF sprachen wir über die Möglichkeit eines Besuchs der Gemeinde in Toronto, verwarfen diesen Gedanken aber, weil wir empfanden, man könne den Heiligen Geist nicht in einen Koffer packen. Anfang April riefen weitere Freunde aus den Vereinigten Staaten an und ermutigten mich, nach Toronto zu gehen. Ich hätte nichts zu verlieren, meinten sie. Kurzfristig entschlossen wir uns im Leitungsteam, Ende April nach Toronto zu fliegen.

2. Der Besuch

Am 29. April betraten wir den kleinen Gottesdienstraum (ungefähr 250 Plätze) der Airport Vineyard Gemeinde in Toronto. Alle Männer des Leitungsteams waren mitgekommen, dazu einige leitende Mitarbeiter und einige Mitglieder der Basileia sowie drei befreundete PastorInnen.
Der Gottesdienst begann unspektakulär. Ich fragte mich bereits, weshalb ich so weit gereist sei, da wäre doch nichts Ungewöhnliches. Während der Predigt kicherte eine Frau in der ersten Reihe, was mich etwas befremdete. Nach einiger Zeit erklärte der Verkündiger, ein baptistischer Theologe, wir sollten uns nicht stören lassen, diese Person sei seine Frau. Ich regte mich etwas ab und hoffte, meine Frau würde sich nie so benehmen. Nach der Predigt wurden alle die nach vorne eingeladen, die eine neue Berührung des Heiligen Geistes wünschten. Ich dachte: »Die letzten 10 Meter schaffst du nach über 5000 Meilen auch noch«, und ging nach vorne. Als meine Augen den Blick von John Arnott kreuzten, riß es mich zu Boden. Ich stand wieder auf, nur um einige Augenblicke später wieder hinzufallen. Dieser Vorgang wiederholte sich fünf oder sechs Mal. Später, ich lag

immer noch auf dem Boden, kam Carol Arnott zu mir. Sie begann für mich zu beten. Die Gegenwart des Heiligen Geist floß Stromstößen gleich durch meinen Körper. Ich war elektrisiert. Am ersten Abend erlebte ich vor allem die mich überwältigende Kraft Gottes. Gott wollte sagen: »Nicht deine Kraft, sondern meine! Nicht dein Wille, sondern meiner! Nicht deine Vorstellungen, sondern meine!«
Während der darauffolgenden Abende erlebte ich ganz verschiedene Phänomene, jeden Abend in einer etwas anderen Weise. An einem Abend mußte ich grundlos lachen, ja schrie vor Lachen. An einem anderen Abend erlebte ich den tiefen Frieden Gottes. An einem weiteren Abend erlebte ich ein starkes Maß an Bevollmächtigung. Als John Arnott mich nach einigen Tagen bat, ein Wort an die Anwesenden zu richten, konnte ich nicht mehr sprechen.
Bene Müller, der Anbetungsleiter der Basileia Bern VCF, und ich reisten nach dem Besuch in Toronto noch für einige Tage nach Montreal, wo wir in einer weiteren Vineyard Gemeinde, als wir für Menschen beteten, die gleichen Manifestationen erlebten. Die meisten der Mitreisenden hatten ihre eigenen, persönlichen Erlebnisse mit dem Wirken des Heiligen Geistes gemacht.

3. Die Auswirkung

Während der ersten Woche im Mai 1994 waren bereits einige der Reiseteilnehmer in die Schweiz zurückgekehrt und hatten verschiedene Erfahrungen mit dem Wirken des Heiligen Geistes im Familienkreis oder in einem Hauskreis gemacht. Bene Müller und ich kehrten am Sonntag, dem 8. Mai 1994, am Nachmittag für den Gottesdienst in der Französischen Kirche nach Bern zurück. Auf der Bahnfahrt überwältigte mich die Furcht, Gott könnte seinen Geist im Gottesdienst nicht ausgießen. Ich hatte innere Kämpfe. »Ist das alles von Gott? Wird etwas geschehen? Wie werden wir damit umgehen?«
Am Anfang des Gottesdienstes berichtete ich nach der Anbetung kurz von unserer Reise. Einige der Mitgereisten erzählten von ihren Erlebnissen. Darauf hatte ich den Impuls, all jene nach vorne für ein persönliches Gebet zu bitten, die während der Erzählungen eine körperliche Veränderung gespürt hätten. Ich erwartete ungefähr 10

Personen. Über 100 kamen nach vorne. Ich dachte, ich sei mißverstanden worden und wiederholte den Aufruf. Doch niemand kehrte an den Platz zurück. Nachdem ich den Heiligen Geist eingeladen hatte und einige der Mitgereisten für Menschen zu beten begannen, fiel der Heilige Geist in mächtiger Weise. Dutzende lagen am Boden, viele zitterten, weinten, lachten, waren betrunken im Geist, schüttelten oder schrien. Ich konnte nicht mehr predigen. Wir konnten kein Opfer zusammenlegen. Je mehr für Menschen gebetet wurde, desto stärker waren die Manifestationen der Reaktionen der Menschen auf das Wirken des Heiligen Geistes. Um 19.00 Uhr kamen die Kinder vom Kinderprogramm zurück. Einige der Kinder baten um Gebet. Mein 9jähriger Sohn erhielt Gebet, fiel hin und lag während einer runden Viertelstunde vollkommen ruhig auf dem Kirchenboden. Als er sich erhob, antwortete er auf die Frage, was er erlebt hätte: »Ich war im Himmel, sah Jesus und den Heiligen Geist. Es ist hell dort, und ich möchte wieder dorthin zurückkehren.« Für ihn war das Erlebnis etwas Selbstverständliches. Für mich – ein Schock! Seit diesem Sonntag hat der Heilige Geist nicht aufgehört, unter uns in dieser Weise zu wirken.

4. Die Begleitung

Während der darauffolgenden Woche war regelmäßiges Arbeiten beinahe unmöglich. Immer wieder kamen die etwas über 20 Mitarbeiter der Basileia in unserem Büro zusammen, wo der Geist am Wirken war. Die Telefonistin mußte zeitweise den Anrufbeantworter einstellen, weil es sie so stark schüttelte, daß sie keine Telefone mehr abnehmen konnte.

Die folgenden Sonntage erlebten wir dieses Wirken in gleicher Weise weiter. Wir waren etwas überfordert und wußten nicht genau, wie wir damit umgehen sollten. An einem Sonntag wollten wir Interviews mit Betroffenen, darunter einem Methodistenpfarrer, machen. Die Befragten fielen aber hin, noch bevor sie eine Antwort hätten geben können. Die Predigten wurden immer wieder von starken Manifestationen der Reaktion von Menschen auf das Wirken des Heiligen Geistes unterbrochen.

Während der darauffolgenden Wochen beschäftigte uns vor allem die Frage, wie wir mit dem Aufbruch umgehen sollten. Ist es richtig, das Wirken des Heiligen Geistes in eine gottesdienstliche Form zu kanalisieren? Was bedeutet es, das Wirken des Heiligen Geistes zu dämpfen (1. Thess. 5.19)? Bezieht sich diese Aussage auch auf den gottesdienstlichen Umgang mit dem Wirken des Heiligen Geistes? Wie ist 1. Korinther 14 zu verstehen? Geht es da um eine menschliche Ordnung oder um gottgewirkten Frieden? Welche Schwerpunkte müssen in der Verkündigung gesetzt werden? Sind alle Reaktionen geistgewirkt?

Wir erkannten, daß sich 1. Thessalonicher 5.19 auch auf die Leitung der Gottesdienste bezieht. 1. Korinther 14 verstehen wir als Korrektur von Paulus an der gottesdienstlichen Praxis der Korinther und damit als Ermahnung, einen Weg zu finden, der eine Kanalisierung der Öffnung für das Wirken des Heiligen Geistes bewirkt und damit eine Sicherstellung von gottgewirktem inneren Frieden im Gottesdienst vorsieht.

Die erste Korrektur betraf den Rahmen und die Quelle des Wirkens während der Gottesdienste. Wir begannen damit, das Glaubensbekenntnis regelmäßig in den Gottesdiensten zu lesen oder auf dem Sonntagszettel (Gottesdienstinfoblatt) abzudrucken. Wir tun das noch heute. Zu Beginn jedes Gottesdienstes beten wir das Glaubensbekenntnis und bitten Jesus Christus um das Wirken des Heiligen Geistes. Es soll in dieser Weise klarwerden, daß das Bekenntnis unseres Glaubens der Rahmen des Wirkens des Heiligen Geistes ist und die Bitte an Jesus Christus nach dem Wirken seines Heiligen Geistes ein klarer Hinweis auf die Quelle ist. Wir wollen damit besonders Menschen, die nicht im Glauben stehen, dabei helfen, das Wirken richtig einzuordnen, sich auf Jesus Christus auszurichten. Es wird somit aber auch klar, daß es sich nicht um ein Wirken Satans handeln kann. Wenn wir den Vater im Himmel um Brot bitten, gibt er uns keinen Stein (Luk. 11.11-13)!

Wir erkannten auch, daß die meisten Manifestationen eine körperliche Reaktion auf die Gegenwart des Heiligen Geistes sind, genauso wie es auch stille seelische Ergriffenheit geben kann. Da in einem großen Gottesdienst eine ganz besondere Dynamik herrscht, wurde es uns wichtig, Menschen auf rein seelische Abläufe aufmerksam zu machen. Gemäß unserer Unterscheidung handelt es sich in keinem Fall um ›Heiligen Geist pur‹. Die Korrektur umfaßt unser fortwährendes erklärendes Begleiten der Gottesdienste und der Geschehnisse im Gottesdienst. Sowohl seelisch labile und angeschlagene als auch impulsive Menschen werden auf Gottes, aber auch auf menschliches Wirken aufmerksam gemacht.

Das Auftreten der Phänomene während der Predigt wurde nicht unterbunden. Wir entwickelten aber schrittweise einen neuen Gottesdienstablauf (Liturgie). Die Zeit der Anbetung sollte nicht mehr der Offenheit für das Wirken des Heiligen Geistes gehören, sondern der Anbetung von Jesus Christus. Wir baten die Basilöwen (so nennen wir die Mitglieder der Basileia Gemeinde), während der Anbetung nicht mehr füreinander zu beten, dem Auftreten von körperlichen und seelischen Manifestationen keine Aufmerksamkeit mehr zu schenken. Jesus Christus soll unsere volle Aufmerksamkeit gehören. Nach der Anbetung und nach der Verkündigung ist jeweils genügend Zeit, sich auf die Erfrischung und das Wirken des Heiligen Geistes auszurichten. Diese Entscheidung beruhigte die Gottesdienste auffällig.

In diesem Zusammenhang beschäftigte uns auch die Frage nach der Auslösung der Wirkungen. Von unserem Stil (Vineyard Bewegung) her war es uns klar, daß die Wirkungen nicht den Dienst eines einzelnen Menschen in den Vordergrund rücken sollten. Wir gingen deshalb während der sogenannten Ministrytimes (Gebetszeiten) sehr sorgfältig mit der Leitung von vorne um. Das gegenseitige Gebet sollte mehr Raum haben als die gebetsmäßige Leitung vom Gottesdienstverantwortlichen. Der Vorteil dieses Vorgehens ist, daß sich die Menschen stärker auf die Person von Jesus Christus ausrichten. Der Nachteil: Korrektur von seiten der Gottesdienstleitung wird erschwert.

Nachdem wir während rund einem halben Jahr den Schwerpunkt der Verkündigung auf die Anbetung von Jesus Christus, der Erneuerung des Glaubens (Buße, Umkehr, Vergebung) und dem Thema von innerer Erfrischung und Heilung gesetzt hatten, empfanden wir die Gefahr, daß der Aufbruch Menschen in eine Haltung geistlicher

»Selbstbefriedigung« führen kann. Es wurde uns neu bewußt, daß wir nicht nur die Ausrichtung auf die Person von Jesus Christus und das Wort Gottes suchen sollten, sondern den Schwerpunkt der Sendung, des Auftrags neu unterstreichen sollten. Mit dem wachsenden Bewußtsein der biblischen Sendung in die Welt wurde auch das Thema der Ausrüstung neu wichtig. Diese Korrektur hat bei vielen Basilöwen zu einem verstärkten Bewußtsein der Zerbrochenheit der Welt und zu einem wachsendem Verlangen, die Liebe Jesu weiterzugeben, geführt.

6. Die Ausbreitung

Schon nach dem ersten Sonntag, nachdem der Heilige Geist in der Französischen Kirche gefallen war, wuchs die Zahl der Gottesdienstbesucher an. Innerhalb von zwei Monaten wuchs der Besuch von gut 800 auf 1200 Gottesdienstbesucher. Eine große Zahl von geistlichen LeiterInnen aus verschiedenen kirchlichen und theologischen Hintergründen begannen uns zu besuchen. Dies führte dazu, daß wir schon wenig später unter der Woche, zuerst an Dienstagen, dann jeweils Mittwochs, zusätzliche Gottesdienste, sogenannte Erwekkungsversammlungen, anzubieten begannen.
Während dieser Gottesdienste nehmen wir uns ausführlicher dafür Zeit, füreinander zu beten, den Aufbruch zu erklären und uns für Gottes Geist zu öffnen. Es stellte sich auch heraus, daß es besonders bei geistlichen LeiterInnen länger dauert, bis sie sich jeweils für das Wirken des Heiligen Geistes öffnen können. Dies mag verschiedene Gründe haben. Die Gelegenheit, regelmäßig für sich beten zu lassen, wurde immer wichtiger.
Es fiel uns auf, daß die Wirkungen des Heiligen Geistes und viele der Manifestationen ansteckend sind. Die meisten Besucher erzählen uns schon kurz darauf, daß nach dem Besuch der Gottesdienste in Bern die gleichen Dinge in ihren Gottesdiensten zu geschehen beginnen. Vereinzelt von Bern, Biel, Burgdorf und Schaffhausen hörten wir auch, daß die Phänomene in der Öffentlichkeit auftreten. Besonders erstaunt, daß Kinder während des normalen Schulunterrichts ergriffen werden.

Bei jedem Besuch an anderen Orten in Deutschland, Österreich, Frankreich, Belgien, Rußland, Rumänien usw., aber auch in Asien (Kambodscha, Vietnam, Singapur) geschahen die gleichen Dinge. Wir können davon ausgehen, daß der Aufbruch in Bern Hunderte von Gemeinden angesteckt hat und Tausende von Menschen eine Erneuerung und Erfrischung ihres Glaubens erlebt haben. Und ein Ende ist nicht abzusehen.

7. Reaktionen

Der Aufbruch weckte schon bald Reaktionen der christlichen und der säkularen Presse. Es erstaunt, daß weltweit die Reaktionen der säkularen Presse bis zum heutigen Tag positiv sind. Zuerst wurde der Aufbruch in Kanada wahrgenommen, darauf in den Vereinigten Staaten. Die starken Auswirkungen auf die von Sandy Millar geleitete anglikanische Gemeinde »Holy Trinity Brompton« (HTB) wurden von der englischen Öffentlichkeit schnell und positiv aufgenommen. Die Presseartikel schwappten nach Deutschland über. In der Schweiz wurde die säkulare Presse erst von einem Artikel der Sonntagszeitung vom 12. Februar 1995 geweckt, dies dann aber um so stärker. Das Schweizer Fernsehen DRS1 und die französisch-sprachige Illustrierte »L'illustré« berichteten sehr ausführlich über den Aufbruch. Der große Teil der christlichen Presse äußerte sich vorsichtig positiv bis abwägend.
In Deutschland wurde das Thema aber schon bald recht gegensätzlich verarbeitet. Die gegenwärtige Gesprächskultur scheint im Moment eine starke Spaltung innerhalb der gewachsenen Einheit unter Christen verschiedenster Hintergründe zu verhindern, obwohl die Gefahren einer weiteren Trennung noch vorhanden sind. In der Schweiz wurde das Thema etwas ruhiger angegangen. Meistens wird mit Fairneß und einer grundsätzlichen Offenheit argumentiert. Eine abschließende Beurteilung verschiedener Bewegungen steht aber noch aus.
Einzelne LeiterInnen haben sich während der letzten Monate aber intensiv mit mir oder dem Leitungsteam der Basileia über den Aufbruch auseinandergesetzt. Diese Gespräche haben zu verschiedenen Korrekturen auf der Seite der Basileia Anlaß gegeben oder auf

Schwachpunkte im Umgang mit dem Aufbruch hingewiesen. Der allgemeine Tenor dieser Gespräche war und ist offen, fair und ehrlich.

8. Die Bedeutung

Einige Aspekte des Aufbruchs sind bemerkenswert: Viele, ja Tausende von Menschen

- sprechen von einer grundsätzlichen Erfrischung des Glaubens

- bezeugen ein großes Maß an innerer Heilung

- erklären, daß sich ihr christlicher Dienst positiv verändert hat

- sagen, sie hätten ein stärkeres Brennen für Menschen, die Jesus Christus nicht kennen.

Kirchen und Gemeinden, die bis dahin dem Wirken des Heiligen Geistes gegenüber eher reserviert waren, haben dramatische Veränderungen erlebt.
Auffällig ist auch die schnelle Ausbreitung des Aufbruchs, der sowohl in Amerika als auch in Europa, Asien, Ozeanien und Afrika nicht halt macht.
Allein die Publizität und Aufmerksamkeit der Gesellschaft für das Evangelium von Jesus Christus ist höchst bemerkenswert. Nie wurde in der Öffentlichkeit während der vergangenen Jahre so ausführlich über den christlichen Glauben berichtet oder gesprochen wie seit dem Beginn des Aufbruchs in Toronto am 20. Januar 1994.
Welche Auswirkungen der sogenannte »Toronto Segen« auf die Christenheit haben wird, läßt sich noch nicht abschließend beurteilen. Die Anzeichen aber scheinen ermutigend und erinnern an pietistische Aufbrüche oder an den Beginn der Pfingstbewegung.
Wir sprechen bewußt nicht von Erweckung, sondern von einer Zeit der Erfrischung des Glaubens und der Neuausrichtung. Verschiedene christliche Leiter mit einem prophetischen Dienst sprechen von zwei weiteren Phasen des gegenwärtigen Wirkens von Jesus Christus durch den Heiligen Geist. Die zweite Phase wird gekennzeichnet sein

von einer großen Zahl von »abgekühlten Christen«, die zu Jesus Christus zurückkehren werden. Die dritte Phase, die eigentliche Erweckung oder Zeit der Ernte, wird begleitet sein von vielen Zeichen und Wundern und dramatischen Heilungen, und sie wird Tausende von Menschen ins Reich Gottes bringen.

9. Wie weiter

Gesprächsbereitschaft auf der einen und Offenheit für den Aufbruch auf der anderen Seite sollten es ermöglichen, daß sowohl ein gutes Maß an Korrektur, aber auch ein weiteres Ausbreiten des geistlichen Aufbruchs geschehen kann. Ob es zu einer weltweiten oder auch nur geographisch beschränkten Erweckung führen wird, wird sich in den nächsten Monaten zeigen.
Ich persönlich wünsche von ganzem Herzen sowohl eine frische Ausrüstung für die Kirche Jesu Christi als auch die Hinwendung tausender ja hunderttausender Menschen zu Jesus Christus. Vergangene Aufbrüche und Erweckungen haben verschiedene Auswirkungen auf die Christenheit und die Welt gehabt. Viele waren zeitlich und räumlich beschränkt, andere führten zu einer grundlegenden Veränderung des Gesellschaftsbildes. »Herr, schenke uns das zweite!«

II. Erweckung für die Kirche - Ernte in der Welt

Die Kirche ist das Werkzeug des Reiches Gottes in dieser Welt. Diesem Werkzeug gehört die Liebe und Aufmerksamkeit von Jesus Christus. Die Kirche macht Jesus Christus in dieser Welt sichtbar. Aufbrüche beginnen deshalb meistens bei der Kirche. Gesunde Aufbrüche werden aber früher oder später konkrete Auswirkungen auf die Gesellschaft haben.
Erweckung bezieht sich auf das »Erwachen« des Volkes Gottes für die Person von Jesus Christus, das Wort Gottes und den Auftrag. Dieses ›Erwachen‹ bewirkt vier Dinge:
1. eine große Zahl von Christen vertiefen ihre Nachfolge, was die Glaubwürdigkeit der Christenheit wachsen läßt;

2. es geschehen viel göttliche Heilungen und Wunder, die sowohl den Glauben der Christen stärken als auch Christus fernstehende auf die Person von Jesus Christus aufmerksam machen und
3. der Aufbruch bezieht sich nicht ausschließlich auf eine Kirche, sondern er geschieht in verschiedensten Kirchen und geographischen Gebieten gleichzeitig. Die Erweckung führt
4. zu einer großen Ernte in der Welt. Menschen öffnen sich für das Evangelium Jesu Christi, weil die Echtheit der Nachfolge, die Gegenwart des Wirkens des Heiligen Geistes und die Bewegung auf breiter Ebene Menschen für das Werk Jesu Christi öffnen.
Oftmals geschah Erweckung während einer Zeit großer gesellschaftlicher Unsicherheit und des Zerbruchs von gesellschaftlichen Strukturen und der Moral.

III. Gemeindeleitung im Aufbruch

1. Der Umgang mit der gegenwärtigen Ausgießung des Heiligen Geistes

Wie schon erwähnt, wird die Leitung von Gemeinden, Gottesdiensten oder Gruppen während dieser Zeit des geistlichen Aufbruchs zu einer besonderen Herausforderung. LeiterInnen tragen sowohl für das Vermitteln biblischer Wahrheit als auch für die christliche Praxis und Ethik Verantwortung. In der biblischen Beurteilung geht es besonders darum herauszufinden, ob innerhalb des Rahmens des Wortes Gottes das Auftreten solcher Phänomene vorgesehen ist. Die Beweisführung anhand einzelner Bibelstellen kann unausgewogen sein und zu einer Verhärtung führen, und dies obwohl es einige recht aufschlußreiche Bibelstellen gibt, die von ähnlichen Geschehnissen berichten.
Neben dem verantwortungsbewußten Umgang mit der Bibel geht es bestimmt darum, immer wieder auf die Person von Jesus Christus, auf das Erlösungswerk und die tägliche Nachfolge hinzuweisen. Das Erleben von Manifestationen der Gegenwart des Heiligen Geistes ist

kein Zeichen besonderer Geistlichkeit. Es enthebt nicht der Entscheidung der persönlichen Nachfolge und Veränderung. Das Kreuz und die Auferstehung müssen zentral bleiben. Die Ausgießung des Heiligen Geistes hat stets mit der Ausrüstung der Christen für den Dienst zu tun. Die Verantwortung der Christen für das Vermitteln der Botschaft Jesu Christi und für soziale Gerechtigkeit muß thematisiert werden.

2. Wie werden die Manifestationen verursacht

Martin Benz geht in diesem Buch ausführlich auf diese Frage ein. Während der vergangenen Monate sind uns in der Basileia fünf Ursachen für das Auftreten der Phänomene aufgefallen:

a) Gegenwart Gottes
Menschen erleben die Gegenwart Gottes. Betroffene erzählen uns von Visionen, vom Erleben der zärtlichen Vaterliebe Gottes, von einem Reden Gottes in ihrem Herzen.
In der Apostelgeschichte, Kapitel 9, lesen wir von der Bekehrung von Paulus. Die Gegenwart Gottes hatte Kraftlosigkeit bewirkt, Paulus fiel zu Boden, er sah ein Licht, hörte Gott sprechen und erblindete für eine gewisse Zeit. Dies war bestimmt ein sehr intensives Erlebnis der Auswirkungen der Gegenwart Gottes.

b) Körperliche Reaktion auf die Gegenwart Gottes
Als Beispiel möchte ich die Trunkenheit im Geist anführen. Der menschliche Körper kann auf die Gegenwart Gottes reagieren. Viele Menschen erzählen von einer Trunkenheit ohne jeglichen Alkoholkonsum, während der sie häufig keine eigentlichen geistlichen Erlebnisse haben, außer Geborgenheit und Freiheit von Druck und Not.
In der Apostelgeschichte, Kapitel 2, lesen wir von der Ausgießung des Heiligen Geistes an Pfingsten. In den Augen vieler Zuschauer waren die Christen schlicht und einfach betrunken. Andere Betrachter hörten die an sich als sehr einfache Bürger Galiläas bekannten Menschen in verschiedensten Sprachen sprechen. Für die einen war es ein Wunder, für andere einfach Trunkenheit.

c) Seelische Reaktion
Wir erleben, daß der ganze Mensch ergriffen und dabei auch im Gefühlsleben intensiv reagieren kann. Wenn Manifestationen seelische Reaktionen sind, fassen wir das also nicht als minderwertig oder negativ auf. Menschen können eine heilsame Berührung und Freisetzung in Bereichen ihrer Gefühlswelt erfahren und das durch Schütteln, Lachen, Weinen u.a. unmittelbar zum Ausdruck bringen.

d) Seelische Reaktion aus persönlichem Übereifer oder empfundenem Gruppendruck
Wir haben auch seelische Reaktionen aus persönlichem Übereifer beobachtet. Es kommt vor, daß sich Menschen im Gottesdienst dazu gedrängt fühlen, Manifestationen selbst zu »produzieren«, weil sie dieses Verhalten als notwendig oder wichtig betrachten.
Wir versuchen, die Manifestationen nicht »herbeizumanipulieren« und machen darauf aufmerksam, daß diese Phänomene einen Menschen nicht zu einem besseren Christen machen. Der entspannte und echte Umgang mit den Wirkungen hat uns dabei geholfen, persönlichen Übereifer und Gruppendruck auf ein Minimum zu reduzieren.

e) Dämonische Manifestationen
Mit den Erfahrungen, die ich bis zum April 1994 gemacht hatte, hätte ich bestimmte Manifestationen als dämonisch eingestuft. Ich mußte allerdings lernen, nicht mit alten Erfahrungen an diesen Aufbruch heranzugehen. Ich wurde an Jesu Gleichnis vom Weizen und vom Unkraut (Mt 13.24-30) erinnert. Jesus hieß dort die Jünger den guten Samen und das Unkraut wachsen zu lassen und es erst zur Zeit der Ernte auszureißen. Wir entziehen uns damit nicht der Verantwortung, mit dämonischen Manifestationen umzugehen, fühlen uns jedoch bestärkt, nicht voreilige Schlüsse zu ziehen.

3. Wellen des Segens

Es fällt auf, daß der Aufbruch in Wellenbewegungen geschieht. Es ist nie voraussehbar, wie der Gottesdienst sein wird. Es gibt Zeiten intensivster Reaktionen auf das Wirken des Heiligen Geistes, aber auch Zeiten von Ruhe. Manchmal scheint es, als würden Menschen vor allem für den Dienst freigesetzt, andere Male scheint ein großes Maß an innerer Heilung zu geschehen, wiederum kommt es vor, daß Menschen in Buße und Umkehr gedrängt werden.

4. Was bringen die Manifestationen der Gegenwart des Heiligen Geistes

Im Kapitel »Sinn der Phänomene« geht Martin Benz dieser Frage genau nach. Die Manifestationen an sich sind nie Frucht des Geistes. Es ist die Gegenwart Gottes durch den Heiligen Geist, nicht die einzelne Manifestation, die Auswirkungen und Veränderungskraft ins Leben eines Menschen bringt. Dabei fällt auf, daß viele der Menschen, die Manifestationen an sich selbst erleben, von Veränderung in einem oder mehreren Bereichen ihres Lebens sprechen.

a) Erleben des Wohlgefallens und der Nähe Gottes
Menschen berichten von tiefem Frieden, von Freude und Ruhe, dem Gefühl von Zeitlosigkeit, von Geborgenheit und Erfrischung.

b) Auslöser für tiefe innere Umkehr
Viele Berichte beziehen sich auf eine vertiefte Beziehung zu Jesus Christus, auf vermehrte Freude am Gebet und einem verstärkten Verlangen, die Bibel zu lesen. Andere berichten davon, daß sie schädigende Angewohnheiten, wie Rauchen oder Drogenkonsum, aufgegeben haben. Wiederum andere erzählen, daß sie eine tiefe innere Umkehr und Hinwendung zur Person von Jesus Christus erlebt haben.

c) Erfüllung des eigenen Geistes mit dem Geist Gottes
Die Gegenwart Gottes im Leben und während des Alltags hat für viele eine neue Dimension erhalten. Wir hören von vermehrten und tiefergehenden Gesprächen mit Jesus Christus und von Intensivierungen des Gebrauchs der Gaben des Heiligen Geistes. Menschen, die sich vom Heiligen Geist auch in den kleinen Dingen des Lebens führen lassen, erleben seit dem Aufbruch mehr.

d) Erleben von tiefer innerer Heilung
Die Auswirkungen vergangener Geschehnisse, sogar manchmal von Träumen, werden durch die Gegenwart und das Wirken des Heiligen Geistes geheilt. Die Betroffenen erhalten dadurch ein neues Verständnis ihres Mensch- und Christseins.

e) Erleben von körperlicher Heilung
Vereinzelt hören wir von körperlichen Heilungen, wobei wir in diesem Bereich noch eine weitere Ausgießung erwarten.

f) Zeichen der Bevollmächtigung und geistlicher Ausrüstung
Bei einer wachsenden Zahl von Basilöwen erleben wir eine neues Maß an Bevollmächtigung und geistlicher Ausrüstung zum Dienst. Dies betrifft verschiedenste Bereiche des Dienstes: Evangelisation, Leitung, Predigt usw.

g) Merkmal für prophetisches Wirken
Jeder geistliche Aufbruch hat eine prophetische Komponente für die Kirche, den Leib Jesu, aber auch für die ganze Gesellschaft. Ich denke, wir stehen in diesem Bereich erst am Anfang. Es ist auffällig, wie viele LeiterInnen und Mitglieder aus anderen Kirchen und Gemeinden von diesem Segen erfaßt werden.

5. Die Frage nach der Frucht

Die »Exotik« der Geschehnisse in bezug auf das Wirken des Heiligen Geistes drängen nach der Frage, welches die bleibenden Früchte sind. Wie bereits gesagt, die Manifestationen bewirken an sich nichts, sie sind einfach ein Zeichen dafür, daß Gott im Leben eines Menschen am Wirken ist.
Die Frage nach der Frucht bezieht sich nie auf ein einzelnes Erlebnis oder eine einzelne Einwirkung des Heiligen Geistes in unser Leben, sondern auf bleibende Veränderungen von Haltung und Verhalten. Den Maßstab dafür finden wir im Galaterbrief Kapitel 5, Verse 16-26. Das Wachstum der Frucht ist nicht Wirkung des Heiligen Geistes, sondern die Reaktion des Menschen auf das Wirken des

Heiligen Geistes, wobei das Erleben der Nähe und Versorgung Gottes vielen Menschen erst die Kraft gibt, Veränderung zu erleben. Der Aufbruch macht aus uns keine besseren Christen. Eher erinnern uns die neuen Erfahrungen daran, daß wir als Christen zunächst einmal Menschen sind. Oft haben wir in unserem geistlichen Leben viel Natürliches, Menschliches unverarbeitet beiseite gelegt. Es scheint so, als ob der Heilige Geist uns damit wieder in Verbindung bringt, damit wir nicht gespaltene Menschen sind, sondern Gott als ganze, heil werdende Menschen dienen. Diese Tatsache wird in diesem Buch sehr deutlich zum Ausdruck gebracht.

6. Zehn hilfreiche Anregungen zum Umgang mit der gegenwärtigen Ausgießung des Heiligen Geistes im Gottesdienst

Die Auswirkungen des Wirkens des Heiligen Geistes entheben uns nicht der Verantwortung, ein Umfeld zu schaffen, das es den Menschen ermöglicht, sich für Gott zu öffnen.

1. Ankündigungen, Opfer, Segnungen und anderes machen wir am Anfang des Gottesdienstes. Die Anbetung führt entweder in die Zeit des Gebets füreinander oder in die Predigt. Nach der Predigt nehmen wir uns ausführlich Zeit für das Gebet. Nach dem offiziellen Gottesdienstabschluß bleiben jeweils viele für das Gebet zurück.
2. Wir erklären vor und während des Gottesdienstes, was geschieht, damit Gottesdienstbesucher Phänomene und Manifestationen besser einordnen können. Dies ermöglicht es auch, korrigierend auf das Geschehen einzugreifen.
3. Interviews mit Menschen, die das Wirken des Heiligen Geistes erleben, sind in der Verarbeitung der Erfahrungen sehr hilfreich, besonders wenn auf die inneren Veränderungen hingewiesen wird.
4. Berichte von Gottes Wirken in anderen Orten und Kirchen sowie Geschichten von ähnlichen Geschehnissen aus der Kirchengeschichte wirken sehr ermutigend.
5. Wir brauchen Raum! Oft räumen wir die ersten fünf bis zehn Stuhlreihen weg, damit Menschen genügend Platz finden, für sich beten zu lassen.
6. Wir ermutigen Menschen, die bereits viel empfangen oder erfahren haben, für andere zu beten. Wir können nur mehr empfangen, wenn

wir dazu bereit sind, empfangenen Segen zu teilen. Gleichzeitig müssen wir immer und immer wieder aufs neue lernen, die Salbung des Heiligen Geistes entgegenzunehmen.
7. Menschen, die empfangen, brauchen nicht selbst zu beten, sie dürfen sich einfach für das segnende Wirken des Heiligen Geistes öffnen und auf die Stimme Gottes hören.
8. Wir erlauben kein lautes »Bebeten« oder Umstoßen von Menschen; oft ist es sogar besser, Menschen während des Gebets überhaupt nicht zu berühren.
9. Es stärkt die Empfangsbereitschaft von Menschen, wenn sie wissen, daß sie, falls sie umfallen, von jemandem aufgefangen werden.
10. Es erleichtert die Offenheit zum Empfangen, wenn Eltern wissen, daß wir uns während der Gebetszeit um ihre Kinder kümmern. Die Kinder verstehen das meistens, denn auch sie erleben diese Zeit der Erfrischung.
Vorsicht!
Das Feuer kann in vielen Menschen den Glauben neu entfachen, andere könnten sich an diesem Feuer verbrennen. Es liegt an geistlichen LeiterInnen, die Gemeinde während dieser Zeit der Ausgießung des Heiligen Geistes zu begleiten. Zweifelnde brauchen Aufmerksamkeit – nicht Verurteilung. Menschen, die keine Manifestationen erleben, brauchen Ermutigung, der unveränderlichen und bleibenden Liebe Gottes mehr zu vertrauen als auf Erlebnisse und Erfahrungen. Übereifrige, die Phänomene nachzumachen suchen, brauchen Korrektur, damit sie später nicht entmutigt werden.

7. Ein Aufbruch für christliche LeiterInnen und PastorInnen

a) LeiterInnen und PastorInnen können in dieser Zeit des Aufbruchs nur leiten, wenn sie sich selbst für das Wirken des Heiligen Geistes öffnen. Übermäßiges Suchen nach Fehlern, Ängstlichkeit vor eigenem Verhalten wird Menschen dabei hindern, den Aufbruch zu erleben. Gott sucht LeiterInnen, die sich unter, nicht über die Ausgießung des Heiligen Geistes stellen.
b) LeiterInnen und PastorInnen bleiben verantwortlich. Sowohl was ihre eigene Offenheit für Veränderung anbelangt als auch das stete Unterstreichen, daß es nicht um Manifestationen und Phänomene

geht, sondern um persönliche Veränderung, Ausrüstung und Hingabe und die Bereitschaft, Manifestationen und ihren Ursprung zu prüfen.
c) Dies ist die Zeit der Multiplikation. Schaffen Sie Raum für neue Gottesdienste und Treffen, die von Ihren MitarbeiterInnen geleitet werden. Bei uns hat es sich bewährt, neben dem Sonntagsgottesdienst besondere Erweckungsversammlungen anzubieten, wo dem Aufbruch mehr Zeit und Aufmerksamkeit geschenkt wird.
d) Unsere Formen sollen sich Gottes Wirken anpassen. Gottesdienstleitung und Predigt dürfen spontan geschehen. In Bern dauerte es ungefähr 6 Wochen, bis wir für die Gottesdienste eine neue Form gefunden hatten.
e) VerkündigerInnen sollen mit neuer Frische an die Betrachtung der Heiligen Schrift herantreten. Viele Geschichten des Neuen Testaments (z. B. Heilungen in den Evangelien, Geschehnisse in der Apostelgeschichte, aber auch Johannes 15 oder 16) eignen sich sehr für die Verkündigung.
f) MitarbeiterInnen müssen neu und frisch ausgebildet werden. Wir haben unsere Gebetshelfer ermutigt, einfach das Wirken des Heiligen Geistes zu bestätigen und nicht selbst Initiative zu ergreifen.
Der Aufbruch hat sich inzwischen in die hintersten Winkel der Erde ausgebreitet. Täglich hören wir von neuen Orten, wo Gottes Geist in frischer Weise ausgegossen wird. Jetzt gilt es Modelle zu schaffen, wie Gemeinden mit diesem Wirken umgehen können, ohne dabei den Blick für das Wesentliche der christlichen Botschaft zu verlieren: das Versöhnungsangebot von Jesus Christus. Verschiedene Menschen werden versucht sein, die Wirkungen des Heiligen Geistes zu instrumentalisieren, die Aufmerksamkeit der christlichen Öffentlichkeit für ihre eigenen Zwecke zu mißbrauchen. Kreuzzüge für den »Toronto-Segen« könnten die Kirche des eigentlichen Segens berauben, sich für die Nachfolge und die Mission ausrüsten zu lassen.
Mit Martin Benz und anderen christlichen LeiterInnen möchte ich dabei helfen, einen Rahmen zu finden, der es den Kirchen und Gemeinden erlaubt, Gottes Liebe und Nähe neu zu erleben. Dieses Buch hat dabei einen wichtigen Anteil.

Im März 1995
Martin Bühlmann

Literaturverzeichnis

- von Abendroth, Christoph, »Ruhen im Geist« und »Lachen im Geist«, in »Theologische Texte der GGE Heft 1 – Klärungen-Wege-Positionen«, Hamburg 1994
- von Avila, Theresa, »Das Leben der heiligen Theresa von Jesu« (=Vita), in »Sämtliche Schriften der hl. Theresa von Jesu«, Erster Band: Leben von ihr selbst beschrieben, Hrsg. von P. Aloysius Alkofer, München/Kempten 1952
- von Avila, Theresa, »Briefe der Heiligen Theresa von Jesu«, in Sämtliche Schriften der hl. Theresa von Jesu, Hrsg. von P. Aloysius Alkofer, München/Kempten 1956
- von Avila, Theresa, »Die innere Burg«, Hrsg. von Fritz Vogelsang, Zürich 1979
- Beyreuther, E., »Zinzendorf und die Christenheit«, Marburg 1961
- Blumhardt, Joh. Chr., »Krankheitsgeschichte der Gottliebin Dittus«, Basel o.J.
- de Boor, Werner, »Die Briefe des Paulus an die Thessalonicher« in Wuppertaler Studienbibel, Wuppertal 1983
- Booth, Bramwell, »Echoes and Memories«, o.J.
- Clarke, Charles, »Pioneers of Revival«, London/New Jersey 1971
- van Dam, W.C., »Dämonen und Besessene«, Aschaffenburg 1975
- Daniel, Joshua, »John Wesley und die Erweckung in England«, Lahr-Dinglingen 1984
- Evans, Eifion, »The Welsh Revival of 1904«, Bridgend 1984
- Finney, C.G., »Die gekürzte Lebensgeschichte C. G. Finneys«, Frankfurt am Main, o.J.
- Frodsham, Stanley H., »Apostel des Glaubens, Smith Wigglesworth«, Erzhausen 1977
- Held, Paul, »Der Quäker George Fox«, Basel, o.J.
- Herzog, Johannes, in »Calwer Kirchenlexikon, Kirchlich-theologisches Handwörterbuch, Band 1+2, hrsg. von Friedrich Keppler, Stuttgart 1937/1941

- Heussi, Karl, »Kompendium der Kirchengeschichte«, Tübingen 1937
- Hoffmann, E.G. / v. Siebenthal, H., »Griechische Grammatik zum NeuenTestament«, Riehen 1985
- Jackson, Bill, in Dr. Patrick Dixon, »Signs of revival« Eastbourne 1994
- Klein, Ernst Ferdinand, »Zeitbilder aus der Kirchengeschichte für die christliche Gemeinde«, Berlin 1913
- Knox, Ronald A., »Christliches Schwärmertum«, Köln/Olten 1957
- Kuhlman, Kathryn / Buckingham Jamie, »A Glimpse into Glory«, New Jersey 1983
- von Loewenich, Walther, »Die Geschichte der Kirche«, Witten-Ruhr 1954
- Möller, Robert H., »John Wesley, ein auserwähltes Rüstzeug Gottes, der Gründer der Methodistenkirche«, Bremen o.J.
- Nigg, Walter, »Grosse Heilige«, Zürich o.J.;
- Pratney, Winkie A., »Revival, Principles To Change The World«, Springdale 1983
- Prince, Derek, »Uproar in the Church«, Enfield 1994
- Rang, Martin /Schlisske Otto, »Die Kirche Christi im Wandel der Zeiten«, Göttingen 1950
- Renkewitz, Heinz, »Zinzendorf«, Herrnhut 1935
- Riecker, Otto, »Ruf an alle, George Whitefield«, Wuppertal 1984
- Schäfer, Phillip, in »Theologenlexikon«, Hrsg. von W. Härle u. H. Wagner, München 1987
- von Redern, Hedwig, »Ein Stiller im Lande«
- Reichel, Gerhard, »Gottes Wunderführungen in Herrnhut«, Gnadau 1927
- Schamoni, Wilhelm, »Das wahre Gesicht der Heiligen«, Leipzig 1938
- Schauber, Vera / Schindler, Hans M., »Die Heiligen und Namenspatrone im Jahreslauf«, München 1985
- Schumann, J. Chr. Gottlob, »Die Kirchengeschichte in Lebensbildern«, Hannover 1878
- Smith, Oswald J., »Keine Erweckung ohne Buße«, Pfäffikon o.J.

- Vetter, Jacob, »George Whitefield, der seraphische Evangelist«, Geisweid i. Westf. 1912
- von Walter, D. Johannes, »Die Geschichte des Christentums«, 4. Halbband, Gütersloh 1939
- Whittaker, Colin, »Great Revivals«, Basingstoke 1984
- Wesley, John, »Das Tagebuch John Wesleys«, Frankfurt am Main o.J.
- Wesley, John; Wesley, Charles; Whitefield, George, »The Nature of Revival«, hrsg. von Weakley, Clare, George Jr., Minneapolis 1987
- Wimber, John, »Vollmächtige Evangelisation«, Hochheim 1986
- Wimber, John, »Heilung in der Kraft des Geistes«, Hochheim 1987
- Wimber, John, »Power Evangelism, Lehrmaterial«, Hochheim 1987
- Zell, Rosmarie, »Die Spiritualität der Kirchenlehrerin Teresa von Jesus«, Leutesdorf 1993
- Zündel, Friedrich, »Johann Christoph Blumhardt, ein Lebensbild«, Gießen/Basel 1921

Nachschlagewerke, Wörterbücher

- Calwer Kirchenlexikon, Kirchlich-theologisches Handwörterbuch hrsg. von Friedrich Keppler, 2 Bände, Stuttgart 1937/1941
- Cremer, Hermann, »Biblisch-theologisches Wörterbuch«, hrsg. von Julius Kögel, Gotha 1911
- Der neue Herder, 2 Bände, Freiburg 1949
- Dictionary of Christianity in Amerika, hrsg. von D. Reid, R. Linder, B. Shelley, H. Stout, Illinois 1990
- Die Religion in Geschichte und Gegenwart (RGG), Handwörterbuch für Theologie und Religionswissenschaft, 6 Bände, 2. Auflage, Tübingen 1927-1932
- Realencyklopädie für protestantische Theologie und Kirche (RE), 3. Auflage, 24 Bände, Leipzig 1896-1913
- Bauer, Walter, »Wörterbuch zum Neuen Testament«, 5. Auflage, Berlin/New York 1971

- Gesenius, Wilhelm, »Hebräisches und Aramäisches Handwörterbuch über das Alte Testament«, Berlin/Göttingen/Heidelberg 1962

Bibeln

- Lutherbibel erklärt, revidierte Fassung des Luthertextes von 1956 und Stuttgart 1964
- Revidierte Elberfelder Bibel, Wuppertal 1986
- Nestle-Aland, »Novum Testamentum Graece«, 26. Auflage, Stuttgart
- Biblia Hebraica Stuttgartensia, Editio minor, Stuttgart 1984

Abkürzungen

aaO.	= am angegebenen Ort
ebd.	= ebenderselbe, ebendieselbe
eig.	= eigentlich
gr.	= griechisch
m.Übs.	= meine Übersetzung
o.J.	= ohne Jahr
sog.	= sogenannte (r/s)
Sp.	= Spalte
Z.	= Zeile

Kontaktadresse des Autors:

Martin Benz
Kirchstr. 28, D-79639 Grenzach-Wyhlen
Tel. 07624/2798, Fax 07624/2798